本书是教育部思政专项重大攻关项目"现代信息技术促进思政课教学质量提升研究"(项目编号：21JDSZKZ05)的相关成果和四川省教育厅2022-2024年职业教育人才培养和教育教学改革研究重点项目高职院校"大思政课"建设研究与实践(项目编号：GZJG2022-071)的阶段性成果。

大中小学
思政课一体化
建设研究

唐晓勇　刘文韬　任志江　著

人民日报出版社

北京

图书在版编目（CIP）数据

大中小学思政课一体化建设研究 / 唐晓勇，刘文韬，
任志江著 . -- 北京：人民日报出版社，2025. 3.
ISBN 978-7-5115-8665-0

Ⅰ . G641；G633.202

中国国家版本馆 CIP 数据核字第 20259WT273 号

书　　名：大中小学思政课一体化建设研究
　　　　　DAZHONGXIAOXUE SIZHENGKE YITIHUA JIANSHE YANJIU

作　　者：唐晓勇　刘文韬　任志江　著

出 版 人：刘华新
责任编辑：寇　诏
封面设计：人文在线

出版发行：人民日报出版社

社　　址：北京金台西路 2 号
邮政编码：100733
发行热线：（010）65369527　65369512　65369509　65369510
邮购热线：（010）65369530
编辑热线：（010）65363105
网　　址：www.peopledailypress.com
经　　销：新华书店
印　　刷：北京市海天舜日印刷有限公司

开　　本：710mm×1000mm　　1/16
字　　数：257 千字
印　　张：16.25
印　　次：2025 年 3 月第 1 版　　2025 年 3 月第 1 次印刷

书　　号：ISBN 978-7-5115-8665-0
定　　价：88.00 元

序　言

党的十八大以来，以习近平同志为核心的党中央坚持把学校思政课建设放在教育工作的重要位置，习近平总书记对思政课建设作出一系列重要指示，思政课发展环境和整体生态发生全局性、根本性转变。党的二十大报告指出："教育是国之大计、党之大计"，其中"培养什么人、怎样培养人、为谁培养人是教育的根本问题"，概言之"育人的根本在于立德"。因此，要全面贯彻党的教育方针，落实立德树人根本任务，培养德智体美劳全面发展的社会主义建设者和接班人，而思政课是落实立德树人根本任务的关键课程。

思政课贯穿大中小学教育的每一学段，其设置自然应遵循不同学段的学生成长规律和教书育人规律，打破学段壁垒，在课程内容设计上各有侧重、阶梯式推进，将知识学习、情感体验、价值引导融为一体，充分体现思政课内容体系的科学性、系统性、进阶性，避免大中小学思政课出现脱节、交叉重复等现象，实现各学段教学内容有效衔接。然而，受认知水平、师资力量、教材编写等诸多因素的影响，长期以来我国思政课在教学目标设置、教学内容安排、教学资源使用等方面，存在着一定程度的重复、泛化、脱节等问题，一定程度上弱化这一课程的教学质量与育人水平。2019年3月，习近平总书记在学校思想政治理论课教师座谈会上强调："在大中小学循序渐进、螺旋上升地开设思想政治理论课非常必要，是培养一代又一代社会主义建设者和接班人的重要保障。"为此，"要把统筹推进大中小学思政课一体化建设作为一项重要工程，推动思政课建设内涵式发展"。

统筹推进大中小学思政课一体化建设，是遵循思想政治理论教育规律和学生成长规律的题中应有之义，也是落实立德树人根本任务的关键举措。

2024 年《政府工作报告》强调："落实立德树人根本任务，推进大中小学思想政治教育一体化建设。"为深入剖析新时代大中小学思政一体化建设理论和有效破解实践中的问题，加快大中小学思政课一体化建设的步伐，本书以习近平新时代中国特色社会主义思想为指导，紧扣新时代思政课改革发展的脉搏，在对国内外相关文献进行认真研读的前提下，深入分析大中小学思政课一体化建设的基本概念和主要特征、理论基础和政策依据、发展过程及相关经验，并在对当前建设中的主要问题及其产生原因进行分析的基础上，总结提炼大中小学思政课一体化建设应注意的原则和路径。

本书可为相关学术研究提供一定的参考，也能为进一步推进大中小学思政课一体化建设实践提供借鉴。希望本书的出版，有助于引导学生从小树立报国强国大志向，坚定听党话、跟党走的决心，刻苦学习，树立理想，砥砺品格，增长本领，努力实现德智体美劳全面发展，成为让党放心、爱国奉献、担当民族复兴重任的时代新人。

目 录／contents

绪　论

国无德不兴，人无德不立。"教育的根本任务在于立德树人。思想政治理论课（以下简称"思政课"）贯穿大中小学各个学段，是学校对学生进行思想政治教育的主渠道，是落实立德树人根本任务的关键课程，承担着铸魂育人的重大使命。[①] 在大中小学思政课一体化建设过程中，由于学段划分、课程设置及学生认知结构等差异，思政课在教学目标设置、教学内容安排和教学资源使用等方面存在一定程度的重复、脱节，导致各学段的衔接性、贯通性不足等问题，弱化了思政课教学质量及育人水平。[②]

党的十八大以来，随着"大思政课"理念的广泛传播，大中小学思政课一体化建设逐渐深入人心，成为推动"大思政课"建设的突破口。事实上，搞好大中小学思政课一体化建设，是遵循思想政治理论教育规律和学生成长规律的题中应有之义，也是落实立德树人根本任务的关键举措。

党和国家历来高度重视思政课建设。在推进大中小学思政课一体化建设方面，2019 年 3 月，习近平总书记在学校思想政治理论课教师座谈会上明确指出："在大中小学循序渐进、螺旋上升地开设思想政治理论课非常必要，是培养一代又一代社会主义建设者和接班人的重要保障。"[③] 同年，由中共中央办公厅、国务院办公厅印发的《关于深化新时代学校思想政治理论课改革

---

①杨增崇，赵月.善用"大思政课"：深刻内涵、时代价值与建设理路［J］.学校党建与思想教育，2022（5）：19–23.

②许瑞芳，翟贤亮，尚伟伟，等.大中小学思政课一体化建设发展报告（2022）［M］.上海：华东师范大学出版社，2022：1.

③习近平.习近平谈治国理政：第 3 卷［M］.北京：外文出版社，2020：329.

创新的若干意见》中提出："统筹大中小学思政课一体化建设，推动各类课程与思政课建设形成协同效应。"

2022年4月，习近平总书记在中国人民大学视察时再次强调思政课一体化建设的重要性，指出："青少年思想政治教育是一个接续的过程，要针对青少年成长的不同阶段，有针对性地开展思想政治教育。"① 同时，习近平总书记鼓励各地高校与中小学共建思政课，共同推动大中小学思政课一体化建设。是年7月，教育部等十部门联合印发《全面推进"大思政课"建设的工作方案》，提出要深入推动大中小学思政课一体化建设，以实现思想政治教育的系统性和整体性提升。同年10月，党的二十大将大中小学思政课一体化建设提升到新的高度，指出："用社会主义核心价值观铸魂育人，完善思想政治工作体系，推进大中小学思想政治教育一体化建设。"②

2024年3月，《政府工作报告》再次将思政课一体化建设列为重要任务，强调"落实立德树人根本任务，推进大中小学思想政治教育一体化建设"。③同年5月，习近平总书记对学校思政课建设作出重要指示，落实立德树人根本任务，坚持思政课建设与党的创新理论武装同步推进，构建以新时代中国特色社会主义思想为核心内容的课程教材体系，深入推进大中小学思想政治教育一体化建设。④ 习近平总书记的重要指示，不仅深刻阐明了大中小学思政课一体化建设的意义，而且为大中小学思政课一体化建设的实践和研究提供了根本遵循。

综上所述，推进大中小学思想政治教育一体化建设是全面落实大中小学立德树人根本任务的现实需求，是遵循学生成长规律的重要体现，是拓展"大思政课"建设格局的内在要求，为新时代推进大中小学思想政治教育改革创新指明了发展方向，也对思想政治教育工作提出了更高的要求。大中小

---

① 习近平在中国人民大学考察时强调：坚持党的领导传承红色基因扎根中国大地走出一条建设中国特色世界一流大学新路 [N].人民日报，2022-04-26（1）.

② 习近平.高举中国特色社会主义伟大旗帜 为全面建设社会主义现代化国家而团结奋斗——在中国共产党第二十次全国代表大会上的报告 [M].北京：人民出版社，2022：33.

③ 李强.政府工作报告——2024年3月5日在第十四届全国人民代表大会第二次会议上 [N].人民日报，2024-03-13（1）.

④ 不断开创新时代思政教育新局面　努力培养更多让党放心爱国奉献担当民族复兴重任的时代新人 [N].人民日报，2024-05-12（1）.

学思想政治教育一体化建设是一项复杂的系统工程，需要形成学段贯通的育人目标，打造纵向衔接、横向联合的育人体系，搭建多主体合作共建的育人平台。这不仅关乎"立德树人"教育根本任务的全面落实，更是深刻影响着学生的全面发展与价值观塑造，为解决培养什么人、怎样培养人、为谁培养人的时代课题提供坚实的支撑与保障。

第一节　研究背景

时代是思想之母，实践是理论之源。实践发展永无止境，认识真理、进行理论创新就永无止境。准确把握新时代的脉搏，对于深入认识事物发展规律具有极为重要的意义，尤其是在推进大中小学思政课一体化建设的研究中，这一前提更是不可或缺。

习近平总书记在党的十九大报告中指出："经过长期努力，中国特色社会主义进入了新时代，这是我国发展新的历史方位。"[①]新时代的到来不仅为大中小学思想政治教育的一体化建设注入新的活力，还明确指出思政课改革与发展的前进方向。党的二十大报告强调"坚持为党育人、为国育才"，不仅反映党对教育事业的高度重视，也强调了在新时代背景下加强大中小学思政课一体化建设的紧迫性和必要性。

回顾党的历史，我们党对教育的目标和方针进行过数次重大调整，但对教育"政治方向"的强调却始终如一，"培养社会主义建设者和接班人"的目标一以贯之。深入推进大中小学思想政治教育一体化建设，是贯彻党的教育方针，肩负起为党育人、为国育才光荣使命的必然要求，要把合目的性与合规律性统一起来，立足大中小不同学生群体的成长特点，做好顶层设计，切实根据思想政治教育规律和学生成长规律科学设置具体目标、采取有效方法。

---

① 习近平. 习近平谈治国理政：第3卷［M］. 北京：外文出版社，2020：8.

一、时代背景：两个大局的机遇与挑战

两个大局指的是中华民族伟大复兴的战略全局和世界百年未有之大变局。领导干部要胸怀两个大局，这是谋划工作的基本出发点。

党的十八大以来，习近平总书记站在全局和战略高度，对全党特别是领导干部提出胸怀两个大局的工作要求，是对我们党两个大局论述的继承和创新，科学揭示新时代中国与世界关系的深刻变化，突出鲜明的战略主动性，为新时代准确把握两个大局提供了根本遵循，具有重要的理论意义与实践价值。

党的十九届五中全会指出，我国当前的发展仍然处于重要战略机遇期，但机遇和挑战都有新的发展变化；当今世界正经历百年未有之大变局，新一轮科技革命和产业变革深入发展，国际力量对比深刻调整，和平与发展仍然是时代主题。[①] 习近平总书记强调："从现在起到本世纪中叶，全面建成社会主义现代化强国、全面推进中华民族伟大复兴，是全党全国人民的中心任务。"[②]

当下，全球治理体系和国际秩序变革加速推进，加强全球治理、完善全球治理体系是大势所趋，也是各国面临的共同任务。国内国际两个大局相互影响、彼此交织，中国既面临大有可为的历史机遇，又同时面临重大风险考验。世界多极化是历史发展的大势，也是历史进步的方向。相较于单极世界、两极世界，多极化世界更能反映国际社会对公道正义和合作共赢的共同追求，更是契合维护世界和平发展的现实需要，更有助于全球治理体系的改革完善。今天，科技已成为推动社会进步和经济发展的重要力量，科技创新是科技变革发展的巨大驱动力，是培育发展新质生产力的核心要素。此外，发展中国家逐渐崛起，呈现出"东升西降"的趋势，改变了世界政治地图和格局，进一步推动了世界多极化的进程，有利于促进国际关系的民主化，并加速了全球一体化的总体进程。[③]

---

① 中共十九届五中全会在京举行　中央政治局主持会议　中央委员会总书记习近平作重要讲话［N］.人民日报，2020-10-30（1）.

② 人民日报评论员.坚定不移推动高质量发展——论学习贯彻习近平主席十四届全国人大一次会议重要讲话［N］.人民日报，2023-03-16（1）.

③ 孙宝华.“百年未有之大变局”的背景、内涵与因应［J］.党政论坛，2021（2）：44-48.

　　中国特色社会主义进入新时代，中国正以前所未有的速度向着中华民族伟大复兴的伟大梦想奋进、前行。中国与世界的关系发生历史性变化，中国同国际社会的互联互动空前紧密，世界对中国的影响也在不断加深。中国的发展离不开世界，世界的繁荣需要中国。中国坚持与世界命运与共，把中国梦寓于人类追求美好未来的梦想之中，不断扩大同各国利益的汇合点，为促进各国互利合作、共同发展作出重要贡献。

　　新时代的中国青年要以实现中华民族伟大复兴为己任，增强做中国人的志气、骨气、底气，不负时代，不负韶华，不负党和人民的殷切期望。因此，办好思政课，要放在世界百年未有之大变局、党和国家事业发展全局中看待。面对新方位、新征程、新使命，思政课教师要拓宽知识视野、国际视野、历史视野，全面理解和掌握党的路线方针政策，了解党和国家事业的来龙去脉、发展历程、辉煌成就和根本优势，努力提高政治理论素养，在构建人类命运共同体的宏阔背景中，深刻阐述尊重文明多样性、推动文明交流互鉴的道理，努力消弭"西方中心论"话语霸权。

二、政治要求：意识形态工作的极端重要性

　　"意识形态工作是为国家立心、为民族立魂的工作。"[①] 从某种程度上说，意识形态是对周围世界的深刻理解和认知结构，包括多种元素，如观念、角度、概念体系、思想内容和价值观。其结构不是天然存在于我们的大脑中，而是深深扎根于社会环境中，受到个人思维能力、生活环境、接收到的信息流（特别是教育和宣传的内容）以及个人价值观念的影响。

　　意识形态关乎对人的本质的理解、对人类行动的评价、对道德问题的解析，以及对社会、经济和政治秩序的设想。在社会结构中，意识形态扮演着重要角色。作为观念上的高层构造，它紧密对应经济基础，体现一定的阶级特征。意识形态包含政治理念、法律准则、伦理观念、艺术表现、宗教信仰和哲学思考等广泛范畴，构成反映社会经济结构和政治体制的要素。

　　意识形态工作是党的一项极端重要的工作。党的十八大以来，意识形态

————————

① 中共中央关于党的百年奋斗重大成就和历史经验的决议 [M].北京：人民出版社，2021：43.

领域形势发生全局性、根本性转变，凝聚起了新时代开创党和国家事业新局面的磅礴力量。当前，我们正在进行具有许多新的历史特点的伟大斗争，面临的挑战和困难前所未有，必须坚持巩固壮大主流思想舆论，弘扬主旋律，传播正能量，巩固全党全社会团结奋斗、攻坚克难的共同思想基础。

2013 年 8 月，习近平总书记在全国宣传思想工作会议上指出："经济建设是党的中心工作，意识形态工作是党的一项极端重要的工作。"意识形态决定着一个国家和政党的性质，对于举什么旗、走什么路起着决定性的作用。2022 年 10 月，习近平总书记在党的二十大报告中强调："我们要确立和坚持马克思主义在意识形态领域指导地位的根本制度。"现实的个人及其活动所形成的生活世界是思想政治教育产生和发展的基础、逻辑起点，而思想政治教育则是现实的人生成、存在和发展的必要条件和重要方式。"培养什么人、怎样培养人、为谁培养人"是教育所无法回避、必须回答的根本性问题。从本质上说，思想政治教育是社会主流意识形态的灌输与教化，必然带有鲜明的阶级属性和政治属性。

我国是中国共产党领导下的社会主义国家，决定了我国必须坚持社会主义的办学方向，坚持教育为人民服务、为中国共产党治国理政服务、为巩固和发展中国特色社会主义制度服务、为改革开放和社会主义现代化建设服务。这既是社会主义教育的应有之义和本质规定，也是培养合格的社会主义建设者和接班人的必然要求。为此，2019 年 3 月，习近平总书记在学校思想政治理论课教师座谈会上旗帜鲜明地指出："我们党立志于中华民族千秋伟业，必须培养一代又一代拥护中国共产党领导和我国社会主义制度、立志为中国特色社会主义事业奋斗终身的有用人才。"

三、教育方针：立德树人根本任务的确立

《礼记·大学》中的"大学之道，在明明德，在亲民，在止于至善"教育格言，历经数千年传承，至今仍对现代教育事业具有深远的意义。2014 年 5 月，习近平总书记在北京大学师生座谈会上指出，全国高等院校要走在教育改革前列，紧紧围绕立德树人的根本任务，加快构建充满活力、富有效率、更加开放、有利于学校科学发展的体制机制，当好教育改革排头

兵。这一重要论述与《礼记·大学》的教育思想相契合，进一步强调教育的本质和目标。

立德树人是中华民族永恒的教育价值追求，绵延不断，源远流长。立德树人可以分为立德和树人两个部分，立德是基础，树人是目的，立德和树人是矛盾的统一体，相互影响相互促进。①2018 年 9 月，习近平总书记在全国教育大会上指出，要把立德树人融入思想道德教育、文化知识教育、社会实践教育各环节，贯穿基础教育、职业教育、高等教育各领域，学科体系、教学体系、教材体系、管理体系要围绕这个目标来设计，教师要围绕这个目标来教，学生要围绕这个目标来学。这一重要论述为构建德智体美劳全面培养的教育体系、形成更高水平的人才培养体系指明了方向。

党的十八大指出，"立德树人"是教育的根本任务，旨在培养德智体美全面发展的社会主义建设者和接班人。这一理念在党的十九大报告中得到进一步强化，强调全面贯彻党的教育方针，坚持立德树人的根本任务，培养高素质的社会主义建设者和接班人。为了实现"两个一百年"奋斗目标和中华民族伟大复兴的中国梦，必须通过教育培养大批优秀的社会主义建设者和接班人。通过文化熏陶和道德教育，提升学生的思想水平、政治觉悟、道德品质和文化素养，使他们能够明大德、守公德、严私德。立德树人应贯穿于学校建设与管理的各个方面，以树人为中心，以立德为根本。

要实现"两个一百年"奋斗目标、实现中华民族伟大复兴的中国梦，必须通过教育立德树人，培养大量社会主义建设者和接班人。②要把立德树人的成效作为检验学校一切工作的根本标准，真正做到以文化人、以德育人，不断提高学生思想水平、政治觉悟、道德品质、文化素养，做到明大德、守公德、严私德。同时，要把立德树人内化到学校建设和管理各领域、各方面、各环节，做到以树人为核心，以立德为根本。立德树人要在坚定理想信念、厚植爱国主义情怀、加强品德修养、增长知识见识、培养奋斗精神和增强综合素质六个方面下功夫。

---

① 张丽波.教育之本在于立德树人［N］.吉林日报，2018-10-12（5）.
② 金紫薇，司明宇，吴安春.新时代党的教育方针的理论创新［J］.中国高等教育，2022（8）：46-48.

坚持立德树人，本质上是坚持为党育人，反映了党的教育方针的核心要义。立德树人作为教育的根本任务，其内涵深刻且具有建设性。它要求在教学过程中，既要稳步进行知识传授，又要全面强化道德教育，重点培养学生的道德品质、道德修养和道德情操。

第一，立德树人是实现教育目的、培养合格社会主义建设者和接班人的关键措施。坚持立德树人，旨在培养既有深厚学问、精湛技艺，又具备崇高道德情操的杰出人才，为社会的持续稳定与发展提供强有力的人才保障。第二，立德树人有助于提高学生的综合素质。在立德树人的教育理念指导下，学生不仅要深入学习科学文化知识，还要注重培养道德品质、提升实践能力、激发创新精神等。第三，立德树人还是传承和弘扬中华优秀传统文化的重要方式。中华优秀传统文化重视道德教育，强调个人的道德修养和品质塑造。坚持立德树人，可以更好地传承和弘扬这一优秀传统，培养出具有高尚品德、坚定信念、勇于担当的时代新人，为实现中华民族伟大复兴的中国梦贡献力量。

四、现实困境：大中小学思政课内容一定程度重复、衔接不够紧密

在当前多样化的教育环境中，大中小学思政课内容一定程度重复与衔接不够紧密等问题日益凸显，成为制约学生系统掌握思政课知识、提升理论素养及实践能力的瓶颈。

不同学段（从小学到大学）的思政课程中存在某些知识点重复的问题。例如，大学的思想政治教育专业课与高中政治课在内容上有部分重复，包括"商品和商品经济""社会主义初级阶段的经济制度和社会主义市场经济""唯物论""辩证法""认识论""价值观""人生观"等章节。[1] 这种重复不仅体现在理论知识的层面，也体现在案例等教学素材的使用上。这不仅浪费了学生的时间、精力和教学资源，也让学生感到枯燥无味，降低了学生对于思政课程的学习兴趣和参与度。

---

[1] 陈锡喜. 深化高校思想政治理论课改革和建设的新空间 [J]. 湖北社会科学, 2015（12）: 181-187.

不同学段在思政课程设计上存在不够紧密的问题。由于各个学段的教学目标和重点存在差异，使课程内容和安排在连续性和整体性方面存在欠缺，导致学生在不同学段的学习过程中，难以构建十分完整的知识体系。这不仅影响思政课的教学效果，还对学生的思想政治教育产生不利影响，如新旧知识之间存在分离、断裂和空缺，使学生在接触新知识时感到困惑。

综上所述，大中小学思政课内容一定程度重复与衔接不够紧密等问题的解决，需从政策引导、教材改革、教学方法创新等多方面入手，形成系统、连贯的思想政治教育体系，更好地满足学生的全面发展和社会进步的需求。

第二节　研究意义

2019 年 3 月 18 日，习近平总书记在学校思想政治理论课教师座谈会上指出："在大中小学循序渐进、螺旋上升地开设思想政治理论课非常必要，是培养一代又一代社会主义建设者和接班人的重要保障。"在新时代的伟大征程中，推进大中小学思政课一体化建设尤为重要。这不仅是建设教育强国的客观需求，是深入贯彻落实立德树人这一根本任务的必然要求，也是实现思政课育人目标的必由之路。

一、推动思想政治教育学科发展的需要

思想政治教育学是一门探究思想政治教育现象及其规律的科学，专注于理解思想政治教育的本质和规律，主要解决思想政治教育"是什么""为什么""怎么样"的问题。该学科以马克思主义理论，特别是中国特色社会主义理论体系为指导，建立在对实际思想政治教育经验的反思之上，致力于探索人的思想品德形成和发展的规律，以及如何有效地对人们进行思想政治教育的规律。思想政治教育是该学科的中心概念。思想政治教育学包括个人与社会、思想与行为、教育主体与教育客体、内化与外化、教育与

管理五个范畴。[①]

思想政治教育学作为一门应用性科学，自 20 世纪 80 年代初以来逐步形成并发展壮大，积累了深厚的学科基础。在追求科学化、学科化和系统化的进程中，该学科稳步前进，大致可以划分为三个主要阶段。

第一，科学化探索初始阶段。在这个阶段，思想政治教育学科开始成型，学者积极构建其基本理论框架和方法论体系，为学科的规范化发展打下坚实的基础。此阶段注重理论研究的深化和方法论的创新，为后续发展提供牢固的理论支撑。

第二，学科化建设深化阶段。在这个阶段，思想政治教育学科不仅在学科层次和规模上显著提升，还通过增设硕士点、博士点及重点学科建设，进一步促进学科体系的完善和学术研究的繁荣。同时，该学科开始与其他学科交叉融合，扩展研究领域，深化研究内容，为全面发展提供新的动力。

第三，系统化发展阶段。在这个阶段，思想政治教育学科显著强化其整体性和综合性，通过与历史、文学、哲学等多学科的深度融合，不仅丰富学科内容，还推动教学方法的多样化与创新。同时，教育形式的创新和个性化教学方法的应用有效提高了教学效果和学生的学习体验。

当前，思想政治教育学科正朝着现代化、专业化的方向发展。在内容上，它涵盖马克思主义理论和中国特色社会主义理论体系，并积极借鉴世界各国的政治、经济、文化知识，形成一个全面、开放的学科体系。在教学手段上，随着数字技术的飞速发展，思想政治教育正在实现教学手段的现代化和智能化，步入"数字思政"时代，为提高教学质量和效果提供强有力的支撑。未来，思想政治教育学科将继续保持其严谨、稳重的特质，以更加理性、规范的语言推动学科的持续发展与进步。

大中小学思政课一体化建设，作为推动思想政治教育学科发展的关键举措，具有深远的意义。[②]第一，有助于构建完整的思想政治教育体系。在不同学段统筹规划、有序衔接和渐进深化思政课程，能够确保学生在成长的各

---

①陈万柏，张耀灿．思想政治教育学原理［M］．3 版．北京：高等教育出版社，2015：8.

②李心悦．以马克思主义整体性观点贯通思想政治教育研究［J］．时代报告，2024（1）：76-78.

个阶段都能接受到系统、连贯的思想政治教育，为其树立正确的世界观、人生观和价值观，提升思想道德素质和政治觉悟奠定坚实基础。第二，有助于增强思想政治教育的针对性和有效性。根据不同学段学生的认知特征和生活经历，设计符合其身心发展规律的思政课程内容，有助于学生更深入地理解和接受思想政治教育。同时，通过大中小学思政课一体化建设，可以及时发现并纠正学生在思想观念上的问题，有效提高思想政治教育的实际效果。第三，有助于推动思想政治教育学科的创新发展。[①] 在大中小学思政课一体化建设的过程中需要不断探索新的教学方法和手段，适应不同学段学生的需求和特点。这将有力推动思想政治教育学科的教学改革和创新，进一步提升教学质量和效果。第四，有助于更好地培养社会主义建设者和接班人。通过系统、全面的思想政治教育，引导学生树立共产主义远大理想和中国特色社会主义共同理想，增强其历史使命感和社会责任感。[②] 这对于培养德智体美劳全面发展的社会主义建设者和接班人具有重要的意义。

总之，大中小学思政课一体化建设不仅是推动思想政治教育学科发展的必要举措，也是提高思想政治教育质量、培养社会主义建设者和接班人的重要途径。因此，应当加强大中小学思政课一体化建设的力度，不断完善思想政治教育体系，为学生的全面发展提供坚实保障。

二、提升思政课建设内涵式发展的需要

习近平总书记指出："要配齐建强思政课专职教师队伍，建设专职为主、专兼结合、数量充足、素质优良的思政课教师队伍。""要把统筹推进大中小学思政课一体化建设作为一项重要工程，坚持问题导向和目标导向相结合，坚持守正和创新相统一，推动思政课建设内涵式发展。"[③] 这为新时代推进思政课建设内涵式发展指明了方向，提供了根本遵循。

思政课具有强烈的政治属性，具有中国特色社会主义教育事业的鲜明特

① 王雪.大中小学思政课一体化建设研究［D］.合肥：安徽医科大学，2021.

② 刘晔.社会主义核心价值观融入高校思想政治教育的困境与对策［J］.新乡学院学报，2020（8）：55-57.

③ 习近平.习近平谈治国理政：第3卷［M］.北京：外文出版社，2020：331-332.

征。全面坚持党的领导是解决培养什么人、怎样培养人、为谁培养人这一根本问题的核心，也是推动思政课内涵式发展的根本保证。[①]鉴于思政课的重要性及其特殊性，优化其教学体系已成为当务之急。深化思政课教学改革与体系优化是一项重要的任务和系统工程，需建立党委统一领导、党政齐抓共管、相关部门各负其责、全社会协同配合的"大思政"工作格局。大中小学思政课一体化建设是思政课高质量发展的内在要求，是连接新时代青年综合性培养的重要纽带，需将思政课内涵式发展所注重的思想性、理论性、实践性贯穿学生整体发展全过程。

第一，大中小学思政课一体化建设有助于打破教育孤岛，实现数据协同、资源共享，确保思政课程内容在不同学段间形成有机衔接，从而构建完整的思想政治教育体系，使学生在不同阶段接受系统、连贯的思想政治教育，深化对思想政治理论的理解和掌握。第二，大中小学思政课一体化建设有助于统一思政课程设计，建立一套统一、科学的课程标准和体系。这一体系既具有基础性、初步性和发展性，又具有同步性和贯通性，满足不同学段学生的教育需求。此外，统一的课程设计有助于提高思政课教学质量，激发教师教学热情和积极性，进一步推动教学创新和发展。第三，推动大中小学思政课一体化建设是实现思政课建设内涵式发展的重要保障。内涵式发展注重提高学术研究、专业建设、师资建设、课程建设和人才培养质量等核心竞争力，从而实现学科的不断发展。

综上所述，大中小学思政课一体化建设不仅促进思政课程内容的连贯性和系统性，激发教师的教学热情和创新精神，还对培养具有坚定理想信念、深厚爱国情怀的新时代青年具有重要意义，是新时代思想政治教育改革与创新的重要方向。

三、提升思政课教学实效性的需要

思政课的教学实效性是指思政课教学活动在成功实现预设教学目标、有

---

①栾淳钰，白洁."培养什么人，怎样培养人，为谁培养人"的原创性贡献 [J].天津大学学报：社会科学版，2022（3）：7.

效促进学生思政素质全面发展，满足社会对于青年人才思想政治素养期望的过程中所体现出的实际成效与质量水平。简而言之，它是对思政课教学活动能否有效实现预定教学效果、能否深刻影响学生思想和行为及价值观的综合考量。教学实效性不仅聚焦知识的传授，更是着眼学生能力的提升、情感态度的培育及价值观的塑造。一节高效的思政课，应能点燃学生的学习热情，磨砺他们的思辨锐度，培养他们的社会责任感，引导学生树立正确的世界观、人生观和价值观。因此，评估思政课的教学实效性，需综合考量学生的学习成效、思想认识的深化、行为模式的正向转变，以及他们作为社会成员所展现出的责任感与贡献度等多个维度。大中小学思政课一体化建设，是遵循思想政治工作、教书育人及学生成长规律的重要体现，也是新时代高校提升思想政治工作实效性的根本指针，对于增强思政课的教育教学实效性、充分发挥其育人主渠道作用具有深远意义。

第一，它彰显思想政治教育的连贯性和系统性。通过一体化建设，各学段思政课内容得以相互衔接、层层递进，形成一个有机整体。确保学生从小学到大学都能接受到连贯、系统的思想政治教育，有助于他们更好地理解和掌握知识，提升学习效果。

第二，一体化建设有助于教学资源的共享和优化配置。通过构建统一的技术平台，大中小学可以更加便捷地共享和开发教材、课件、案例等教学资源，进一步促进教学资源的优化配置和高效利用。同时，优秀教师和教学经验也能在不同学段间得以流通，进而提升整体教学质量。

第三，一体化建设有助于增强思政课的针对性和实效性。通过精细化的学情分析，结合各学段学生的认知特点和发展需求，统一规划并灵活调整思政课的教学内容、方法与目标，以确保教学更加贴近学生实际，提升教学的针对性和实效性。此外，这一举措还能促进各学段间的交流与合作，共同研究和解决教学中遇到的难题，进而提升教学效果。

第四，一体化建设有助于激发学生的学习兴趣和积极性。通过统一规划与教学，可以避免学生在不同学段间重复学习相同内容，减轻学习负担。同时，创新教学方法，融合案例教学、实践教学、情境教学等多种教学模式，结合线上线下混合式教学手段，有效激发学生的学习兴趣，促进其主动参与课堂互动与课外实践。

综上所述，大中小学思政课一体化建设通过确保思想政治教育的连贯性和系统性、促进教学资源共享和优化配置、提高思政课的针对性和实效性以及激发学生的学习兴趣和积极性等举措，可以有效提升思政课的教学实效性。

第三节　研究综述

近年来，学界广泛开展大中小学思政课一体化建设研究，涌现出许多高质量论文及研究报告，为大中小学思政课一体化建设提供丰富的理论支撑和实践指导。学者通过跨学科视角、实证研究等多种方法，对大中小学思政课一体化建设的相关理论进行多角度的深入探讨，不仅丰富了理论体系，还为实践探索提供了一定的指导，推动了该领域的理论创新与实践发展。

一、国内研究

习近平总书记指出："要把统筹推进大中小学思政课一体化建设作为一项重要工程，坚持问题导向和目标导向相结合，坚持守正和创新相统一，推动思政课建设内涵式发展。"① 学界广泛聚焦这一重要议题，从理论构建、实践探索、教学模式创新等多个角度深入研究，取得包括理论创新、实践案例、政策建议等在内的多项成果。

时至今日，大中小学思政课一体化建设的研究热度不减，呈现出逐年升高的态势。从学术研究周期来看，这一领域的研究正处于一个蓬勃发展的时期。截至 2024 年 10 月，在知网上以"大中小学思政课一体化"为关键词检索，共获得相关文献 1880 篇。具体来看，2021 年发表文献 287 篇，2022 年激增至 415 篇，而到 2023 年达到 514 篇。（图 1）

---

① 习近平. 习近平谈治国理政：第 3 卷［M］. 北京：外文出版社，2020：331–332.

❗ 数据来源：文献总数：1880 篇；检索条件：主题：大中小学思政课一体化；检索范围：总库

总体趋势分析

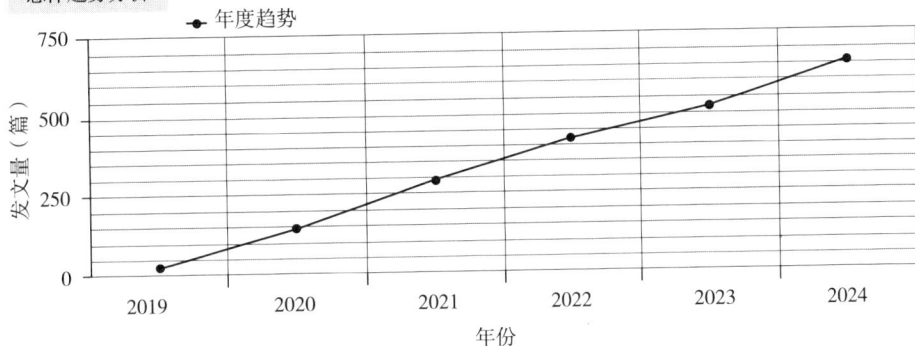

图 1 知网检索数据（截至 2024 年 10 月）

其中，研究的主题居前 5 位的分别是"思政课""大中小学""一体化建设""大中小学思政课一体化""思政课一体化"。（图 2）

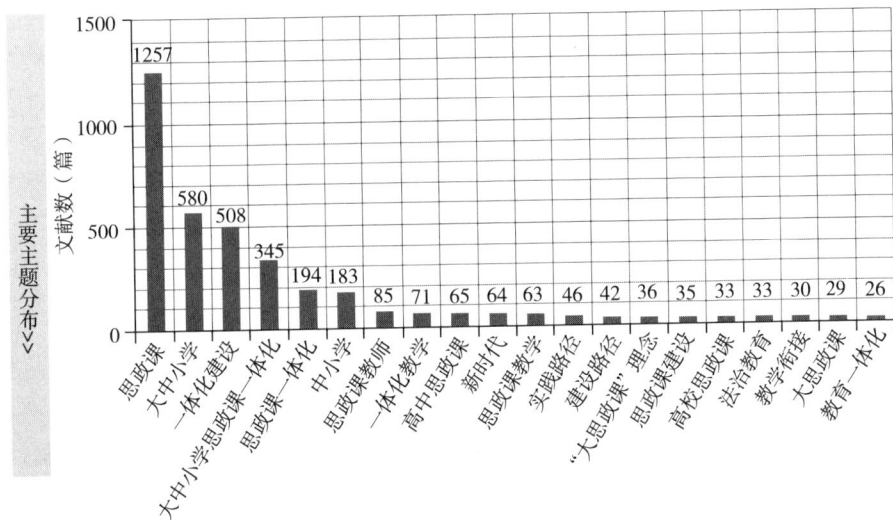

图 2 知网主题检索分布图

学者对大中小学思政课一体化建设的相关议题进行深入研究，主要聚焦学校德育一体化的深刻内涵和思政课之间的衔接与融合问题，以及大中小学思政课一体化构建的关键要素、理论基础、实施策略和具体实施路径等多个方面。这些研究成果为学术界进一步深化研究提供了宝贵的参考依据。

（一）关于德育一体化的研究

德育一体化，作为一种整体性的教育理念，旨在构建一个全方位、多层次的教育体系，将大中小学德育课程有机串联，形成一条连续且协调的教育脉络。大中小学思政课一体化研究，则是对德育一体化理念的深入探索与拓展，其研究范围涵盖思政课课程目标、内容的一体化设计等，旨在打造一个统一、连贯的德育教学框架。深入探讨德育一体化内涵，可以从以下几个维度进行剖析。

第一，从整体视角来看，德育一体化可以运用系统思维进行宏观把握。有学者指出，德育一体化是通过系统方法，对德育体系进行全方位、系统性的综合规划，确保德育系统内各层次、各要素之间保持紧密的内在联系，相互补充、相互支持，实现德育的有序性、高效性和整体性优化。[①]

第二，从横向维度考虑，德育一体化强调学校、家庭与社会之间的协同合作，形成德育合力。德育不仅要在学校内得到重视和实施，还要与家庭、社会等外部环境紧密结合，共同作用于学生的成长过程。有学者认为，德育一体化应以学校德育为核心，搭建起学校与家庭、社会之间的桥梁，汇聚各方力量，共同推动青少年思想品德教育的正向发展，形成德育一体化的网络格局。[②]

第三，从纵向维度来看，德育一体化关注不同年龄段、不同学段之间的德育衔接与整合。从小学到中学再到大学，每个阶段的学生都面临着不同的成长挑战和德育需求。此外，德育一体化要求在各个学段之间建立紧密的衔接机制，确保德育内容的连贯性和递进性，以促进学生德育的持续发展。

综上所述，德育一体化是一种全方位、多层次的教育理念，它强调社会、学校和家庭等多方力量的共同参与和协同配合，实现德育的有机整合与协调发展。构建德育一体化的教育体系，可以更好地满足学生成长的需求，推动学生形成健全的人格和正确的价值观念。

---

①张孝宜，李辉，李萍.德育一体化［M］.广州：广东高等教育出版社，1997：2

②张健，潘国梁.学校、家庭、社会德育一体化课题研究报告［J］.上海教育科研，1991（2）：46-48.

（二）关于大中小学思政课一体化内涵的研究

明确大中小学思政课一体化的内涵，是深入开展相关研究与实践的前提和基础。关于大中小学思政课一体化，学界存在不同的解读，目前的研究大致可以分成三类。

一是学段衔接说。学者普遍认为大中小学思政课一体化既体现学段的差异性，又展现其一致性，各学段间相互衔接、层层递进。狭义的大中小学思政课一体化，主要指思政课各学段纵向的一体化，而广义上则从课程资源角度出发，包括家庭、学校、社会横向的一体化。① 大中小学思政课一体化建设是将大学、中学、小学的思政课融合为一个分层次、有梯度的有机体，整体向前推进。② 从大中小学思想政治教育的角度来看，德育一体化是用体系化的策略将分散零碎的德育工作进行有效衔接的过程。③

二是系统分层说。该观点认为，大中小学思政课一体化具有系统性和分层的特性。有学者提出"三位一体化"格局，即实现大中小学思政课的纵向贯通、横向联动、斜向融通，从而构建一个全方位、多层次的思想政治教育体系。④ 也有学者认为，思政课一体化是一个系统工程，需要学校、家庭、社会等各方面有效协调，对青少年思想品德教育分层教育，形成德育一体化的网络系统。⑤ 在"系统分层说"框架下，学者强调大中小学思政课一体化的系统性和分层性。特别是在学校思想政治教育和思政课课程建设的语境中，"一体化"意味着对思政课程的设置进行系统思考、整体规划、立体设计、有机衔接、分段推进，以实现立德树人的教育目标。⑥

三是目标一致说。该观点认为，大中小学思政课一体化是思想政治教育

① 石书臣.关于大中小学思想政治理论课教师队伍一体化建设的思考［J］.思想理论教育，2019（11）：17-22.

② 王世娟.教师：大中小学思政课一体化建设的关键力量［J］.北京工业大学学报（社会科学版），2020（1）：9-25.

③ 邹维.中小学德育一体化建设探究［J］.教师教育论坛，2018（2）：16-18.

④ 赵欣，崔红艳，安文娟.思政课一体化建设的内涵、困境与提升路径研究［J］.中国教育学刊，2021（S2）：200-204.

⑤ 张健，潘国梁.学校、家庭、社会德育一体化课题研究报告［J］.上海教育科研，1991（2）：46-48.

⑥ 许瑞芳，等.新时代大中小学思政课一体化建设［M］.上海：华东师范大学出版社，2021：9.

目标一体化的发展，将各学段思想政治教育目标系统衔接，赋予一体化的全新解释。有学者认为，大中小学思政课一体化是基于立德树人的根本目标，在大中小学各个学段根据横向贯通、纵向衔接的原则，遵循不同学生的身心成长规律与接受机理，在教学要素的不同方面探索一体化架构，以期形成思政课教学循序渐进、螺旋上升的教学序列，不断提升思政课教学的成效。[①]也有学者认为，思想政治教育目标是一个系统，根据整体和等级层次原理，从内部结构和外部环境分析一体化思想。从思想政治教育目标一体化理解大中小学思政课一体化，从总体目标下形成各学段目标和目标要素直接相互衔接和相互贯通的结构状态。[②]

综上所述，大中小学思政课一体化的内涵丰富且多维，它不仅涵盖学段衔接的纵向发展，还涉及系统分层的横向整合，以及目标一致性的深层次追求。深入理解和把握这些内涵，对于推动大中小学思政课一体化建设的实践与发展具有至关重要的意义。

（三）关于大中小学思政课一体化必要性的研究

思想政治教育对于我国人才培养的重要性不言而喻。作为思想政治教育的主阵地、主渠道，大中小学思政课在塑造学生的人生观、价值观方面发挥着举足轻重的作用，推进大中小学思政课一体化具有深远的意义和迫切的要求。

有学者认为，实现大中小学思政课一体化不仅关乎我国思想政治教育整体性的发展，更是构建中国特色思想政治教育体系的基石，直接关系到能否培养出符合国家和社会需求的高素质人才，进而影响到党领导国家人民事业的成败。[③]大中小学思政课一体化遵循思想品德形成发展规律和思政课教育教学层次性、系统性的要求，具有对学生成才的重要性及对贯彻党的教育方针和提高课堂效能的紧迫性。只有实现大中小学思政课的一体化，才能更有

[①] 文天天，陈大文. 论大中小学思政课一体化的由来、科学内涵与基本要求［J］. 学校党建与思想教育，2021（7）：68-71.

[②] 叶鑫. 大中小学德育目标一体化的逻辑进路［J］. 思想理论教育，2017（2）：58-62，100.

[③] 孙旭，陈毅. 推进新时代思想政治理论课一体化建设［J］. 山东干部函授大学学报（理论学习），2019（10）：33-35.

效地贯彻党的教育方针，提升课堂效能，帮助学生实现全面发展。[①] 为此，大中小学思政课一体化不仅关乎国家教育事业的繁荣发展，也同社会进步和个人的价值实现紧密相连。通过推进大中小学思政课一体化进程，培养出一代代有理想、有道德、有文化、有纪律的社会主义建设者和接班人，为实现中华民族伟大复兴的中国梦贡献力量。[②] 未来，还需要深入研究大中小学思政课一体化教学的具体实施策略，探索多样化的教学模式，更好地适应时代发展的需要。

（四）关于大中小学思政课一体化建设意义的研究

新时代，推进大中小学思政课一体化建设不仅是一项紧迫任务，更具有深远的战略意义。目前，学界对大中小学思政课一体化建设意义的研究，主要有以下两个维度。

其一，大中小学思政课一体化建设有助于提升学生的认知能力，引导学生树立正确的世界观、人生观和价值观。整体性的培养方式，能够发挥出较好的协同效应，即在不同阶段、不同环节的思想政治教育中形成互补与衔接，从而持续连贯地塑造青少年稳定的政治品格和高尚的道德情操。[③]

其二，大中小学思政课一体化建设承载着重要的教育使命，即培养合格的社会主义建设者和接班人。大中小学思政课一体化建设强调对各学段思政课内容和形式的统筹规划，确保党的教育方针能够全方位、深层次地融入教育全过程，实现教育发展与国家发展目标的深度融合。[④]

综上所述，大中小学思政课一体化建设不仅可以提升学生的认知能力，引导他们树立正确的世界观、人生观和价值观，还肩负着培养合格的社会主义建设者和接班人的历史使命，为新时代培养德才兼备的优秀人才奠定

①卢黎歌、耶旭妍、王世娟，等.统筹推进大中小学思政课一体化建设研究——学习习近平总书记在学校思想政治理论课教师座谈会上的重要讲话精神笔谈[J].北京工业大学学报(社会科学版),2020（1）：9-25.

②孙洁.试论习近平的青年观［J］.闽西职业技术学院学报，2017（3）：37-40，84.

③冯刚，徐文倩.把握新时代大中小学思想政治教育一体化建设内在规律［J］.中国高等教育,2020（2）：17-19.

④徐蓉.关于大中小学思想政治理论课教师队伍一体化建设的若干思考［J］.思想理论教育,2019（12）：80-85.

坚实的基础。

（五）关于大中小学思政课一体化问题的研究

精准识别并聚焦大中小学思政课一体化建设中的短板问题，是突破瓶颈、推动大中小学思政课一体化建设深入发展的关键路径。只有准确把握这些关键问题，才能推动大中小学思政课一体化建设的有效进行，开辟更加广阔的发展前景。学界从不同的视角探讨了大中小学思政课一体化建设中的相关问题。

一是课程目标一体化层次相对模糊的问题。大中小学思政课一体化建设中，由于课程总目标的统领力不足，致使各学段的教学目标缺乏清晰的层次划分，预期的螺旋式上升模式未能充分实现，使得课程目标之间的聚合效应不足，无法形成有效的教育合力。

二是课程内容的一体化带来递进性与重复性的冲突。在教学活动中，有时会出现教学内容颠倒的情况，高年级的学生会重复学习低年级已经学过的内容，导致教育资源的浪费。教材编写过程中，因缺乏有效的沟通与协作机制，导致内容重复与逻辑不连贯的问题，对学生的学习成果产生了不良影响。[1] 基础教育与高等教育之间以及中小学内部的分离状态，导致了缺乏一个统一的课程内容平台和机制，这在一定程度上阻碍了大中小学思政课一体化的进程。[2]

三是在教学方法一体化的独特性与趋同性的矛盾。不同学段的学生具有不同的认知特点和心理特征，需要采用与之相适应的教学方法。在实际教学中，有时会出现教学方法趋同的现象，忽视不同学段学生的差异性，影响了教学效果。[3] 实践型教学与知识型教学之间的张力，以及理论构建与实际应用之间的脱节问题，均构成教学方法一体化的重要障碍。这些矛盾不仅存在

---

① 张帆，邵献平 . 大中小学思政课一体化建设略探［J］. 学校党建与思想教育，2023（2）：56-58.

② 王立仁，白和明 . 关于大中小学思想政治理论课课程内容一体化建设的构想［J］. 思想理论教育，2019（11）：11-16.

③ 张帆，邵献平 . 大中小学思政课一体化建设略探［J］. 学校党建与思想教育，2023（2）：56-58.

于教学理念和方法层面，更涉及思政课本质属性和功能定位的深层次问题。①

四是教师队伍一体化建设面临诸多挑战。在沟通衔接意识方面，部分教师缺乏主动沟通与交流的积极性，沟通交流的方式缺乏多样化和创新性。②此外，少数思政课教师在交流协作方面存在意识淡薄、方式单一、内容深度不足及组织松散等问题，制约教师间的有效互动与协同，影响大中小学思政课一体化的整体效果。③

综上所述，大中小学思政课一体化建设面临多维度挑战，亟需多角度、深层次的剖析与探索，以寻求创新突破之路，推动大中小学思政课一体化进程不断向前发展，为培养德智体美劳全面发展的社会主义建设者和接班人奠定坚实基础。

（六）大中小学思政课一体化建设对策的研究

近年来，随着教育改革的不断深入，大中小学思政课一体化建设已成为学术界广泛关注的焦点之一。针对该领域存在的挑战与问题，学者从不同维度提出了一系列富有建设性的对策，旨在推动思政课教育体系的系统性和连贯性发展。

首先，思政课课程目标的设计应兼具统一性与衔接性。在设计大中小学思政课教学目标时，应紧密围绕"立德树人"这一根本任务，不仅要求课程总目标具有高度的统一性和前瞻性，还需确保各学段目标间的无缝衔接，形成循序渐进、螺旋上升的一体化目标体系。④

其次，学校应整体规划、厘清进阶，构建一体化的思政课课程内容体系。第一，学校要遵循学生认知发展规律，设置的课程内容既保持连续性，又体现阶段性差异，形成层次分明、逻辑严密的知识结构。第二，学校应注

---

① 徐俊峰.大中小学思政课教学衔接问题及对策研究［J］.学校党建与思想教育，2009（36）：41-42.

② 吴林龙.学校思想政治理论课教师沟通交流机制建构［J］.高校辅导员，2019（4）：24-28.

③ 吴林龙，马浩冉."党的领导"教育融入大中小学思政课的进路探究［J］.山西高等学校社会科学学报，2022（10）：26-31.

④ 马福运，张迪.大中小学思政课一体化建设的几个关键问题［J］.课程·教材·教法，2022（12）：14-20.

重理论与实践的结合，增强学生的参与感和体验感，使思政课真正成为学生成长成才的重要支撑。第三，学校既要关注思政课程整体性，又要充分考虑学生身心发展的特点，凸显学生的主体地位和需要，在进阶性中推动思政课的整体发展。①

再次，需凝聚各学段思政课教师的育人合力，彰显时代要求。强化思政课教师队伍的一体化建设应通过专业培训、学术交流、团队协作等多种方式，全面提升思政课教师的专业素养和教学能力，致力于打造一支政治强、情怀深、思维新、视野广、自律严、人格正的思政课教师队伍。②

最后，建立大中小学思政课一体化建设的管理与保障机制。第一，成立专门的组织领导机构，负责统筹协调、规划部署。第二，制定详尽可行的规章制度，明确职责分工、规范操作流程。第三，加强制度执行力度，确保各项政策措施落地见效，为大中小学思政课一体化建设提供坚实的组织保障和制度支撑。

（七）互联网背景下大中小学思政课一体化建设的研究

随着数字技术的迅猛发展，互联网已成为教育教学中不可或缺的重要载体，应充分利用新媒体新技术，使思想政治工作焕发新的活力。2019年，中共中央办公厅、国务院办公厅印发的《关于深化新时代学校思想政治理论课改革创新的若干意见》明确指出："推动人工智能等现代信息技术在思政课教学中的应用。"在这一政策导向下，学界积极响应，纷纷探索如何有效利用互联网等新兴技术促进思想政治教育的创新与发展。近年来，关于"互联网＋思政一体化"的研究如雨后春笋般涌现，主要聚焦互联网等信息技术与大中小学思政课一体化融合的必要性及其在实践中的运用。

第一，互联网背景下大中小学思政课一体化建设研究。学界主要剖析互联网为大中小学思政课一体化建设带来的双重影响。一方面，互联网以其独特的优势，有效地顺应学生的认知规律，激发学生的学习热情，丰富思政课

① 余华，涂雪莲.关于大中小学思想政治理论课教学有效衔接的思考[J].思想理论教育，2019（9）：62-67.

② 王世娟.教师:大中小学思政课一体化建设的关键力量[J].北京工业大学学报（社会科学版），2020（1）：9-25.

程内容，推动教师队伍的专业发展。另一方面，互联网带来一系列挑战，如泛娱乐化倾向导致学生学习注意力分散、网络成瘾问题日益严峻等，这些挑战是在互联网背景下落实立德树人根本任务、推动思政课内涵式发展亟需解决的关键问题。①

第二，关于互联网技术在大中小学思政课一体化中的实践运用，学界提出多种策略。如应大力推进大中小学思政课一体化网络教学体系的建设，秉持立德树人、共享共建、系统整合的价值理念。具体而言，通过构建一体化的网络课程体系和教学平台，提升教师专业化教研能力，设计学生沉浸式学习体验，以及完善网络管理机制，以期重塑系统整合、链条发展的思政课教育新形态。②此外，从大中小学思政课一体化集体备课的视角出发，学者探索依托网络平台开展一体化备课的可行性路径。不仅能有效突破常态化备课的时空限制，防止各学段之间产生孤岛效应，还能通过共享优质教学资源、促进教师间的交流与合作，进一步推动思政课程资源和素材的高效整合，提升教学质量。③

展望未来，随着"互联网＋思政一体化"持续深入研究，学界将探索出更多创新路径，如加强智能化教学工具的开发与应用、构建更加完善的网络思政评价体系等，以更好地推动网络大中小学思政课一体化向内涵式发展，为落实立德树人根本任务贡献智慧和力量。

二、国外研究

尽管"思想政治教育"作为专有名词在国外并没有直接对应的词汇，但其教育体系普遍包含"公民教育""道德教育""历史教育"等要素，在教育功能和社会价值上与我国的思想政治教育具有一定的相似性。

---

① 任红霞."互联网＋"背景下大中小学思政课一体化建设研究［J］.公关世界，2022（4）：122-123.

② 程静.大中小学思政课一体化网络教学体系建设的价值理念与实现路径［J］.西华师范大学学报（哲学社会科学版），2023（5）：1-8.

③ 罗哲，冯野林.基于网络平台的大中小学思政课一体化备课机制与策略［J］.教育科学论坛，2022（30）：23-27.

20 世纪 60 年代，美国社会掀起一场轰轰烈烈的教育改革运动。在这场运动中，拜伦·G 和马西拉斯等学者强调社会科学课程在教育体系中的核心地位。他们认为，社会科学运动致力于推动社会科学课程的综合化和一体化进程，凸显了学段衔接与一体化的重要性。[①] 历经数年的探索与实践，美国已构建一套相对稳固且系统化的公民教育课程体系。这一体系在纵向上展现出课程结构的连贯性和系统性，横向上则体现了社会、社区和学校在育人过程中的协同性。此外，美国还非常重视教学方法的创新与多样性，如采用讨论法、角色扮演、模拟参与等方式，确保相关课程既符合整体课程体系的要求，又能充分考虑学生的认知特点，实现课程的衔接性、渐进性和整合性。

此外，世界各国在公民教育一体化方面也有明显差异且呈现出不同特点。美国的公民教育以"美国梦"为要素，成立"十人委员会"等机构以推动各门课程之间的紧密联系，形成一套组织严密、相互支撑的课程体系。[②] 在这一体系中，美国历史作为重要的教育内容，贯穿于大中小学的公民教育之中。美国围绕培养合格公民这一目标，加强公民教育与其他课程的协同配合，体现教育目标一体化。

法国公民教育体系尤为关注学生道德发展的阶段性特征，力求教育内容与学生道德成长规律相契合。根据社会需求和学生的年龄阶段，法国教育部门设置针对性的道德教育内容，确保各阶段的教育内容相互衔接、层层递进。这种螺旋式上升的教育模式有助于学生在成长过程中逐渐形成较为完善的道德体系。[③]

新加坡政府高度重视公民教育课程体系的构建与完善。2014 年，新加坡颁布的课程标准对公民教育课程进行系统规划，围绕"传递核心价值、培养合格公民"的总目标，各学段制定具体的教育目标，形成贯穿小学、中学至大学的公民教育一体化课程体系。这一体系以践行核心价值观为导向，实现

①BYRONG. MASSIALAS. The "NewSocialStudies"：RetrospectandProspect.TheSocialStudes，Vol.100, No.6, Jul., 1992, pp.246–250.

②[澳]W.F.康内尔.二十世纪世界教育史 [M].张法琨，方能达，李乐天，等，译，北京：人民教育出版社，1990：73–74

③伍倩倩.大中小学思政课一体化建设的宜昌实践研究 [D].宜昌：三峡大学，2024.

课程目标的一致性；通过结构化序列的课程结构，确保了教育内容的连贯性；贯穿问题导向的课程内容以及多元性的课程资源，为公民教育的深入开展提供了有力支撑。[①]

日本的德育体系展现出一定的连贯性和一致性，从小学至高中均有明确具体的德育目标。从小学到高中，各级学校虽然侧重点有所不同，但德育内容存在紧密的关联性。这种循序渐进的教育方式既符合学生的身心发展规律，又确保德育的连贯性和有效性。日本的做法体现出对学生身心发展规律的尊重，通过设置合适的教学内容，实现教学内容的一体化。

韩国在编制德育课程时，特别强调课程内容与社会实际的紧密结合。根据学生身心发展水平，韩国教育部门选取不同的民间故事和社会问题作为教学素材，使课程内容贴近学生的生活实际。在课程安排上，韩国注重多层次将生活、家庭、民族和国家等元素联系起来，形成横向联系紧密、纵向层次分明的德育课程体系。这一做法既有助于增强学生的社会责任感和民族认同感，又促进了德育的深入发展。[②]

综上所述，尽管各国在公民教育领域的实施路径各具特色，但均聚焦构建一体化的教育体系，旨在全面提升学生的综合素养。借鉴这些国家的成功经验，可以进一步完善我国大中小学思政课一体化建设，提高教育质量和效果。

三、研究评价

梳理相关文献后发现，研究成果不仅体现在思想政治教育领域，还延伸至教育学等多个方面，视角十分宽广。研究方法的进步体现在从单一的理论探讨向理论与实证并重的转变，如引入案例研究、行动研究等，这些方法有效提升研究的深度和广度。尽管目前研究仍偏向于理论层面，但为深化和丰富大中小学思政课一体化建设提供了崭新的思路。总体而言，国内外学者关于大中小学思政课一体化建设的理论研究，对于揭示其规律性、推动一体化建设进程起到积极的推动作用，为我国大中小学思政课一体化

①周飞妍.新时代大中小学思政课一体化建设研究［D］.重庆：西南大学，2023.
②伍倩倩.大中小学思政课一体化建设的宜昌实践研究［D］.宜昌：三峡大学，2024.

建设提供宝贵的参考和借鉴。然而，当前研究仍存在诸多不足，尚有进一步深化的空间。

第一，大中小学思政课一体化建设的研究还需要进一步深化。从实际操作的角度看，现行的思政课还没有完全根据不同学段学生的认知需求和身心成长模式逐步进行教学活动。在坚守"守好一段渠"原则的同时，也需要在"跑好接力赛"中投入更多的精力和时间。另外，由于研究团队的视角和能力局限，整体解决问题的效果还不够充分，研究的水平和质量还需要进一步提升。在未来的研究中，我们要专注提高研究的品质和标准，以应对大型课题所带来的挑战。

第二，大中小学思政课一体化整合建设的研究领域，迫切需要进一步拓展。现有的学术研究主要集中在大学教育领域，对于中小学思政课一体化建设的研究相对较少，这与实际的发展需求存在明显的不匹配，表现出明显的不均衡。未来的研究应该努力拓展研究的领域，深化对大中小学思政课一体化建设的探讨，以形成一个更加全面和系统的研究框架。

第三，针对大中小学思政课一体化建设，所采取的措施在操作性和针对性上都显得不足。在推动大中小学思政课一体化建设的过程中，一方面需要加强理论分析，深入探索思政课程的内在规律和特性；另一方面，还需要与实际情况紧密结合，进行深入的调查和分析，并给出有效的策略和建议。未来研究应聚焦中小学思政课一体化建设的细化研究，构建跨学段的教学体系与评价体系，同时加强国际比较，借鉴国外成功经验，以形成更具操作性和针对性的研究成果。

大中小学的思政课合作教育是一个既复杂又充满挑战的系统项目，它需要相关方面的共同努力和合作推动。在未来，我们应该培养系统化的思维方式，消除不同学段间的障碍，确保课程教材与课程目标间的有序连接，并根据不同学段的教育和教学特点，促进思政课在新时代的深度发展。此外，需要进一步优化相关政策，深入研究并制订科学的执行计划，确保大中小学的思政课程建设产生良好的效果。

第四节 研究方法

一、文献研究法

本研究充分利用图书馆、中国知网等数据库资源，对大中小学思政课一体化建设的相关文献和政策文件进行检索与分类整理。通过对文献的深度阅读与分析，笔者了解该领域的最新进展与发展趋势。在此基础上，本研究积极地吸纳和参考现有的研究成果，深度分析当前研究存在的不足之处，并据此提出了个人见解、理论框架和研究方向。

二、系统分析法

本研究运用系统分析的方法，将新时代大中小学思政课一体化建设视为一个完整的系统，并采用层次分析法等手段，剖析其中各个要素之间的紧密联系与内在逻辑，致力于确保系统内的各个层次和各个部分之间具有内在的稳定性，以便最大限度地发挥教育的综合效应。

三、综合分析法

本研究秉持马克思主义的观点、立场和方法，针对大中小学思政课一体化建设的现实状况，构建包含教育学、社会学、心理学等多维度的综合分析框架，进行深入的剖析。

第五节 创新之处

一、研究视角具有创新性

本研究立足新时代，主要运用系统论的视角，以大中小学思政课一体化建设的需求为出发点，多角度剖析大中小学思政课一体化建设的内涵与特点，详细阐述其理论依据，梳理其发展历程，深入分析当前存在的问题及原因。随后，从课程设计、教材选择、教师团队、教学资源配置、实践教学方法、评价体系及保障机制等方面构建大中小学思政课一体化建设的内容体系，实现系统性与层次性相结合。本研究不仅有助于解答新时代大中小学思政课一体化建设的诸多问题，还为培养能够承担民族复兴重任的时代新人提供理论支撑和实践参考，具有一定的现实意义和创新性。

二、研究内容具有创新性

本研究深度融合马克思主义理论、思想政治教育学、社会学、教育学及心理学等多学科的理论精髓。研究中，笔者不仅细致剖析了大中小学思政课在一体化建设过程中的教学内容、方法、目标等方面的共性与差异，还从历史维度追溯其演变历程，并从跨学科视角探讨与其他学科领域的交叉融合点。本研究在构建大中小学思政课一体化体系时明确四个原则，即循序渐进与螺旋上升相统一、系统性与层次性相协调、理论性与实践性相融合、守正性与创新性相促进。同时，基于这些原则，笔者提出整体推进课程设计、高质量组织教材编写、持续加强教师队伍建设、优化教学资源整合、创新教学实践方式、建立健全评价体系和不断改革保障机制等实践路径。本研究旨在通过深入剖析大中小学思政课一体化的课题，为学界提供相对系统化的理论框架，促进该领域研究的深化，并服务于大中小学思政课一体化建设的实践，推动教育质量的全面提升。

第一章 大中小学思政课一体化建设的基本概念和主要特征

近年来，随着中共中央办公厅、国务院办公厅印发《关于深化新时代学校思想政治理论课改革创新的若干意见》和中共中央宣传部、教育部印发《新时代学校思想政治理论课改革创新实施方案》，为深入推进新时代大中小学思政课一体化建设，学术界针对大中小学思政课一体化建设展开深入而积极的研究，并已取得一定成果。作为一项涉及多学段、多领域协同合作的系统工程，如何有效推进大中小学思政课一体化建设，成为当前学术界和教育实践领域共同关注的热点问题之一。在探索这一课题的过程中，既要整体把握各学段思政课的内在联系，又要明确相关基本概念和主要特征。未来，随着研究的不断深入和实践的不断探索，大中小学思政课一体化建设必将迎来更加广阔的发展前景，为培养担当民族复兴大任的时代新人作出贡献。

第一节 基本概念

概念是思维的基本形式之一，反映了客观事物的一般的、本质的特征。在对新时代大中小学思政课一体化建设进行深入研究时，首要且关键的一步是对相关概念进行清晰的界定。本研究涉及对"思政课""一体化"概念的深入理解，以及它们如何结合形成"思政课一体化"这一复合概念的清晰认识。基于上述概念的界定，笔者进一步阐述新时代大中小学思政课一体化建设的多维度内涵及其重要性。

一、思政课

思政课是思想政治理论课的简称，是落实立德树人根本任务的关键课程，是巩固马克思主义在学校意识形态领域指导地位的坚强堡垒，是对学生进行马克思主义理论教育和思想政治教育的主渠道、主阵地。思政课面向大中小学生，其在思政课教师的指导下系统学习马克思主义相关理论等知识，逐步丰富其学识，塑造其人格。思政课不仅要深入传播马克思主义的科学理论和党的创新理论成果，构建坚实的马克思主义知识体系，更要通过深刻的马克思主义理论教育，引领大中小学生树立正确的世界观、人生观和价值观，使之成为他们认识世界和改造世界的锐利思想武器。

在我国的各级教育中，思政课承载着特殊的政治使命。它要求学校必须坚持社会主义办学方向，全面贯彻执行党的教育方针，深入开展社会主义核心价值观教育，助力学生树立健康向上的世界观、人生观和价值观，培养出中国特色社会主义事业的合格建设者和可靠接班人[1]在强调思政课的重要性时，习近平总书记指出："办好思想政治理论课，最根本的是要全面贯彻党的教育方针，解决好培养什么人、怎样培养人、为谁培养人这个根本问题。"[2] 这一重要论述为思政课建设指明了方向。

近年来，学界对思政课的认识归纳起来主要有三种。第一，基于学科维度的认识。顾海良等认为高校思想政治理论课是以"直接的、学科课程形式呈现的思想政治教育课程，是学校为进行思想政治教育而专门设立的、体现在课表上的、有组织、有计划、有目的开设的课程"。[3] 第二，围绕"主渠道""主阵地""主课堂""重要载体""重要使命"等课程性质，对思政课内涵的认识。石云霞认为其是"大学生思想政治教育的主阵地、主课堂、主渠道"[4]。宇文利认为其是"中国共产党领导下的意识形态教育的重要载体"。[5] 第三，以"立德

---

① 习近平. 习近平谈治国理政：第 3 卷［M］. 北京：外文出版社，2020：328

② 习近平主持召开学校思想政治理论课教师座谈会［EB/OL］.（2019-03-18）［2024-12-01］https://www.gov.cn/xinwen/2019-03/18/conteat_5374831.htm.

③ 顾海良，佘双好. 高校思想政治理论课程教学改革研究［M］. 武汉：武汉大学出版社，2006：77.

④ 石云霞. 高校思想政治理论课程建设史研究［M］. 武汉：武汉大学出版社，2006：1.

⑤ 宇文利. 思想政治教育课程论：现状、问题与发展［J］. 思想理论教育，2014（4）：28.

树人"为根本任务理念，对思政课内涵的认识提升到新的境界。戴钢书认为：
"思政课是对学生进行思想政治教育的主渠道，承担着用马克思主义理论武装
当代学生的重要使命，承担着教育立德树人的根本任务。"[①] 冯刚、高静毅指出：
"思想政治理论课是学校落实立德树人根本任务的'关键课程'。"[②] 这些论述强
调思政课的重要性，明确思政课的功能不仅是对学生进行知识的传授，更是对
学生进行价值的塑造。其中，以"立德树人"为根本任务的理念，不仅强调思
政课的价值导向功能，还将其提升到培养时代新人的战略高度。

　　高校思想政治理论课的出现并非一蹴而就，而是经历了一段漫长且复杂的
历史演进过程。通过梳理发现，该课程名称经历多次变化，从"马列主义、毛
泽东思想课程"到"共同政治理论课"，再到"政治理论课""马克思主义理论
课"等，在 21 世纪初固定为"思想政治理论课"。2004 年 10 月，中共中央、
国务院印发的《关于进一步加强和改进大学生思想政治教育的意见》开始提及
这一概念，提出"高等学校思想政治理论课是大学生思想政治教育的主渠道"[③]。
2005 年 7 月，中共中央宣传部、教育部印发的《关于进一步加强和改进高等
学校思想政治理论课的意见》（又称"05 方案"）中直接使用"思想政治理论
课"的称谓。此后，关于高校思想政治理论课的提法在学界逐渐固定下来，形
成统一而规范的表述。这一变化不仅体现国家层面对高校思想政治教育工作的
高度重视，也彰显对大学生进行思想政治理论教育的坚定决心。

　　2018 年 4 月，教育部印发的《新时代高校思想政治理论课教学工作基本
要求》指出："思想政治理论课承担着对大学生进行系统的马克思主义理论
教育的任务，是巩固马克思主义在高校意识形态领域指导地位、坚持社会主
义办学方向的重要阵地，是全面贯彻党的教育方针、落实立德树人根本任务
的主干渠道和核心课程，是加强和改进高校思想政治工作、实现高等教育内
涵式发展的灵魂课程。"[④] 思政课因其鲜明的政治属性，成为大学的必修课程

①戴钢书.高校思想政治理论课实践教学论［M］.北京：中国人民大学出版社，2015：4.

②冯刚，高静毅.中华人民共和国成立以来中国共产党对高校思想政治理论课的认识和探索［J］.
思想教育研究，2019（9）：3-10.

③教育部思想政治工作司.加强和改进大学生思想政治教育重要文献选编（1978—2014）［M］.
北京：知识产权出版社，2015：266.

④王爱莲.高校思想政治理论课内涵式发展研究［D］.长春：东北师范大学，2020.

之一。通过教师深入浅出地讲授，学生系统学习马克思主义的基本原理、方法及其在中国化时代化进程中取得的丰硕成果，回顾、深刻分析中国近现代史、思想道德与法律基础知识以及时事政策等热点议题。这一过程旨在武装大学生的思想，解答他们心中的疑惑，帮助他们抵御多元价值文化和各种社会思潮的负面影响。思政课的最终目的是教育引导大学生树立正确的世界观、人生观和价值观，圆满完成立德树人的根本任务。[①] 大中小学各学段思政课虽课程名称不一，但同属思政课范畴，同样肩负着立德树人的根本任务。表1为大中小学各学段思政课的课程名称和学段目标。

表1　各学段思政课的课程名称和学段目标

学段	课程名称	学段目标
小学	《道德与法治》	培养学生的道德情感
初中	《道德与法治》	打牢学生的思想基础
高中	必修一《中国特色社会主义》	提升学生的政治修养
	必修二《经济与社会》	
	必修三《政治与法治》	
	必修四《哲学与文化》	
	选修一《当代国际政治与经济》	
	选修二《法律与生活》	
	选修三《逻辑与思维》	
大学	《思想道德与法治》	增强学生的使命担当
	《中国近现代史纲要》	
	《马克思主义基本原理概论》	
	《毛泽东思想和中国特色社会主义理论体系概论》	
	《形势与政策》	
	《习近平新时代中国特色社会主义思想概论》	

---

①魏彤儒，张彤.高校思想政治理论课话语权的功能、外显与影响要素探析［J］.华北电力大学学报（社会科学版），2019（3）：111-117.

二、一体化

新华字典中的"一体"代表有机的整体，在《应用汉语词典》和《现代汉语规范词典》中"一体化"解释为"密切协调的一个整体""分散而又相互联系的部门或运作方式组合成为一个协调的整体"。① 在《现代汉语词典》中"一体"是指一个整体，"一体化"则是指："使各自独立运作的个体组成一个紧密衔接、相互配合的整体。"② 在《牛津·外研社英汉汉英词典》中"一体化"由名词"integration"表示，动词形式为"integrate"，其含义是"使成一体、使合并"，从词源学的角度来解释"一体化"，它表示使各自独立运作的个体组成一个密切协调、紧密衔接、相互配合的整体。③

目前，学术界对于"一体化"的内涵尚未形成全面共识。有学者认为，"一体化"是系统思维的实践，强调通过整合多个原本独立的主体，形成高度协同的整体，如同多个主权实体在同一体系下的包容与合作。④ 也有学者强调"一体化"是一个渐进式的转型与融合过程，其中诸多相对独立的个体在同一框架之下，逐步深化联系，最终实现紧密无间的共同体状态。还有学者认为一体化是指将多个相对独立的主体，依据一定的目标，通过一定的方式，遵循一定的规律和原则，逐步在同一体系下转化为彼此包容、有机融合、相互配合的共同体的过程。⑤

其实，"一体化"理念的关键在于汇聚各方优势，实现整体效能的最大化，通过深度融合与互补共进，促进各组成部分的协同作用。这一理念最初在经济领域得到广泛应用，旨在通过特定方法和原则，将两个或两个以上相

①李行健.现代汉语规范词典［M］.北京:外语教学研究出版社，2004:1536.

②中国社会科学院语言研究所词典编辑室.现代汉语词典［M］.7版.北京:商务印书馆，2016:1538.

③刘梦园.大中小学思政课一体化建设存在的问题及对策研究［D］.石家庄:河北师范大学，2021.

④石书臣，蔡永生.关于大中小学思想政治理论课教师队伍一体化建设的思考［J］.思想理论教育，2019（11）:17-22.

⑤卢黎歌，耶旭妍，王世娟，等.统筹推进大中小学思政课一体化建设研究——学习习近平总书记在学校思想政治理论课教师座谈会上的重要讲话精神笔谈［J］.北京工业大学学报（社会科学版），2020（1）:9-25.

对独立的主体联结成一个整体，从而使整体功能远胜于各部分功能之和。以企业一体化为例，它注重将企业内部各个环节紧密联结，形成统一联动的经济组织，有效整合企业资源，发挥各自优势，实现强强联合，进而提升企业在市场中的竞争力。

除了企业一体化外，区域经济一体化、城乡一体化、产业一体化等也是常见的应用形式。其中，区域经济一体化促进区域间的协调发展，城乡一体化则旨在消除城乡差距，产业一体化则是优化产业结构布局，这些均体现"一体化"理念在不同领域的广泛应用与深远影响。随着时间的推移，"一体化"的理念逐渐走进大众视野并在多个领域得到广泛应用。在政治领域，"一体化"意味着主权独立的国家在相互尊重的基础上，通过有效协商达成共识，形成在同一体系下相互包容、合作共赢的共同体。①此外，"一体化"理念还在教育领域，特别是思想政治教育领域发挥着重要作用。新时代大中小学思政课一体化建设研究，不仅是实现思政课建设内涵式发展的重要途径，也是思政课一体化建设理论构建的内在要求。

深入的大中小学思政课一体化研究，不仅能推动思政课教学的改革创新，提升思想政治教育的时代性和实效性，还能为培养具备全球视野、社会责任感和创新精神的时代新人开辟新的路径，为实现中华民族伟大复兴的中国梦贡献力量。

三、大中小学思政课一体化

"大中小学"是大学、中学（初中和高中）、小学三个不同学段。"思政课"即思想政治理论课，包括大学开设的思想政治理论课、高中的思想政治课、小学和初中的道德与法治课等，该课程对于培养学生的政治素养、家国情怀、道德品质和法治意识有着主渠道的作用。"化"一字既是指事物的发展过程，又是指事物存在的一种状态，如规模化、法治化、现代化等。"思政课一体化"是把思政课看作为一项铸魂育人的系统工程，按照立德树人根本任务进行总体设计，从学科结构、教学内容、目标设定、教学环节等方面进

---

①伍倩倩.大中小学思政课一体化建设的宜昌实践研究［D］.宜昌：三峡大学，2023.

行一体化设计。卢黎歌等认为大中小学思政课一体化是指大中小学各学段之间的衔接，是总体设计安排，形成有机整体的过程。[①] 本研究认为大中小学思政课一体化是在以立德树人为根本任务的基础上，充分尊重思想政治教育规律和学生身心发展规律，构建大中小学各学段思政课紧密衔接的教学协调机制，整体规划各学段的教学目标、教学内容，使思政课成为循序渐进、螺旋上升的育人共同体。

党的二十届三中全会对深化教育综合改革进行全面系统的部署，强调要"完善立德树人机制""推进大中小学思政课一体化改革创新，健全德智体美劳全面培养体系"。大中小学思政课一体化致力于尊重思政课教育规律和学生身心发展规律，精心打造一套紧密衔接的教学协调机制，确保大中小学思政课各学段能够无缝对接。这一机制旨在整体规划各学段的教学目标、教学内容，使得大中小学思政课能够形成循序渐进、螺旋上升和紧密衔接的育人共同体。通过这一体系的构建，使各学段思政课得以紧密联结，形成一个有机整体，营造出各学段思政课之间相互支持、相互促进的育人新局面。大中小学思政课一体化设计不仅有助于提高学生的学习兴趣和积极性，更能确保他们在不同阶段都能够得到全面、系统的思想政治教育，进而培养出具备良好品德和健全人格的新时代青年。在实践中，大中小学思政课一体化需要各方共同努力，加强沟通协作，确保各学段之间的顺畅衔接。同时，也需要不断总结经验，完善机制，推动大中小学思政课一体化向更高水平发展。

大中小学思政课一体化既是一个动态过程，又是一种理想状态。从过程层面来看，它涵盖一系列旨在消除大中小学各学段一定程度存在的断层现象的行动和措施。而从状态层面审视，它意味着各学段思政课在育人方面实现顺序性、衔接性和贯通性的高度统一，确保思政课立德树人的根本任务与各学段育人目标同频共振，共同推动大中小学思政课的协同育人。

大中小学思政课一体化深刻体现马克思主义关于特殊性与普遍性以及整体与部分的辩证关系。它要求我们在思政课教学中，既要充分考虑各学段学

---

①卢黎歌，耶旭妍，王世娟，等.统筹推进大中小学思政课一体化建设研究——学习习近平总书记在学校思想政治理论课教师座谈会上的重要讲话精神笔谈[J].北京工业大学学报（社会科学版），2020（1）：9-25.

生的特殊性和差异性，又要将这些特殊性统一于立德树人的根本任务之下，形成整体优化的教学效果。换句话说，在思政课教学中，既要充分尊重大中小学生在不同发展阶段的特殊性，确保每一学段的教学任务得以有效完成，又要将这些特殊的教学任务统一于思想政治教育立德树人的根本任务这一普遍性原则之下。大中小学思政课一体化旨在将大学、中学和小学三个学段的思政课视为一个不可分割的整体，并对这个整体中的各个部分进行优化配置，确保它们能够循序渐进地实现阶段式发展，从而充分发挥整体功能的最大化效应。

需要明确的是，大中小学思政课一体化并非意味着大中小学思政课内容、形式上的完全统一或单调化。鉴于大中小学的教育对象所处的教学阶段各异，身心发展程度参差不齐，大中小学思政课在教学内容、目标设定及教学方法上势必会呈现出差异。然而，尽管具体表现形态不同，但教学的核心理念与总体思路却是殊途同归的。可以说，大中小学思政课一体化是"一体化中的多样性"与"多样性中的一体化"的和谐统一。[1]

因此，大中小学思政课一体化需根据不同学段学生的成长规律与特点，全面统筹大中小学各学段思政课的教材编写、课堂教学实施、师资队伍建设及考核评价体系等关键环节，确保大中小学思政课教学目标的总体一致、教学过程的连贯衔接及教学内容的深度递进。因此，大中小学思政课一体化建设不仅成为实现大中小学思政课协同育人的创新思路，还是化解不同学段分工与衔接难题的关键举措之一。[2]

四、大中小学思政课一体化建设

对于大中小学思政课一体化建设的深层内涵，需要从宏观和微观两个视角进行分析和把握。从宏观视角来看，应该坚持"大思政课"的全局性、全员性和全过程性理念，促进思政课程与课程思政的协调发展，同时要加强学校、家庭和社会三方育人机制的有机结合。在此前提下，可通过顶层设计实

---

①高德胜.德育如何实现"大中小一体化"[N].中国教育报，2019-04-10（6）.
②聂子雅.大中小学思政课一体化建设背景下红色资源运用研究[D].南宁：广西民族大学，2023.

现各学段主体权责明晰、利益共享，并以国家政策为导向，形成合力助推思政课教育教学改革的良好局面。从微观视角来看，需要根据各个学段的思政课特性，纵向构建大中小学螺旋式上升的思政课衔接机制，确保大学的课程思政与中小学的学科思政能够无缝对接；横向则要注重发挥教师在课堂讲授中对学生思想引导作用，实现思政课教学内容体系向课程体系转变，以促进课程目标、课程内容、教学方法和教师队伍的综合发展。

在探讨宏观和微观两个视角后，笔者进一步从系统论的角度审视大中小学思政课一体化建设的深层内涵。从系统论的观点来看，大中小学思政课一体化建设是一个系统工程，其必然包括相应的构成要素，并且各要素之间存在一定的内在联系，保障大中小学思政课一体化建设的有序推进。对此，有一种观点认为，大中小学思政课一体化应涵盖课程设置、教学内容、教学方法、教师队伍和教材建设等方面的一体化建设。另一种观点则侧重课程目标、课程设置、课程内容和教材体系的一体化。这两种观点应该说都有一定的可取之处：第一种观点中的有些要素虽然学界已经提出，但在大中小学思政课一体化建设中并非处于核心位置；第二种观点更多从课程的维度出发，但思政课的建设远不止于此，还有许多值得深入探究的层面。本研究认为，大中小学思政课一体化建设主要包括课程设置、教材编写、教师队伍、教学评价、保障机制、教学资源和实践教学一体化。这七个要素相互交织、互为支撑，共同构成大中小学思政课一体化建设体系。其中，课程设置是引领，教材编写是基础，教师队伍是关键，教学评价是导向，保障机制是后盾，而教学资源和实践教学则是推动大中小学思政课一体化建设不断向前发展的强大动力。

大中小学思政课一体化建设作为一项系统工程，承载着铸魂育人、立德树人的重要使命。新时代，大中小学思政课一体化建设面临许多挑战，展现出鲜明的时代特色。为顺应新时代发展中国特色社会主义的总任务、总目标、总要求，必须深入贯彻落实《关于深化新时代学校思想政治理论课改革创新的若干意见》《新时代学校思想政治理论课改革创新实施方案》等文件要求，积极回应时代发展的呼唤，准确把握新时代的发展脉搏。在此基础上，需从多个维度科学地理解和把握大中小学思政课一体化建设的内在意蕴，全面提升其建设质量和水平。

第一，更新认知理念，明确新时代大中小学思政课的定位。马克思主义唯物史观指出，社会存在决定社会意识。在不同的社会历史背景下，人们对思政课的认识往往会受到时代条件的制约。这种认识只能基于当时的社会历史发展条件，在符合本民族统治阶级利益的前提下，依托个人所积累的学识基础，对思政课作出尽可能合理的解读。随着历史进程的持续推进和社会发展的日益深化，人们对思政课的理解也日益客观、全面和准确。

大中小学思政课涵盖大学思政课、中学思政课（包括初中道德与法治课和高中思想政治课）以及小学道德与法治课等，它们具有相同的属性和一致的指称，是思想政治理论教育的重要组成部分。党的十八大以来，中小学德育课得到了新的定位，与大学思政课在属性和指称上实现一致，共同被冠以"思政课"之名。

第二，落实立德树人根本任务，明确新时代大中小学思政课一体化建设的核心内容和根本目标。在新时代教育改革的大背景下，推进大中小学思政课一体化建设的首要任务就是深刻理解和全面把握其内在逻辑和精神实质。根据《关于深化新时代学校思想政治理论课改革创新的若干意见》等文件精神，落实立德树人根本任务的实质指向，即人才培养必须是育人和育才的有机结合，其中育人是核心。人的品德是立身之本，育人的根本在于培养高尚的道德情操。同时，还应紧紧抓住大中小学思政课的根本目标，引导学生树立正确的世界观、人生观和价值观，树立远大志向、提升综合能力、锤炼坚强意志、塑造健全人格，为服务新时代中国特色社会主义发展、实现新时代发展的目标贡献力量。这正如《关于深化新时代学校思想政治理论课改革创新的若干意见》所强调的那样："办好思政课，要放在世界百年未有之大变局、党和国家事业发展全局中来看待，要从坚持和发展中国特色社会主义、建设社会主义现代化强国、实现中华民族伟大复兴的高度来对待。"

第三，明确差异性，充分认识其特殊性。新时代大中小学思政课一体化建设具有独有的特征。一是鲜明的时代性。大中小学思政课一体化建设，是新时代思政课守正创新的生动实践，其所依托的时代背景、所面临的具体挑战以及肩负的历史使命，均彰显出与众不同的时代特色。二是坚定的目的性。新时代大中小学思政课一体化建设，始终坚持以立德树人为根本任务，在这一崇高目标的指引下，汇聚大中小学各学段以及学校、家庭、社会等各方力量，形成合力，共同致力于培育能够担当民族复兴大任的时代新人。三是整体性与阶段性的和谐统一。整体性体现在对各个学段思政课的系统规划上，致力于构建一体化的思政课体系；而阶段性则体现在根据学生的认知特点和社会发展要求，对思政课育人的目标、内容、方法和教师等要素进行精细化设计，形成循序渐进、螺旋上升的育人层次，逐步实现育人目标。新时代大中小学思政课一体化建设既要有全局视野，又要立足各学段各部分的实际情况，进行有针对性的整体性建设。四是复杂性与长期性并存。大中小学思政课一体化建设既面临着外部环境的复杂多变，包括各种思想文化价值观的交织碰撞以及网络信息技术的迅猛发展，又面临着内部建设环境的错综复杂、涉及范围广泛，包括大中小学各学段以及学校、家庭、社会等多方主体。因此，整体建设过程具有相当的复杂性，需要持之以恒地进行调整和优化。

第四，要精准把握关键要素，明确新时代大中小学思政课一体化建设的主要内容。在推进新时代大中小学思政课一体化建设的进程中必须牢牢抓住大中小学思政课一体化的课程目标、课程内容和教师队伍这三个关键要素，以充分发挥课程目标作为"主方向"、课程内容作为"主战场"及教师队伍作为"主力军"的关键作用。一是要实现思政课课程目标的一体化。需要明确思政课课程目标"主方向"的作用，在立德树人的根本任务引领下，精确梳理并细化各学段的课程目标，确保小学、中学和大学思政课课程目标能够分层递进、各有侧重、纵向贯通，形成一条清晰的发展脉络。二是要实现思政课课程内容的一体化。在深入理解和把握思政课课程目标的基础上，必须紧紧抓住课程内容这一"主战场"，注重课程内容的整体性和连贯性，确保各学段之间能够相互衔接、互为补充，构建起完整而系统的思政课内容体系。三是要实现思政课教师队伍的一体化。办好思政课的关键在于教师，教师是大中小学思政课一体化建设的主力国，而教师队伍的一体化则是实现这一目标的重要保障。在建设中需要促进大中小学思政课教师在能力素质、沟通交流和教研协同等方面的一体化培养，激发一体化教师队伍的积极性、主动性和创造性，共同推动思政课的创新发展。[1] 以上三个方面可有效地推进新时代

---

[1] 周飞妍. 新时代大中小学思政课一体化建设研究［D］. 重庆: 西南大学，2023.

大中小学思政课一体化建设的进程，提升思政课的教学质量，为学生的全面发展奠定坚实的基础。

第二节　主要特征

特征是一种事物异于其他事物的特点。大中小学思政课一体化建设具有显著的特征，这在理论研究和实践探索过程中都必须加以重视，主要包括以下几个方面。

一、系统性

"系统"一词，顾名思义，即由部分组成的整体。在现代系统论的框架下，"系统"是指由多个相互关联、相互作用的要素所构成的有机整体，其中各要素通过巧妙的组合与协作，赋予了系统独特的结构和功能。[1] 系统的运作基于整体性、层次性和开放性的基本原理。同时，其内在的优化演化律也推动着系统不断向前发展。[2] 系统的整体性原理是指系统由多个要素通过特定方式进行有机结合，最终实现整体功能大于各要素功能的简单相加；系统的层次性原理是指组成系统的各类要素既有一定联系，又相互区分，特别是具有质地差异性的要素，其相互间的区别更具层次性；系统的开放性是指系统并非一成不变，而是始终处于动态的、开放的状态，一直在持续地进行演进。系统的优化演化律则指系统的演化和系统的优化是互为因果的，系统演化为系统优化奠定基础，系统优化是系统演化的最终目的。[3]

系统论作为一门专门的理论，旨在揭示和探究系统的一般性质和运动规

---

① 乐晓波，王中华，张春丽. 基于 Petri 网的哲学分析 [J]. 计算机技术与发展，2008（3）：109-113，117.

② 黄朝武. 系统性原理在企业管理工作中的应用 [J]. 安徽冶金科技职业学院学报，2004，14（2）：3.

③ 邱晓锦. 大中小学思政课一体化背景下党的革命精神传承研究 [D]. 桂林：桂林理工大学，2023.

律，为研究和考察现实系统提供了有力的理论武器和方法论指导。[①] 通过对系统的深入理解和研究，能够更好地把握现实世界的复杂性和多样性，为人类的进步和发展提供坚实的理论支撑。

当下，运用系统论来认识事物、优化我们的思维方式与工作方法，已成为一种普遍的方法。贝塔朗菲，作为一般系统论的奠基人，于 1968 年出版了代表作《一般系统理论：基础、发展和应用》(*General System Theory*；*Foundations*，*Development*，*Applications*)，率先提出"系统哲学"的概念，为系统论的发展奠定了坚实基础。[②] 贝塔朗菲强调，任何系统都是一个有机整体，而非各部分的简单堆砌。这一观点深刻揭示系统构成的本质特征。他借用亚里士多德的名言"整体大于部分之和"形象地阐释系统的整体性。在系统中，各要素并非孤立存在，而是相互关联、相互作用，共同构成一个有机的整体。[③] 随后，美国普林斯顿哲学教授 E. 拉兹洛对系统哲学进行全面深入的论述，指出系统具有整体性、层次性、动态性和时序性等鲜明特征。[④]

事物的内容是构成事物的一切要素的综合。[⑤] 马克思在《〈政治经济学批判〉序言》中，将系统论的观点和方法巧妙地运用于社会研究之中，将整个社会的运作视为一个相互关联、相互作用的系统运动。系统论涵盖目标与价值系统、组织结构系统和管理系统等多个层面。系统的各个部分既相互独立又相互依存，一个子系统的变化往往牵一发而动全身，影响着其他系统的运作。因此，合理协调各子系统之间的关系，是实现系统效率最优化的关键所在。[⑥] 马克思认为，任何系统都是动态的，处于不断变化和发展之中。[⑦] 系统

---

① 姜玲玲 . 思想政治教育系统论［M］. 合肥：合肥工业大学出版社，2012：1.

② 伍倩倩 . 大中小学思政课一体化建设的宜昌实践研究［D］. 宜昌：三峡大学，2023.

③ 贝塔朗菲 . 一般系统论：基础、发展和应用［M］. 杜康义，魏岩森，等，译 . 北京：清华大学出版社，1987：167.

④ 孙佳佳，杜冰 . 一般系统论视域下通信原理课程思政体系的建构研究［J］. 北京科技大学学报（社会科学版），2020（4）：112–118.

⑤ 马克思主义哲学编写组 . 马克思主义哲学［M］. 北京：高等教育出版社，2009：101.

⑥ 朱光辉 . 新时代大中小德育一体化的内涵、挑战与对策［J］. 思想政治教育研究，2020（4）：89–93.

⑦ 赵国营，张荣华 . 系统思维视阈下的中国特色社会主义总布局：概念、内涵及特征［J］. 社会主义研究，2017（3）：7.

的动态性要求我们遵循事物之间普遍联系的客观规律，树立大局意识，从整体上进行谋划和布局。通过对全局和局部间的相互关系进行综合立体式分析，使系统获得最佳效能，实现最优目标。

大中小学思政课一体化建设中，各学段的思想政治教育内容层层递进、螺旋上升，共同构成思想政治教育这一有机整体，充分体现系统论的整体性和层次性。在推进大中小学思政课一体化的过程中，应根据各学段学生的身心发展特征制定教学目标，选用适合的教学方法，这也体现了系统论的动态性和时序性。此外，大中小学思政课一体化不仅涉及不同年龄学段的衔接问题，更是一个涉及思想政治教育目标体系、教学内容衔接、教学方法体系、教师队伍建设体系等诸多因素相互作用的系统工程。只有从宏观层面进行周密的部署和安排，紧紧围绕立德树人这一根本任务，针对不同学段学生的特点，制订出个性化的教育方案，并协同各学段共同推进，才能形成强大的合力，实现整体大于部分之和的协同效应。因此，大中小学思政课一体化建设不仅是教育理念的创新，更是系统论在教育实践中的生动体现，为实现立德树人的教育目标提供有力保障。

二、协同性

协同学理论深刻揭示复杂系统如何从无序状态发展为有序状态，以及从低序向高序升级的动态演变机制和内在规律。其强调所有远离平衡态的复杂系统，在与外部环境的动态交互过程中，系统内不同子系统及要素间不断产生非线性的相互作用，并受到整体系统的制约机制影响，这种相互作用即为"自组织协同效应"。[①]

在协同学理论的框架内，复杂系统所展现的"协同效应"被视为系统内部的一种关键自组织能力，它对于形成并维系复杂系统内部稳定结构具有举足轻重的促进作用。当复杂系统遭遇外部环境控制参量逼近阈值的情境时，系统内部各要素间的相互关联将逐步取代单一要素的独立性，而要素间、子

---

① 张攀峰.公共卫生危机社区治理体系优化研究—基于耗散结构理论视阈[D].南昌：江西师范大学，2021.

系统间的竞争也将渐趋主导。在这一过程中，复杂系统的整体功能显著增强，进而推动其从无序状态向有序状态转变。由此可见，复杂系统的协同性实质上是系统内部各要素有序运动的体现，以及各子系统在自组织作用下形成的稳定状态。系统内部的协同效应是一个持续运动、不断演化的过程，它在更高的层次上展现出全新的作用和功能。①"协同"既是一种状态，又是一种过程。有序是协同的必然结果，而协同则是实现有序的关键因素。在复合系统中，子系统之间发展的同步性固然重要，但并非衡量"协同性"的唯一尺度。实际上，"非均衡合作"才是复合系统协同发展的核心所在，它赋予系统更为丰富的内涵和更强大的生命力。

因此，复合系统的协同发展可理解为：其内部子系统之间通过相互合作，形成全新的结构，催生出独特的功能，进而使系统自身在宏观与微观层面实现共轭有序的过程。这一过程不仅体现了子系统之间的紧密配合，更是彰显了系统整体性的优化与提升。相应的，为了准确评估复合系统的协同发展程度，需要全面考虑子系统自身的稳定性，以及子系统间发展的同步性、协调性和合作性。这些要素共同构成了复合系统协同发展的多维评价体系，为我们全面理解系统协同发展提供了有力支撑。

综上所述，系统协同性研究的核心聚焦于深入剖析系统内各子系统运行的稳定性，以及子系统之间通过互动耦合作用所展现出的相互协调、合作以及自组织的状态、程度和效果。只有深入把握这些关键要素，才能更好地揭示系统协同发展的内在规律和机制，为实际应用提供精准的指导和建议。大中小学思政课一体化本身也要求实现各学段思政课的协同，实现从无序到有序，从低序向高序发展，其中既需要各学段学校和教师的协同，也需要学校与家庭和社会的协同，实现"三全育人"（全员育人、全程育人、全方位育人）。因此，充分运用协同学相关理论可以有效地促进大中小学思政课一体化的顺利推进。

三、衔接性

"衔接"在广义上指的是事物之间通过某种方式实现首尾相连或内在逻

---

① 魏晋. 成都平原人地系统协同性研究［D］. 雅安：四川农业大学，2012.

辑上的连贯，既可以是物理上的连接，也可以是抽象概念、理论或过程之间的连续性与递进关系。从宏观层面来看，事物的衔接对其内外部环境的关系和变化会产生深远影响，且随着社会制度的变迁而引发相应的产业变革。从微观层面分析，事物的衔接从本质上揭示了事物间相互联系、相互影响和作用的关系。衔接的内涵远不止于简单的连接与连续，它更蕴含着横向与纵向、水平与垂直、内部与外部之间的各种连续、转接与递进。

学校德育的各个阶段——从小学到中学再到大学，构成一个有机整体。每个阶段的德育不仅具有各自特点和质的区别，而且各个阶段之间紧密相连、相互呼应、互为因果、不断发展。[①] 大中小学思政课一体化，旨在使不同教育阶段（小学、中学和大学）的思政课程之间构建相互联系、相互衔接的教学体系，主要体现在以下几个方面。

一是教育目标的层次性。大中小学思政课一体化的衔接性要求不同教育阶段要根据学生的年龄特点和认知水平，设置具有层次性的教育目标。小学阶段主要培养学生的基本道德观念和行为习惯，激发他们的道德情感。中学阶段则在此基础上进一步深化，如初中阶段着重夯实学生的思想基础，高中阶段则着重提升学生的政治素养，引导学生形成正确的世界观、人生观和价值观。大学阶段聚焦培养学生的马克思主义理论素养和社会责任感，强化他们的使命担当。这种递进式的设计确保学生在不同成长阶段能够接受到与其认知水平和发展需求相匹配的思想政治教育。

二是课程内容的连续性。大中小学思政课课程内容的衔接性源自教育对象思想品德成长的连续性和阶段性特征。学生道德认知和思想品德的发展遵循循序渐进的规律，各阶段的思政课课程内容需在前一阶段基础上深化和拓展，确保内容的连续性和递进性。因此，思政课的教学内容既要体现阶段性特点，又要注重连续性和衔接性。要求教学内容前后连贯，逐级深入。小学阶段主要传授基本的道德规范和社会主义核心价值观，中学阶段在此基础上引入更多的社会热点问题和哲学思考，大学阶段深入探讨政治理论和马克思主义原理的深层次内容。

---

① 王鲁宁. 关于大中小学德育衔接问题本质及规律的哲学探讨［J］. 中共济南市委党校学报，2007（4）：50.

　　三是教学方法的适应性。为了满足衔接性要求，教学方法需要根据不同阶段学生的心理发展水平和学习能力进行灵活调整。例如，小学阶段可采用生动有趣的故事讲解、角色扮演等方式，中学阶段则可运用案例分析、讨论辩论等方式激发学生的思考，大学阶段可通过专题讲座、学术研讨等形式提升学生的理论素养和思辨能力。这种差异化的教学方法，能够更好地激发学生的学习兴趣，促进其主动思考和自我提升。

　　四是评价体系的系统性。一体化的衔接性在评价体系中应得到充分体现。评价体系应覆盖各个教育阶段，并能够对学生的学习成果进行全面、系统的评价。学校不应局限于对知识掌握程度的考核，还要开展涵盖学生的道德行为表现、价值观念形成等多维度的评估。这样的评价体系不仅全面考察学生的学习成果，还深入评估其道德品质、价值观念等多方面的成长，确保评价的全面性和科学性。

　　五是教师队伍的专业性。实现大中小学思政课一体化的顺畅衔接，离不开一支具备高超专业素质的教师队伍。教师不仅要精通所教授的学科知识，还要深谙不同年龄段学生的心理特征和成长需求，从而能够因材施教，科学设计并实施教学方案。只有具备高度专业素养的教师团队，才能有效实施这一体系，确保大中小学思政课一体化的顺畅衔接与高效实施。

　　总之，大中小学思政课一体化的衔接性特征要求教师在不同阶段的教学中始终保持目标一致、内容连贯、方法协同、评价科学，从而构建起一个紧密衔接、层次分明的德育体系，更有效地实现思想政治教育的目标。这些特征共同确保了学生在不同阶段能够接受到连贯、系统且逐步深入的思想政治教育，为他们的全面发展奠定坚实基础。

四、渐进性

　　习近平总书记指出："在大中小学循序渐进、螺旋上升地开设思想政治理论课非常必要，是培养一代又一代社会主义建设者和接班人的重要保障。"[1]这一重要论述深刻揭示了大中小学思政课一体化的内在规律，强调循

---

[1]习近平.习近平谈治国理政：第3卷［M］.北京：外文出版社，2020：329.

序渐进与螺旋上升的必要性。循序渐进，作为一种教育方法论，指的是在学习、工作或任何活动中，遵循既定的顺序和步骤，逐步深入和提高。这一方法论强调，在掌握知识或技能时，应从基础出发，逐步拓展至更为复杂的领域，确保每一步都稳固地建立在之前的基础上。循序渐进不仅有助于学习的连续性和系统性，还能有效避免跳跃式或无序学习可能带来的问题。通过逐步深入，学生能够建立扎实的知识基础，提升理解能力，培养思维能力和解决问题的能力。同时，这种学习方式也有助于增强学生的自信心，因为每一步的成功都为下一步学习奠定坚实的基础。

"一体化"不是"等同化"，而是建立在差异化基础上的系统性、整体性和协同性的体现。充分体现以学生为中心的教育理念，尊重学生的主体地位，遵循学生的认知规律，实现思政课的理论创新。在这一理念下，循序渐进体现为根据不同学段学生的认知发展规律以及思政学科知识和理论体系的逻辑顺序，将思政课程内容由易到难、由简至繁、由浅入深地进行科学设计、合理安排和有序衔接，确保在不同学段呈现出顺序性、衔接性和协同性。而螺旋上升则是在循序渐进的基础上，逐步提升思政课程在不同学段的要求、标准、深度和难度，使之在曲折中展现出前进的态势。这种发展看似是对以往学段的重复，实则是以更高层次的方式在重复中寻求进步。

简而言之，循序渐进强调的是"序"，即有序地推进；而螺旋上升则强调"质"，即在有序的基础上实现质量提升。只有在循序渐进的基础上实现螺旋上升，同时在螺旋上升中保持循序渐进，大中小学思政课一体化才能取得实质性的成效。[1]基于前文的论证分析，大中小学思政课一体化的渐进性特征主要表现在以下几个方面。

一是知识深度的逐层递进。在小学阶段，思政课如同播种，主要撒播基本的道德规范和社会主义核心价值观的种子，通过生动的故事和实例滋养学生稚嫩的心灵，引导他们形成正确的价值观，诸如诚实守信、尊老爱幼等道德准则。进入中学，课程便如同树苗逐渐扎根，应引入更多关于集体意识、法治观念和初步的人生哲学等内容，课程内容日渐丰富和深入，开始触及复

---

① 刘力波，宋倩．准确把握大中小学思政课一体化的科学内涵［J］．中学政治教学参考，2020（18）：64-65，81．

杂的社会现象和道德问题，培养学生的批判性思维和道德判断能力。到了大学阶段，思政课则如同参天大树，枝繁叶茂，进一步学习马克思主义基本原理、中国共产党的历史和中国特色社会主义理论体系等更为深入和专业的知识，强调理论素养和政治觉悟的提升，培养学生成为具有社会责任感和历史使命感的国家栋梁之材。

二是教学方法和学习方法的逐步转变。在教学方法上，小学思政课需采用直观、生动的教学方式，如故事讲述、角色扮演等，以激发学生的学习兴趣。中学阶段，教学方法逐渐过渡到案例分析、小组讨论等较为复杂的形式，引导他们认真思考，以提高思辨能力。大学阶段，思政课应注重理论讲解、专题讲座等深层次的教学方式，引导学生深入探索，以提升他们的理论素养和分析问题的能力。在学习方法的转变上，小学生通常依赖直观、形象的学习方法，中学生则开始运用比较分析、归纳演绎等逻辑思维方法学习，大学生则需要通过自主学习、研究性学习等方式，提高独立思考和批判性思维的能力。

三是思政课教学匹配学生认知能力。随着学生年龄的增长和知识储备的增加，他们的认知能力不断提高。思政课的教学内容和方式需与学生的认知发展水平相匹配，从较为简单的概念和行为要求，逐渐过渡到较为复杂和抽象的理论探讨，确保思政课教育符合学生不同阶段的认知特点和发展需求，从而更有效地实现立德树人的根本任务。

综上所述，大中小学思政课一体化的渐进性特征意味着在不同教育阶段，思政课的教学内容、方法和目标应有所差异，以适应学生在不同成长阶段的需求，从而形成一个连续、有序、逐步深化的教育过程。因此，大中小学思政课一体化的渐进性特征，不仅体现了对学生认知发展规律的尊重，还确保了思政课教育能够精准对接学生各阶段的成长需求，为实现立德树人的根本任务奠定坚实基础。

第二章　大中小学思政课一体化建设的理论基础和政策依据

理论是实践的先导。理论不仅是对实践的总结和提炼，更是对实践的预见和指导，通过揭示事物的本质和规律。理论来源于实践，又高于实践，帮助人们认识世界和改造世界。科学的理论能够提供科学的方法，提高人们的认识能力，成为人们解放思想、促进理性思维的重要思想工具。大中小学思政课一体化建设的落实与推广，不仅在实践中得到验证，展现出科学探索的重要价值，而且其拥有深厚的理论基础和丰富的思想渊源，得到党和国家的高度重视与支持。基于理论与实践的密切关系，本章旨在进一步探索大中小学思政课一体化建设的深层次理论问题，为其构建坚实的理论基础和学术支撑，进而不断拓展思想政治教育的理论场域。

第一节　理论基础

思想政治教育，作为兼具政治性与学理性的综合性学科，其理论架构根植于马克思主义理论体系之中，将其作为根本指导思想。马克思主义哲学的显著特色，在于其将辩证唯物主义与历史唯物主义进行有机结合，这一独特视角使其在众多哲学流派中脱颖而出。马克思主义认识论、系统论、联系观以及人的全面发展理论，思想政治教育学原理及教育学等相关学科的理论，共同构成大中小学思政课一体化建设的坚实科学基础。

一、马克思主义相关理论

2018 年 5 月，习近平在北京大学考察时指出，高校马克思主义学院就是要坚持"马院姓马，在马言马"的鲜明导向和办学原则，为巩固马克思主义在意识形态领域的指导地位，推动马克思主义进校园、进课堂、进学生头脑，发挥应有作用。[①] 思想政治教育作为教育体系中的重要组成部分，其理论基础深植于马克思主义理论范畴，旨在通过系统的教育实践活动，传播和弘扬马克思主义的基本原理、立场和观点。为此，大中小学思政课一体化建设，作为贯彻马克思主义教育理念的重要举措，必须坚定不移地以马克思主义相关理论为指导，确保"在马言马"的鲜明导向。

（一）马克思主义认识论

马克思主义认识论是探究人类认识活动本质的重要理论。在马克思主义者的视角中，认识的本质即为主体在实践基础上对客体的能动反映。[②] 这种"能动"性可以从认识的主体、客体和中介三个维度深入剖析。

首先，实践主体与认识主体，均指处于特定社会关系网络之中，拥有进行实践活动与认知活动能力的个体。作为人类活动中最为能动的要素，人的认识过程绝非机械、消极或如照镜子般的简单反映。[③] 相反，它是一个在大脑内部进行深刻抽象与重构的复杂过程，充满主观能动性和创造性。其次，实践客体或认识客体，涵盖自然界、人类社会以及人的思维等领域。人类凭借其独特的认知能力，能够深入洞察自然界的本质规律、理解社会运行的法则，并据此创造性地改造世界，实现人与自然的和谐共生。因此，人作为认识主体与认识客体之间的关系，不仅体现在认识与被认识上，更是体现在改造与被改造的层面上。最后，实践中介或认识中介，涵盖社会主体在探索与改造现实世界过程中所使用的各类工具、技术手段，以及与之相关的操作程

---

①习近平.抓住培养社会主义建设者和接班人根本任务　努力建设中国特色世界一流大学［N］.人民日报，2018-05-03，（01）.

②蔡永生.马克思主义哲学原理［M］.北京：高等教育出版社，2003：127.

③赵宇，陈先奎.政治理论马克思主义基本原理（哲学、政经）重难点分析［M］.北京：新华出版社，2008：45.

序、方法论体系。在人的认识过程中，实践无疑是主体获得认识的唯一源泉。实践不仅是主体获取直接经验与间接经验的唯一途径，更是推动人类不断深化对世界认知、实现自我超越的根本动力。

实践与认识的辩证关系具体表现在：实践是认识的来源，实践是认识的动力，实践是认识的目的，实践是检验认识真理性的唯一标准。[①] 也就是说，人的认识会随着实践的发展而发展，受客观物质条件和社会历史条件的影响，人的认识会发生相应的变化。个人的认识固然受限于其经验与视角，但人类作为整体的认识则是无限拓展的。在有限与无限的张力中，人的认识展现出反复探索、无限深化及持续上升的特性。

人的认识过程本质上是一个动态、辩证的发展过程，其核心环节包括感性认识、理性认识及实践三者之间的相互作用与转化。人的认识所经历的第一次飞跃是由感性认识到理性认识能动的飞跃，认识的初级阶段是在实践基础上形成的具有直接性、形象性的"生动直观"的认识，包括感觉、知觉和表象三种形式，而人在具备直观性、表象性的认识之后会加上概念、判断、推理以对事物的本质和规律进行认识和把握，也就实现了从感性认识到理性认识的第一次飞跃。人的认识所经历的第二次飞跃是由理性认识到实践的能动的飞跃，理性认识是认识的高级阶段，但并不是认识的最终归宿，认识只有最终转化为实践力量并落实到现实的实践中指导实践的发展，才能证明认识过程得以真正完成。正如马克思在《关于费尔巴哈的提纲》中指出的那样："哲学家只是用不同的方式解释世界，而问题在于改变世界。"[②]

大中小学思政课一体化建设是为打破育人壁垒、增强育人实效而提出的新型教育理念。这一理念源于开展思想政治工作的具体实践，是对科学认识成果的深化与拓展，旨在以此为指导，推动各学段思政课的改革创新。这种"从实践中来，到实践中去"的认识过程，正是马克思主义认识论的核心要义。统筹推进大中小学思政课一体化，既符合人的认识运动发展规律，又体现教育教学的系统性和连贯性。小学阶段的思政课注重启蒙教育，培养学生

①孙旭.马克思主义的知行观：《实践论》解读［M］.北京：现代出版社，2016：39.

②中共中央马克思恩格斯列宁斯大林著作编译局.马克思恩格斯文集：第1卷［M］.北京：人民出版社，2009：502.

的基础道德观念和行为习惯。初中阶段则注重体验性学习，让学生在实践中感受思政课的魅力。高中阶段，思政课侧重于常识性教育，帮助学生建立扎实的理论基础。而到了大学阶段，思政课注重理论性与思辨性学习，引导学生深入思考社会现象，提升分析问题和解决问题的能力。

在课程内容设计上，大中小学思政课一体化遵循从感性认识到理性认识、由浅入深的教学原则。通过多样化的生动案例和丰富的实践活动，如角色扮演、社会调查等，让学生在亲身体验中获得感性认识。随后，借助系统的理论讲授和深入的思辨讨论，如小组讨论、案例分析等，引导学生逐步将感性认识上升为理性认识。这种由浅入深、循序渐进的教学方式，有助于培养学生的逻辑思维能力和创新精神。此外，大中小学思政课一体化还注重将鲜活的实践、生动的现实融入教学中。通过引导学生关注社会热点并积极参与社会实践，让学生在实际生活中真切地感受到思政课的实用性和价值性。这不仅有助于激发学生的学习兴趣和积极性，还能提高他们的综合素质和社会责任感。

总之，大中小学思政课一体化建设不仅是一项具有深远意义的思政课改革举措，还将有效促进思想政治教育的连续性和系统性，显著提升学生的思想政治素养和综合能力，为培养德智体美劳全面发展的社会主义建设者和接班人奠定坚实基础。

（二）关于普遍联系的原理

事物间的相互联系必然伴随着相互作用，而这种相互作用正是推动事物运动、变化和发展的根本动力。这些联系并非随意，而是受一定条件制约的。因此，必须尊重事物发展的客观规律，深入分析事物的具体联系，避免强行改变事物存在和发展的条件。大中小学思政课作为一种持续发展的教育实践，其教学资源、教学内容、教学方法等要素也需不断适应和变革。马克思主义哲学的对立统一规律，为大中小学思政课一体化提供了深刻的理论指导，要求我们在实践中灵活运用矛盾分析法。在思政课一体化进程中，应坚持矛盾分析法，既要认识到解决问题的紧迫性，又要挖掘问题背后的发展潜力。要全面把握大中小学思政课一体化的进展与问题，同时抓住主要矛盾和矛盾的主要方面，有针对性地解决关键问题。

在推进大中小学思政课一体化的进程中，我们必须认识到，教育目标的设定、教学内容的选择、教学方法的创新、师资队伍的建设、领导体制的完善以及家庭、学校、社会环境的优化，上述各因素间不仅紧密相连，更是形成错综复杂且相互影响、相互制约的关系网络。因此，在推进一体化的过程中，必须全面考虑这些因素之间的关系，尊重它们之间的内在联系，避免片面地改变某一个因素，而忽视其他因素的影响。

同时，还必须认识到，事物间的相互作用是推动事物运动、变化和发展的根本动力。大中小学思政课一体化作为一种教育实践，其教学资源、教学内容、教学方法等要素也需要不断地适应和变革。基于事物发展的客观规律，应当积极调整并优化教学资源、教学内容及教学方法等关键要素，以确保它们能够持续适应并推动教育发展的实际需求。为有效推进大中小学思政课一体化进程，持续应用马克思主义哲学的对立统一规律及矛盾分析法显得尤为重要。同时，既要正视并解决当前面临的紧迫问题，也要深入挖掘问题背后的深层次矛盾与发展潜力，确保一体化工作能够稳步前行，最终实现教育的全面、协调与可持续发展。

（三）系统论的观点

在马克思主义哲学的广阔视野中，系统作为标志事物联系与发展的独特形式，扮演着举足轻重的角色。我们应当自觉地运用系统观点深入剖析事物的本质及发展脉络，并善于借助此视角来洞察、分析和解决多样化的问题。这不仅是马克思主义经典作家理论思维的鲜明特征，也是我们党在领导革命、建设和改革过程中提炼出的重要思想方法和工作方法。[①]

在系统论框架下，各子系统间不仅紧密相连，展现出相互依存与促进的统一性，也存在相互制约甚至对立的态势，这种复杂的相互作用共同构成系统发展与演变的内在动力与根本规律。在马克思主义哲学的语境下，系统被视为由相互关联、相互作用的要素按特定方式组成的统一整体，其系统性成为事物的基本属性。在马克思主义哲学探讨人与世界关系的视角中，系统思维作为把握事物普遍联系的基本前提，深入揭示事物的系统存在形态、系统

内部关系及系统演变规律的辩证思维方式。

作为人们认识世界的重要思维工具，系统思维在辩证唯物主义中得到本质提炼和哲学表达，形成包括整体性、结构性、层次性、开放性和风险性在内的基本思维原则，为人们在面对各种确定或不确定环境时提供了强有力的认识支撑。[①] 习近平总书记强调："系统观念是具有基础性的思想和工作方法。"[②] 坚持系统观念，不仅是习近平新时代中国特色社会主义思想世界观和方法论的重要内容，也是马克思主义科学性、实践性、发展性的重要体现，还为人们提供极具穿透力和解释力的理论分析框架。因此，在探索大中小学思政课一体化建设的理论遵循、内在关联与实践路径时，必须坚定不移地加强"前瞻性思考、全局性谋划、整体性推进"。[③] 具体而言，就是要从演化规律、要素结构、实践功能等多个角度，全面勾勒全局并细化分解行动，从而更好地发挥思政育人的整体性和有效性，推动新时代思政课实现高质量建设和内涵式发展。[④]

二、教育学相关理论

大中小学思政课一体化建设，作为积极响应党和国家关于思政课改革与创新的重要部署，其推进过程需深刻把握双重规律：一方面，它遵循着与其他教育活动、教学任务相一致的普遍性教育教学规律和教书育人规律；另一方面，又独具思想政治教育学科的特色，即遵循马克思主义理论教育规律与思想政治教育规律。[⑤] 近年来，在以习近平同志为核心的党中央坚强领导下，思政课建设得到社会各界的广泛关注，并取得了显著成绩。2016 年 12 月，在全国高校思想政治工作会议上，习近平总书记明确指出，要遵循思想政治工作规律，遵循教书育人规律，遵循学生成长规律，不断提高工作能力和水平。[⑥]

---

① 冯鹏志 . 把握世界的重要范畴与基本方式 [N]. 学习时报，2020-11-23（2）.

② 习近平 . 习近平谈治国理政：第 1 卷 [M]. 北京：外文出版社，2018：117.

③ 罗龙熙，罗海云 .《资本论》中马克思的系统思维探析 [J]. 湘南学院学报，2023（1）：29-32.

④ 李俊峰 . 以系统观念推进大中小学思政课一体化建设 [J]. 河北教育（德育版），2023（9）：2.

⑤ 张玉霞 . 高校思想政治理论课教书育人规律研究 [D]. 长春：吉林大学，2020.

⑥ 习近平 . 把思想政治工作贯穿教育教学全过程开创我国高等教育事业发展新局面 [N]. 人民日报，2016-12-09（1）.

从教育学的视角来看，青少年的成长过程可以分为若干相互衔接、依次出现而又各具特点的发展阶段，每个阶段的思想政治教育方向都应该一以贯之，同时每个阶段的具体目标要求应该循序渐进、螺旋上升。因此，有效推进大中小学思政课一体化建设首先要遵循教育规律，把循序渐进、螺旋上升体现在目标设定、教育过程、评价方式、队伍建设和培养方向等方方面面。①

（一）教育适应个体身心发展的规律

学生身心发展规律涵盖顺序性、阶段性、不平衡性、互补性和差异性等多个方面。大中小学思政课一体化建设紧密契合学生身心发展的顺序性和阶段性特征，旨在通过科学的课程体系设计，促进学生思想品德的全面发展。所谓顺序性，是指学生身心发展遵循由低级到高级、简单到复杂的自然进程。启示我们在教育过程中要循序渐进，既不可逾越阶段，也不可急于求成。②而阶段性则强调不同年龄段的学生具有各自独特的身心发展特征和发展任务，学生的心理发展如同阶梯般逐级攀升，每一阶段都是在前一阶段的基础上发展，并孕育着下一阶段的新特质。因此，绝不能采取一刀切、一锅煮的教育方式。

大中小学思政课一体化正是基于对学生身心发展规律的深刻洞察，通过精准甄别不同学段学生的身心特点，设计出符合其年龄阶段的思想政治教育内容。既不揠苗助长，也不简单重复，而是根据学生的身心发展规律，循序渐进、螺旋式上升，由浅入深地开设思政课。此外，在思想政治教育过程中，必须根据学生实际水平制定合适的教学目标，选择恰当的教学方法。小学阶段应以具体形象思维为主，进行道德启蒙；初中阶段通过互动形式进行体验式教学，夯实学生的思想基础；高中阶段应着重开展知识建构，提升学生的政治素养；大学阶段应以实践为主，开展理论性学习，增强学生的使命担当③。

---

①翁铁慧.以一体化建设引领推动新时代思政教育高质量发展［J］.现代教学，2024（Z4）：1.

②伍倩倩.大中小学思政课一体化建设的宜昌实践研究［D］.宜昌：三峡大学，2024.

③伍倩倩.大中小学思政课一体化建设的宜昌实践研究［D］.宜昌：三峡大学，2024.

（二）建构主义学习理论

建构主义的思想源于认知主义，该理论强调新知识与学生原有知识的紧密联系。它主张学生在原有知识的基础上构建新的知识体系，并将这一体系应用于实际情境中，从而获得深刻的理解。美国心理学家斯皮罗作为建构主义学习理论的代表人物，认为学习可分为初级学习和高级学习两个层次。初级学习处于学习的初级阶段，学生主要了解重要的概念和事实，并能按原样在作业中呈现所学内容。而高级学习则标志着学习的深化，学生通过系统化、理论化的学习，不仅能再现知识，更能构建知识间的内在联系，提出切中要害的见解。

建构主义学习理论主要包括建构主义知识观、建构主义学习观和建构主义教学观三个方面。建构主义知识观认为，知识仅是对某种现象的相对可靠的解释或假设，并非解释现实世界的"绝对真理"。学生在接收知识时，需依靠自身进行建构，他们不仅要理解新知识，还需对新知识进行分析、检验和批判，依据自身经验判断其合理性。建构主义学习观则强调学习并非教师单向传递知识的过程，而是学生主动建构知识意义的过程。这一建构过程具有个体性，无法由他人替代。此外，建构主义学习观还重视先前经验的积累，提倡师生间的互动教学以及学生间的内化、分享与交流。

建构主义教学观则注重学习的主动性、情境性和社会性。主张教师在教学中扮演学生学习的高级伙伴和合作者的角色，帮助学生建构意义，倾听并促进学生的学习过程，而非单纯的知识灌输者。同时，学生被视为信息加工的主体和意义建构的主动者，而非知识的被动接受者。建构主义教学观还强调教师应作为教学的引导者，充分激发学生的主动性、积极性和创造性，构建平等和谐的师生关系。[①]

建构主义学习理论为大中小学思政课一体化提供了坚实的理论依据。一方面，要求学生在原有思政课相关知识经验的基础上，进行积极主动的自我建构，将新知识与旧知识相联系，从而深化对知识内容的理解和把握，提升思想政治素养。另一方面，要求思政课教师在教学过程中以引导为主，充分

---

①陈超.高中思想政治课与大学思想政治理论课教学内容衔接研究［D］.乌鲁木齐:新疆大学，2010.

发挥学生的积极主动性，根据不同阶段学生的知识水平和能力差异，灵活采用多样化的教学方法。①

（三）道德发展阶段理论

道德发展阶段理论主要解释人类道德发展的过程和规律。瑞士儿童心理学家皮亚杰最先对儿童的道德发展问题进行系统的研究，为儿童道德发展研究领域提供理论框架和研究方法，初步奠定道德发展问题研究的科学基础。皮亚杰认为，一个人道德上的成熟，主要表现在尊重规则和社会公正感这两个方面。

皮亚杰认为儿童的道德认识发展一般要经历三个主要阶段。第一阶段为前道德阶段，此阶段大约出现在四五岁以前，处于前运算阶段的儿童的思维是自我中心的，其行为直接受行为结果所支配。第二阶段为他律道德阶段，此阶段大约出现在四至九岁，以学前儿童居多数，此阶段儿童对道德的看法是遵守规范，只重视行为后果，而不考虑行为意向，故而称之为道德现实主义。第三阶段为自律道德阶段，这一阶段始于九、十岁以后，大约相当于小学中年级，他们开始认识到道德规范的相对性，同样的行为，是对是错，除看行为结果之外，也要考虑当事人的动机，故而称之为道德相对主义。②皮亚杰指出，儿童的道德发展是一个循序渐进的过程，从最初的他律逐渐转向自律，从客观的责任感逐渐升华为主观的责任感。这一转变不仅是道德发展的核心，也是认知发展的重要组成部分。随着思维、道德及其心理结构的发展，这些变化会呈现出不同的阶段性特征。

美国心理学家科尔伯格在皮亚杰的道德发展理论基础上，进一步将道德判断能力的发展划分为三种水平，即前习俗水平、习俗水平、后习俗水平；每种水平又包含两个阶段，共六个阶段。即惩罚与服从的定向阶段、手段性的相对主义的定向阶段、人与人之间的定向阶段、维护权威或秩序的道德定向阶段、社会契约的定向阶段、普遍的道德原则的定向阶段。③科尔伯格强

---

①刘丹.大中小学思政课一体化的现状与路径研究［D］.重庆：重庆师范大学，2021.

②廖全明.当代西方道德发展理论研究综述［J］.涪陵师范学院学报，2003（6）：95-98.

③谢新观.远距离开放教育词典［M］.北京：中央广播电视大学出版社，1999：88.

调，思想品德作为个体的核心特质，其形成和发展既非天生固有，也非一成不变，而是受到多种因素的影响，并随个体成长而不断变化。因此，学校和教师应根据不同年龄阶段学生的品德心理发展特点实施有针对性的道德教育。科尔伯格的理论深刻揭示道德发展的阶段性规律，强调道德判断能力的发展是一个由低到高的渐进过程，个体在不同的阶段对道德问题的理解和处理方式有所不同。此外，科尔伯格还提出"道德两难故事法"来测量儿童的道德发展水平，其中最经典的就是汉斯偷药的故事。科尔伯格提出的"道德两难故事法"，通过呈现具有道德冲突的情景，让儿童对这些问题进行思考和判断，从而有效地测量和评估其道德判断能力。在实施道德教育时，教师应紧密结合不同年龄阶段学生道德认知和行为能力的发展实际，引导他们进行道德实践。[①]

综上所述，深入理解和运用学生身心发展规律、建构主义学习理论及道德发展阶段理论，可以更有效地推动大中小学思政课一体化的建设，有助于思想政治教育目标的实现，促进学生身心健康、全面发展。

三、思想政治教育学相关原理

思政课，作为集中体现党和国家意志的课程，不仅是思想政治教育思想、目标和内容的主要载体，还是学校开展思想政治教育工作的主阵地。思政课旨在对学生进行思想观念、政治观点、道德规范等多方面的教育，其授课质量直接关系到学校立德树人的成效。

规律，作为事物运动过程中固有的、本质的、必然的、稳定的联系。[②]在推进大中小学思政课一体化建设的进程中，既要遵循一般的教育教学规律，也要深刻把握思想政治教育学科所特有的内在规律。这些规律不仅是大中小学思政课一体化建设的学理基础，更是提升思政课教学质量的关键所在。

①杨珊，李琼."1+1+N"模式助推思政课一体化内涵式发展研究［J］.贺州学院学报，2023（S01）：81-85.

②曾雯.马克思主义视域下的大数据新闻——从"报道事实"到"探寻规律"［J］.中文科技期刊数据库（全文版）社会科学，2022（8）：4.

　　回顾思想政治教育规律的研究历程，不难发现，国内外学者围绕思想政治教育过程的规律进行了广泛而深入的探讨与总结。20 世纪 80 年代中后期，我国学者开始关注并研究思想政治教育过程的规律。其中，邱伟光在《思想政治教育学概论》中提出"知与行的统一，情与理的结合，人、环境、教育的相互影响的统一，教育与自我教育的统一"。① 张耀灿等在《思想政治教育学原理》中则强调思想政治教育过程的双向性、开放性和可控制性规律。② 陈秉公在《思想政治教育学》中进一步提出了五大规律，即"社会适应规律、要素协同规律、过程充足规律、人格分析规律和自我同一规律"。③ 进入 21 世纪，学术界对思想政治教育规律的研究更加深入。陈万柏在《关于思想政治教育过程规律的再思考》中提出三个重要的规律，即"教育要求与受教育者思想品德发展之间保持适度张力的规律、教育与自我教育相统一的规律、协调与控制各种影响因素使之同向发挥作用的规律"④。王易、宋健林在《试论思想政治教育的基本规律》中，基于"思想""政治""教育"三组核心范畴，推导出三大基本规律，即科学价值统一律、主客体双向互动律和社会意识内化外化律。⑤ 这些研究成果不仅丰富我们对思想政治教育规律的认识，也为大中小学思政课一体化建设提供了坚实的理论基础。

　　大中小学思政课一体化建设的顺利推进，不仅得益于外部环境的积极支持，更是深入遵循思想政治教育内在运行规律的结果。特别是在构建纵向连贯的学段衔接体系和科学编排教学内容的过程中，开展思想政治教育必须遵循其内在规律，既要适应学生的思想品德现状，又要超越其现有水平，体现社会对学生成长的思想品德要求。这种规律，可以称之为"适应超越规律"，主要包括以下几个方面的内容。

---

①邱伟光.思想政治教育学概论［M］,天津：天津人民出版社，1988：190.

②印伟光，张耀灿.思想政治教育学原理［M］.北京：高等教育出版社，1999.

③陈秉公.思想政治教育学［M］.长春：吉林大学出版社，1992：170.

④陈万柏.关于思想政治教育过程规律的再思考［J］.华中师范大学学报（人文社会科学版），2001（2）：37–39.

⑤王易，宋健林.试论思想政治教育的基本规律［J］.教学与研究，2019（12）：59–67.

（一）思想品德的形成发展过程规律

人的思想品德是在一定理论指导下，在行为中表现出来的较为稳定的心理特点、思想倾向、行为习惯的总和。[①] 它以世界观为基石，由心理、思想、行为三大子系统及其各要素相互交织、相辅相成构成。心理子系统具体涵盖认知过程、情感体验、意志品质及信念体系等关键要素；思想子系统则深度融合了世界观、人生观、价值观、道德观及政治观等核心理念；行为子系统，作为思想品德的直接外化，体现为学生在日常活动中展现出的具有明确目的性和高度自觉性的行为模式。[②] 思想品德的形成与发展过程，本质上是个体在实践活动中主观能动性与客观环境条件相互交织、相互作用的复杂产物，是内在转化与外部约束相互融合的辩证统一过程。它体现学生内在知、情、意、行等要素的辩证发展，强调实践在思想品德形成中的关键作用。正是在社会实践的土壤中，主客体因素相互碰撞、相互协调，推动着思想品德的不断发展与提升。同时，这一过程也是人们内在思想矛盾运动不断转化的结果，体现人的主体性和能动性。思想品德形成发展的规律对思政课的构建与运行具有深远的影响。鉴于此，在深入实施大中小学思政课一体化建设的战略部署中，深刻把握并严格遵循思想品德形成与发展的内在规律，对于确保思想政治教育的科学性、系统性和有效性至关重要。确保思想政治教育的内容能够深入人心、落地生根，最终提高思想政治教育的实效性和影响力。

（二）思想政治教育过程规律

思想政治教育过程是教师依据一定历史时期和社会条件下的思想品德要求，以及学生的思想品德形成发展规律，对学生实施有目的、有组织、有计划的教育影响，以期塑造符合社会期望的思想品德的过程。这一描述涵盖四个方面：其一，作为一项教育活动，具有清晰的目标和明确的方向；其二，涵盖了从启动、运行到发展的完整流程；其三，强调师生的双向交流与相互影响；其四，充分尊重并遵循了学生思想品德形成发展的内在规律。[③]

---

①林文君.高校思政课加强文化自信教育研究［D］.长沙：湖南大学，2021.

②陈万柏，张耀灿.思政教育学原理［M］.3版.北京：高等教育出版社，2015：137.

③陈万柏，张耀灿.思想政治教育学原理［M］.3版.北京：高等教育出版社，2015：138.

思想政治教育过程不仅旨在促进学生思想品德的稳定形成，更是一个动态过程，与学生的思想品德形成发展紧密交织。在此过程中，学校课堂内的教育虽为核心，但家庭、社区、社会等多元环境因素也不可或缺，共同构成一个复杂而多维的影响网络。这种关系深刻体现教育活动与个体内在素质发展之间既相互依赖又相互促进的密切互动。

（三）思想政治教育衔接论

"衔接"一词，其核心内涵在于纵向上的前后连贯与承续。在思想政治教育的衔接理论中，尤为强调不同学段间教学内容的连贯性、递进性及相互支撑作用。衔接是学校思政课顺利且高效推进的关键因素，若各学段思政课在教材内容与教学内容上能实现恰到好处衔接，避免"单调的重复"与"突兀的跨越"，那么思想政治教育的实效性必将更加突出。尽管思想政治教育学原理等核心教材对衔接问题的专门论述尚显不足，但其在理论与实践中的核心地位不容忽视。2005 年，教育部印发的《关于整体规划大中小学德育体系的意见》明确指出，要将有效衔接、分层实施、循序渐进、整体推进作为根本要求，始终保持学校德育的生机与活力。此外，建构主义理论认为，学生在学习新内容之前，已具备一定的知识基础和经验框架。它强调学生应在原有知识基础上构建新的知识体系，并将其应用于现实生活中。学生通过之前的课程学习和实践，已经积累大量的基本概念。因此，高等阶段的学习并非简单地重复现有知识，而是基于原有经验的概念去理解更为复杂和深奥的新知识。

为促进学生有效建构对后续学段思想政治教育新知识的认知，体现学段的进阶和思维的提升，需在学生已有的思想政治教育知识基础上，密切关注不同学段之间思想政治教育教学的衔接。例如，在大学阶段实施思政课教学时，应深入了解并整合中小学阶段的教育成果，同时紧密结合当前学情、社会背景及国家发展需求，科学规划教材内容、设计教学活动及选择教学形式。若仅闭门造车，忽视学段间的联系，则无须设置学段之分；若一味重复，学生的学习兴趣和体验感必将受损。

从现实层面来看，现阶段的思政课从小学、初中阶段的"道德与法治"到高中阶段的"思想政治"，再到大学阶段的公共必修课"思想道德与法治"，各学段思政课在内容上存在知识点重复与连贯性缺失的问题。在目标设定上，未能充分贴合学生实际发展需求；在教师队伍建设层面，表现出交流不足与协作机制缺失的现象。因此，做好各学段思政课课程目标的衔接、教材内容的衔接及教学内容的衔接至关重要。未来，强化各学段间新旧知识的有机衔接与过渡，在确保核心教育内容持续强化的同时，推动教材内容与教学内容的逐步深化，实现从感性认识到理性思考的进阶，以满足学生成长与发展的多元化需求至关重要。

第二节　政策依据

近年来，随着全球化进程的加速和我国社会经济的高质量发展，大中小学思政课一体化的建设持续推进。《关于深化新时代学校思想政治理论课改革创新的若干意见》等一系列具有指导意义的政策文件，深刻阐述思政课一体化的重要性，并明确以课程体系建设、师资队伍建设、教学方法创新、评价机制完善等为核心的具体建设目标和实施路径。其中，特别强调"立德树人"作为教育的根本任务，强调通过思想政治教育引导学生树立正确的世界观、人生观和价值观，培养其成为德智体美劳全面发展的社会主义建设者和接班人。总体而言，国家在大中小学思政课一体化建设方面发布的一系列政策举措，体现对思想政治教育工作的高度重视和严密部署，这不仅有助于提升思想政治教育的质量和效果，还将深刻影响青少年的成长轨迹，为培养担当民族复兴大任的时代新人奠定坚实基础，为国家的繁荣富强和中华民族的伟大复兴提供源源不断的人才支撑。

一、关于深化新时代学校思想政治理论课改革创新的若干意见

2019 年，中共中央办公厅、国务院办公厅印发了《关于深化新时代学校思想政治理论课改革创新的若干意见》（以下简称《意见》），对大中小学思政课一体化建设作出较为明确的规定。

一是从基本原则上提出要求。《意见》指出，要坚持思政课在课程体系中的政治引领和价值引领作用，统筹大中小学思政课一体化建设，推动各类

课程与思政课建设形成协同效应。

二是完善思政课课程教材体系。《意见》要求，整体规划思政课课程目标，在大中小学循序渐进、螺旋上升地开设思政课。大学阶段重在增强使命担当，引导学生矢志不渝听党话跟党走，争做社会主义合格建设者和可靠接班人。高中阶段重在提升政治素养，引导学生衷心拥护党的领导和我国社会主义制度，形成做社会主义建设者和接班人的政治认同。初中阶段重在打牢思想基础，引导学生把党、祖国、人民装在心中，强化做社会主义建设者和接班人的思想意识。小学阶段重在启蒙道德情感，引导学生形成爱党、爱国、爱社会主义、爱人民、爱集体的情感，具有做社会主义建设者和接班人的美好愿望。

三是创新思政课课程体系。《意见》指出，要加强以习近平新时代中国特色社会主义思想为核心内容的思政课课程群建设，在保持思政课必修课程设置相对稳定基础上，结合大中小学各学段特点构建形成必修课加选修课的课程体系。

四是统筹推进思政课课程内容建设。《意见》要求，遵循学生认知规律设计课程内容，体现不同学段特点，研究生阶段重在开展探究性学习，本专科阶段重在开展理论性学习，高中阶段重在开展常识性学习，初中阶段重在开展体验性学习，小学阶段重在开展启蒙性学习。

五是加强思政课教材体系建设。《意见》指出，国家教材委员会统筹大中小学思政课教材建设，科学制定教材建设规划，注重提升思政课教材的政治性、时代性、科学性、可读性。国家统一开设的大中小学思政课教材全部由国家教材委员会组织统编统审统用。

六是建设一支政治强、情怀深、思维新、视野广、自律严、人格正的思政课教师队伍。《意见》提出，加快壮大学校思政课教师队伍、切实提高思政课教师综合素质、切实改革思政课教师评价机制、加大思政课教师激励力度、大力加强思政课教师队伍后备人才培养工作。

七是不断增强思政课的思想性、理论性和亲和力、针对性。《意见》指出，加大思想性、理论性资源供给，加大思政课教研工作力度。建立健全大中小学思政课教师一体化备课机制，普遍实行思政课教师集体备课制度，全面提升教研水平。

二、新时代学校思想政治理论课改革创新实施方案

2020 年 12 月，中共中央宣传部、教育部联合印发《新时代学校思想政治理论课改革创新实施方案》（以下简称《实施方案》），强调要遵循循序渐进、螺旋上升的原则，立足思政课的政治性本质，对大中小学思政课课程目标进行一体化设计。

一是在基本要求层面，《实施方案》提出推进一体化建设，建立纵向各学段层层递进、横向各课程密切配合、必修课选修课相互协调的课程教材体系，实现课程目标、课程设置、课程教材内容的有效贯通。

二是在课程目标体系层面，《实施方案》强调要遵循循序渐进、螺旋上升的原则，立足思政课的政治性属性，对大中小学思政课课程目标进行一体化设计。其中，小学阶段重在培养学生的道德情感，初中阶段着重夯实学生的思想基础，高中阶段致力于提升学生的政治素养，而大学阶段则强调增强学生的使命担当。

三是在课程体系层面，《实施方案》提出根据学生成长规律，结合不同年龄段学生的认知特点，构建大中小学一体化思政课课程体系。在小学及初中阶段"道德与法治"、高中阶段"思想政治"、大学阶段"思想政治理论课"中落实课程目标要求，重点推进习近平新时代中国特色社会主义思想融入课程，实现整体设计、循序渐进、逐步深化，切实提高课程设置的针对性实效性。

四是在课程内容层面，《实施方案》提出在各学段现有课程内容基础上，重点强化习近平新时代中国特色社会主义思想进课程进教材，培育和践行社会主义核心价值观，推进法治教育、劳动教育、总体国家安全观教育、公共卫生安全教育等方面内容的全面融入，实现学段纵向衔接、逐层递进，学科、课程协同联动。

五是在教材体系建设层面，《实施方案》提出完善教材编审制度、健全一体化教材建设机制、加强教材研究、构建立体化教材体系。

三、全面推进"大思政课"建设的工作方案

2022 年 7 月，教育部等十部门联合印发了《全面推进"大思政课"建设

的工作方案》（以下简称《工作方案》），强调全面推进"大思政课"建设，坚持开门办思政课，强化问题意识，突出实践导向，充分调动全社会力量和资源，建设"大课堂"，搭建"大平台"，建好"大师资"，推动思政小课堂与社会大课堂相结合，推动各类课程与思政课同向同行。在关于大中小学思政课一体化方面，《工作方案》明确以下要求。

第一，《工作方案》在总体要求中指出了大中小学思政课一体化建设亟需深化。《工作方案》指出，一些地方和学校对"大思政课"建设的重视程度不够，开门办思政课、调动各种社会资源的意识和能力还不够强，课程教材体系还需要进一步完善等，大中小学思政课一体化建设亟需深化。

第二，《工作方案》要求搭建队伍研究平台，加强大中小学思政课一体化研究。《工作方案》指出要充分发挥国家社科基金规划项目、教育部人文社科研究项目思政课教师研究专项作用，重点支持开展大中小学思政课一体化、课程思政等研究。

第三，《工作方案》要求以大中小学思政课一体化助推"大思政课"综合改革试点。教育部围绕实践教学、教师队伍建设、大中小学思政课一体化等思政课改革创新重大问题设立综合改革试验区。

第四，《工作方案》明确提出深入推进大中小学思政课一体化建设的部署。教育部积极加强大中小学思政课一体化建设指导委员会的建设工作，以提供有力的组织保障和专业指导。同时，大力支持各地建设一批思政课一体化建设基地，推动资源共享、优势互补，为一体化建设提供坚实基础。

四、关于开展大中小学思政课一体化共同体建设的通知

2022 年 12 月，教育部办公厅印发了《关于开展大中小学思政课一体化共同体建设的通知》（以下简称《通知》），为推进大中小学思政课一体化建设提出明确的要求。

第一，阐述《通知》出台的背景。《通知》指出，为全面统筹推进大中小学思政课一体化建设，充分发挥思政课在立德树人中的关键作用，全面增强思政育人效果，开展大中小学思政课一体化共同体建设而下发通知。

第二，《通知》明确指导思想：以习近平新时代中国特色社会主义思想为

指导，深入学习宣传贯彻党的二十大精神，贯彻落实习近平总书记关于思政课建设的重要论述，全面贯彻党的教育方针，落实立德树人根本任务，坚持问题导向、目标导向和效果导向相结合，以点带面、分层分类，完善工作机制，加强协同合作，注重资源整合，深入推进大中小学思政课一体化建设。

第三，《通知》设定工作目标：充分调动各地积极性，因地制宜，因势利导，在省级层面打造一批理论与实践相结合的创新性研究型工作平台；努力形成一套工作机制、孵化一批品牌活动、打造一批示范"金课"、产出一批优质课程资源、形成一批高水平教学研究成果、提供一批高质量智库咨政报告、培养一支优秀师资队伍，为深入推动全国大中小学开展思政课一体化理论研究和实践探索，提供工作平台、实践经验、理论支撑和决策咨询。

第四，《通知》提出工作要求。一是共同体建设以两年为一个周期，自2022年起实施。各地教育部门需围绕工作目标，按照所报工作方案，认真履行指导责任，强化项目化、制度化精细管理。二是教育部将根据各共同体的工作表现，每年给予专项经费支持。三是各地教育部门需每半年进行一次工作成效评估，总结工作进展，完善工作路径，切实将指导责任落到实处。四是各地教育部门要注重总结提升，及时收集大中小学思政课一体化共同体建设中的好经验好做法，将有效的工作举措和宝贵的工作经验转化为可借鉴、可推广的工作模式和制度机制，并形成总结材料报送给教育部（社会科学司）。

第三章　大中小学思政课一体化建设的发展历程及其相关经验

新时代以来，习近平总书记在全国高校思想政治工作会议、全国教育大会及学校思想政治理论课教师座谈会等重要场合，多次强调思政课建设的重要性，为大中小学思政课一体化建设指明了发展方向，提供了根本遵循。在习近平总书记重要讲话精神的引领下，中共中央办公厅、国务院办公厅和教育部相继制定并发布了一系列指导性文件，旨在解决各学段思政课分工衔接问题，整体规划学校德育体系，统筹思政课课程建设，构建"大思政"育人格局。大中小学思政课一体化建设在规范化、科学化、系统化、精准化的道路上稳步前行。

第一节　发展历程

大中小学思政课一体化建设是一项具有深远影响的系统工程。致力于加强青少年思想政治教育，对于解答"培养什么人、怎样培养人、为谁培养人"这一根本性问题起着举足轻重的作用。当前，大中小学思政课一体化建设在理论和实践的探索下积累了一些经验，取得了阶段性的成果。这些宝贵的经验与成果，源自持续不断地改革创新与深入探索，共同构筑当前大中小学思政课一体化建设的坚实基础。回顾大中小学思政课一体化建设的发展历程，大致可以分为三个时期，即初步探索期、快速发展期和高质量发展期。每个时期都有独特的挑战与突破，并不断积累了经验、丰富了理论，为大中小学思政课一体化建设的顺利推进打下坚实的基础。

一、初步探索期（1978—2001 年）

自中华人民共和国成立以来，党和国家始终将思想政治教育工作置于重要位置。改革开放后，我国教育领域呈现出新的发展态势，特别是进入 20世纪 80 年代以来，德育工作者积极寻求构建学校德育体系，致力于推动"整体规划德育体系"的实施。相关部门陆续发布了一系列关于学校思想政治工作的指导性文件，明确具体要求，持续推动思政课的教学改革与创新。同时，教育部门多次强调要全面统筹大中小学三个学段思政课的整体发展，以全面提升思政课的育人效果。

1979 年 5 月，教育部政治理论教育司发布《高等学校政治理论课的基本情况和存在问题》，其中就课程设置与教材问题方面，对高等学校与中等学校如何分工衔接、高校政治理论课与中学政治课的设置以及授课顺序等都进行了调整。调整的依据是从课程内容重复、学生年龄特征、社会主义现代化建设需要等出发，尽量使两个学段的课程设置和教材内容具有强衔接性，体现出思政课一体化探索的部分内涵。[1]

1985 年，中共中央发布了《关于改革学校思想品德和政治理论课程教学的通知》，对各学段思政课进行了全面而系统的改革规划，强调课程设置要统筹规划，教学内容要避免重复，并提出了循序渐进、由浅入深、层层递进的教学要求。这标志着我国大中小学思政课首次实现了整体性、系统性的规划，具体表现在以下几个方面。

一是在教学目标上。文件要求各学段思政课应始终围绕"培养一代又一代自觉拥护中国共产党领导、为发展中国特色社会主义事业奋斗终身的人才"这一核心目标展开。具体而言，小学阶段应重点激发学生的道德情感，引导他们树立成为社会主义接班人的美好愿景；初中阶段应侧重于培养学生

---

[1] 教育部社会科学司 . 普通高校思想政治理论课文献选编（1949—2006）［M］. 北京：中国人民大学出版社，2003：76.

的爱国主义情怀，强化他们对社会主义的认同感；高中阶段则旨在夯实学生的思想基础，增强他们的民族自信心和自豪感，帮助他们形成正确的政治观念；进入大学阶段后，应着重培养大学生的使命感和担当精神，引导他们积极践行社会主义核心价值观，为实现中华民族伟大复兴贡献青春力量。

二是在教学内容上。文件明确指出，从小学到中学再到大学，思政课的教学内容遵循由浅入深、由具体到抽象的原则。小学阶段的教学注重形象性、生动性和直观性，运用学生喜爱的图片、视频和英雄故事激发他们的情感共鸣；中学阶段则注重情境教学，结合学生的生活实际创设不同情境，让学生在身临其境中感受思政课的魅力；而大学阶段则侧重于探究式教学，引导学生关注社会现实，培养他们的批判性思维和创新能力。[①]

1985年出台的这份文件不仅为我国德育体系建设提供了明确的指导方向，而且奠定了德育一体化及大中小学思政课一体化建设的重要基石，为培养更多优秀的社会主义建设者和接班人提供了有力保障。

在深入探索德育一体化的进程中，为顺应新时期国家发展与社会需求，实现党的十四大所设定的战略宏图，引领20世纪90年代乃至21世纪初教育的改革与前进方向，确保教育能更精准地服务于社会主义现代化建设的大局，1993年中共中央、国务院发布了《中国教育改革和发展纲要》（以下简称《纲要》）。《纲要》作为指导我国教育改革与发展的纲领性文件，其深远意义不仅体现在对教育改革的指导上，还为未来教育事业的发展奠定坚实基础。同时，《纲要》凸显德育工作的重中之重地位，并对德育一体化建设进行较为详尽且周密的规划。

《纲要》指出，各级各类学校需立足实际，分层次明确德育工作的任务与目标，不断革新德育教材和教学方法，注重实际效果，使德育真正落地生根。中小学阶段，应充分发挥思想品德课和思想政治课教师、班主任以及共青团、少先队辅导员等德育工作者在德育实施中的关键作用。此外，还需对从事思想政治工作的人员进行专业培训，持续提高他们的思想政治素养、政策理解水平和业务能力，并切实解决他们在待遇方面的问题。

---

① 教育部社会科学司.普通高校思想政治理论课文献选编（1949—2006）[M].北京：中国人民大学出版社，2003：106.

根据《纲要》对德育工作的具体要求，1994 年中共中央进一步出台了《关于进一步加强和改进学校德育工作的若干意见》，首次提出对学校德育体系进行全面规划的部署并进一步提出，在整体规划学校德育体系时，应遵循青少年学生思想品德形成的内在规律和社会发展的时代要求，紧密结合德育工作的总体目标，科学规划各教育阶段的具体内容、实施路径和方法手段。

同时，该文件还要求各教育阶段的德育课程，在教学大纲、教材选用、课外读物、教育教学方法、学生思想品德评价标准等方面加强整体衔接，防止出现简单重复或脱节的现象。在考虑学生成长规律的基础上，还需根据社会发展的需求进行统筹规划。各学段思政课的教学内容、教学手段和教学方法的选择应紧密围绕德育工作的总体目标，强化三个学段之间的衔接性，避免教育教学的简单重复或脱节，确保德育工作的连续性和有效性。①

二、快速发展期（2002—2012 年）

随着全球化和信息化的快速发展，青少年思想道德教育的重要性日益凸显。进入 21 世纪，大中小学思政课一体化建设逐渐成为我国教育体系改革的重要方向，受到社会各界的高度关注。为了全面构建大中小学思政课德育体系，精确规划大中小三个学段思政课的教学目标和课程标准，2005 年，中共中央宣传部与教育部联合发布《关于进一步加强和改进高等学校思想政治理论课的意见》，对全国高校思政课的建设与发展产生了深远影响，标志着我国高等学校思想政治理论课改革进入一个新阶段。该文件强调必须尊重教育教学的基本规律，重点加强对各门课程的教学目标、核心内容、理论体系和教学体系的研究，同时深化对与中学相关课程相互关系的理解。该文件特别强调，三个学段间的教学内容和方式需进一步加强衔接性，以思政课育人的全局视野为出发点，通过明确各阶段的教学目标、优化课程体系、强化师资培训等措施，全面推进教育教学工作的系统化与一体化。②

---

① 教育部社会科学司.普通高校思想政治理论课文献选编（1949—2006）［M］.北京：中国人民大学出版社，2003：152.

② 教育部思想政治工作司.加强和改进大学生思想政治教育重要文献选编（1978–2014）［M］.北京：知识产权出版社，2015：316.

同年，教育部发布了《关于整体规划大中小学德育体系的意见》，着重强调德育体系的系统性和科学性规划。该文件科学系统地依据不同学段学生的身心发展特点、认知能力及理解接受程度，精心设计一套层次分明、循序渐进的思想政治教育方案，旨在促进学生的全面发展。文件强调，整体规划的核心在于依据学生各阶段的具体特点，精准界定德育目标和内容，科学安排德育课程，积极开展多样化的德育活动，并不断探索和拓展德育途径，以确保学校德育的精准性和有效性，有力推动青少年学生的全面健康成长。在此过程中，文件要求坚持有效衔接、分层实施、循序渐进、整体推进的原则，以保持学校德育的生机与活力。

文件详细规定小学、中学、大学各阶段的德育目标和内容。小学阶段侧重公民基本道德素质教育，设置品德与生活、品德与社会等基础课程；中学阶段着重提升学生思想道德水平，开设思想品德、思想政治等核心课程；大学阶段则开设马克思主义基本原理、毛泽东思想邓小平理论和"三个代表"重要思想概论、中国近现代史纲要和思想道德修养与法律基础等一系列德育必修课程。

在德育活动方面，文件针对不同学段提出明确要求。小学阶段应聚焦于德育活动的趣味性与参与性，通过生动多样的活动形式，激发学生的道德情感与行为动力；中学阶段应注重德育活动的知识性与探究性，通过深度思考与讨论，提升学生的道德认知与批判性思维能力；大学阶段应注重政治性和思想性，紧密结合学生的成长成才需求。总体来看，这一意见对大中小学各阶段的学校德育提出明确要求，确保德育内容在不同学段之间的有效衔接。

2010 年颁布的《国家中长期教育改革和发展规划纲要（2010—2020 年）》进一步强调了人才培养机制改革的重要性，提出树立系统培养观念，推进小学、中学、大学有机衔接的要求。该纲要明确指出，需统筹协调三个学段的发展，加强各学段之间的衔接性，以构建更加科学、高效的育人体系。这一理念的提出，不仅为思政课一体化建设的深入推进奠定了坚实的政策基础，还指明清晰的实践路径，对于构建全方位、多层次的思想政治教育体系，培养德智体美劳全面发展的社会主义建设者和接班人具有深远的意义。

三、高质量发展期（2013 年至今）

党的十八大以来，习近平总书记多次强调新时代进一步加强思政课建设的重要性与价值，并对推动思政课改革、创新、发展等方面作出了重要指示。在考察北京大学和南开大学期间，习近平总书记都强调加强思政课建设，并提出具体要求。2016 年 12 月，在全国高校思想政治工作会议上，习近平总书记指出，要优化思政课的育人工作，切实增强对学生的铸魂育人效果，从提升亲和力和针对性两个层面深入阐释了思政课的育人成效。①

2019 年 3 月，习近平总书记强调："要把统筹推进大中小学思政课一体化建设作为一项重要工程，推动思政课建设内涵式发展。"② 习近平总书记的重要论述对大中小学思政课提出了一体化建设的新要求，并将大中小学思政课一体化建设上升为一项重要的教育改革任务，具有十分重要的意义。

2019 年 8 月，《关于深化新时代学校思想政治理论课改革创新的若干意见》明确提出要统筹大中小学思政课一体化建设，在大中小学循序渐进、螺旋上升地开设思政课，整体规划思政课课程目标。其中，大学阶段重在增强使命担当，高中阶段重在提升政治素养，初中阶段重在打牢思想基础，小学阶段重在启蒙道德情感。除此之外，该文件对课程体系、课程内容、教材体系、教师队伍等方面也提出一系列的一体化要求，将思政课一体化由构想落到实处，使全国各地大中小学实施思政课一体化实现了有章可循，思政课一体化建设的理论研究和实践探索从此在全国全面铺开。

2020 年 12 月，中共中央宣传部、教育部联合印发《新时代学校思想政治理论课改革创新实施方案》，强调要遵循循序渐进、螺旋上升的原则，立足思政课的政治性本质，对大中小学思政课课程目标进行一体化设计。其中，小学阶段注重培养学生的道德情感，初中阶段着重夯实学生的思想基础，高中阶段致力于提升学生的政治素养，而大学阶段则强调增强学生的使命担当。同时，文件还提出要构建纵向各学段层层递进、横向各课程紧密配合、必修课与选修课相互协调的课程教材体系，确保课程目标、课程设置、课程

---

① 习近平在全国高校思想政治工作会议上强调：把思想政治工作贯穿教育教学全过程 开创我国高等教育事业发展新局面［N］. 人民日报，2016-12-09（1）.

② 习近平. 习近平谈治国理政：第 3 卷［M］. 北京：外文出版社，2020：331-332.

教材内容的有效衔接与贯通。

根据学生成长规律，结合各年龄段学生的认知特点，构建大中小学一体化思政课课程体系至关重要。在小学及初中阶段，需以"道德与法治"为核心，高中阶段则聚焦于"思想政治"，而到了大学阶段，则深化为"思想政治理论课"。这一过程中，应重点推进习近平新时代中国特色社会主义思想融入课程，实现整体设计、循序渐进、逐步深化，从而切实提升课程设置的针对性和实效性。在各学段现有课程内容的基础上，更应强化习近平新时代中国特色社会主义思想的融入，确保教材内容与时俱进。同时，要深入培育和践行社会主义核心价值观，全面融入法治教育、劳动教育、总体国家安全观教育、公共卫生安全教育等方面内容，实现学段纵向衔接、逐层递进，确保学科、课程之间的协同联动。①

2021 年 7 月，教育部召开《习近平新时代中国特色社会主义思想学生读本》工作座谈会，指出该书是各学段学生学习习近平新时代中国特色社会主义思想的重要教材，是推动大中小学思政课一体化建设的重要载体。这是思政课一体化的一次实践推进，更是推动大中小学学习贯彻习近平新时代中国特色社会主义思想走深走实，体现了大中小学思政课一体化建设的思想性与时代性。同年 11 月，教育部办公厅印发《教育部大中小学思政课一体化建设指导委员会章程》，正式成立教育部大中小学思政课一体化建设指导委员会，对大中小学思政课一体化建设进行政治领导和工作指导。该委员会负责审议和研究部署大中小学思政课课程、教材、教学、师资等一体化建设和管理方面的重大事项，为思政课的深入发展提供了有力保障。

2022 年 11 月，教育部印发《关于进一步加强新时代中小学思政课建设的意见》，明确指出当前中小学思政课建设尚存在一些亟待解决的问题。例如，部分地区和学校对思政课的重要性认识尚不到位，思政课教学资源尚显匮乏且缺乏生动性，教师队伍整体素质有待提升，课堂教学和实践育人的效果尚需加强等。针对这些问题，该意见提出推进大中小学思想政治教育一体化建设的具体举措，强调要紧密联系实际，深化思政课改革创新，加强教师

---

① 中共中央宣传部 教育部关于印发《新时代学校思想政治理论课改革创新实施方案》的通知［J］. 中华人民共和国国务院公报，2021（9）：75-80.

队伍建设，统筹利用各类教育资源，全面提升思政课育人质量。同时，该意见还明确工作原则和建设目标，突出关键地位、强化统筹实施、坚持问题导向、深化改革创新，成为推进思政课一体化建设的重要原则。

同年12月，教育部办公厅印发了《关于开展大中小学思政课一体化共同体建设的通知》，旨在充分调动各地积极性，因地制宜、因势利导，打造一批理论与实践相结合的创新性研究型工作平台。这些平台将致力于形成一套工作机制，孵化一批品牌活动，打造一批示范"金课"，产出一批优质课程资源，形成一批高水平教学研究成果，提供一批高质量智库咨政报告，培养一支优秀师资队伍。这将为深入推动全国大中小学开展思政课一体化理论研究和实践探索提供工作平台、实践经验、理论支撑和决策咨询。

综上所述，大中小学思政课一体化建设是我国教育改革的重要方向，已得到党和国家的高度重视，并持续深入推进。从理念探索到现实实践，全国各地积极开展相关理论研究与实践活动，标志着思政课一体化建设进入了新的发展时期。不过在建设与发展过程中大中小学思政课一体化建设仍存在着一些有待完善之处。如不同学段间德育目标定位存在一定程度脱节的现象，教学缺乏交流与合作，讲授内容有效衔接不足，教学手段和方法创新不够，教学评价关联性不强，思政课程与课程思政的融合不深，社会大课堂的育人资源挖掘不够等。积极思考和探索我国思政课创新发展的相关问题，既是对习近平总书记关于教育工作重要论述的积极践行，也是对新时代推动思政课内涵式发展的积极探索。[①]

第二节　相关经验

在积极推进大中小学思政课一体化建设的实践中，我们积累了一定的经验，增强了各学段思政课程的连贯性与系统性，有效提升了思想政治教育的针对性和实效性，为新时代成功培育出更多合格的社会主义建设者和接班人奠定了坚实的基础。

[①] 牛祥荣. 新时代大中小学思政课一体化建设研究 [D]. 贵阳: 贵州财经大学, 2021.

一、党和政府支持是关键

在全球化与教育现代化的背景下，大中小学思政课作为塑造学生世界观、人生观、价值观的关键课程，其重要性日益凸显。面对复杂多变的社会环境和学生需求的多样化，如何确保思政课教学的连贯性和有效性成为亟待解决的问题。因此，党和政府的支持在大中小学思政课一体化建设中显得尤为重要，成为推动其顺利前行的驱动力。党和政府出台一系列前瞻性的政策，不仅明确思政课一体化建设的方向和目标，还鼓励思政课教学内容和方法的创新，使思政课程更加贴近时代、贴近学生生活，增强了思政课程的吸引力和感染力。

首先，在政策制定与引导方面，党和政府出台一系列相关政策，为大中小学思政课一体化建设指明方向，明确目标。包括制定统一的教学大纲、课程标准和评估体系等，确保各学段思政课程的连贯性和一致性。这些政策不仅引导思政课教学改革沿着正确的方向发展，还促使教育资源更多倾斜这一领域，为大中小学思政课一体化建设的顺利进行提供了有力保障。

其次，在资源投入与保障方面，党和政府为思政课一体化建设提供必要的资金和资源支持，显著提升教材研发的深度和质量，促进教师培训的专业化和系统化，改善教学设施条件，丰富教学研究和实践活动的形式和内容，为大中小学思政课一体化建设的高质量发展提供坚实的物质基础。2022 年 12 月，教育部办公厅印发的《关于开展大中小学思政课一体化共同体建设的通知》明确提出，教育部将根据各共同体工作情况，每年给予专项经费支持。各地教育部门和共同体牵头高校可给予配套经费支持，并制定专项经费管理办法。各牵头高校统筹专项经费的具体使用，确保专款专用，符合有关规定。这些资金被用于教材研发、教师培训、教学设施改善以及教学研究和实践活动等多个方面。此外，党和政府还积极搭建数字教育资源库、在线教育平台等，为师生提供更加便捷的学习途径和丰富多样的教学资源。

再次，党和政府在师资队伍建设方面给予大力支持。通过持续优化思政课教师队伍结构，提升教师专业素养和教学能力，党和政府不仅为教学改革提供人才保障，还为培养未来思政教育领域的领军人才奠定坚实基础，有力推动思政课教学的可持续发展。2022 年 11 月教育部印发的《关于进一步加强新时代中小学思政课建设的意见》明确提出，加强教师队伍建设，着力解决教师兼职比例过高、专业能力不够强问题；统筹使用中小学教职工编制，有效保障思政课专职教师配备，并对兼职教师选配作出规范；建立思政课教师轮训制度和校外实践教育制度，鼓励支持教师进修思想政治教育专业、开展教学重点难点问题课题研究；在各类优秀评选工作中向思政课教师适当倾斜，大力选树先进典型。同时，有关部门定期组织思政课教师培训、研讨会和交流活动，不断提升思政课教师的专业素养和教学水平。这些措施为大中小学思政课一体化建设提供坚实的人才保障。

最后，在社会协同与参与方面，党和政府积极发挥引领作用，指导社会各界力量共同参与大中小学思政课一体化建设。2019 年 8 月，中共中央办公厅、国务院办公厅印发的《关于深化新时代学校思想政治理论课改革创新的若干意见》提出："坚持开门办思政课，推动思政课实践教学与学生社会实践活动、志愿服务活动结合，思政小课堂和社会大课堂结合，鼓励党政机关、企事业单位等就近与高校对接，挂牌建立思政课实践教学基地，完善思政课实践教学机制。制定关于加快构建高校思想政治工作体系的意见，汇聚办好思政课合力。加大正面宣传和舆论引导力度，推动形成全党全社会努力办好思政课、教师认真讲好思政课、学生积极学好思政课的良好氛围。"企事业单位、社会组织、家庭等多方力量共同为思政课提供实践机会和教学资源，使学生在实际环境中深化对思政知识的理解和应用。这种社会协同与参与的模式不仅丰富思政课的教学内容和方法，也增强思政课的吸引力和实效性。此外，在教育督导与评估方面，有关部门不断完善思政课教学的评价标准，建立健全有效的督导和评估机制。通过这些机制，有关部门不仅能够及时发现问题，还能根据评估结果提供针对性的指导和支持，促进学校之间教学经验的交流与分享，形成良性竞争与合作的局面，共同推动思政课教学质量的稳步提升。

总之，党和政府的全方位支持在大中小学思政课一体化建设中发挥不可替代的作用，不仅提升教学质量和效果，也为培养更多德智体美劳全面发展的社会主义建设者和接班人奠定坚实基础。未来，随着教育改革的不断深入和支持力度的持续加大，我们有理由相信，大中小学思政课一体化建设将取得更加显著的成绩。

二、理论研究是基础

马克思在《〈黑格尔法哲学批判〉导言》中深刻指出："理论一经掌握群众，也会变成物质力量。理论只要说服人，就能掌握群众，而理论只要彻底，就能说服人。所谓彻底，就是抓住事物的根本，而人的根本就是人本身。"[①]这段论述强调理论的力量及其对实践的重要指导意义，同样适用于教育领域，特别是大中小学思政课一体化建设。在这一进程中，理论的彻底性和说服力直接关系到思政课能否有效影响并塑造学生的世界观、人生观和价值观。科学的理论不仅具有转化为物质力量的潜力，更能揭示事物的本质和规律，从而指导我们更有效地改造现实世界。

在推进大中小学思政课一体化建设的进程中，理论研究发挥着基础性作用。具体而言，理论研究不仅为大中小学思政课的一体化建设提供理论支撑，还在实际操作层面具有很强的指导意义。

通过深入的理论探索，全面剖析大中小学思政课在教学目标、课程设置、教材内容、教学方法和评价机制等方面的一体化问题，以期构建科学、合理的教学体系与理论体系，为大中小学思政课一体化建设提供有力的指导。同时，对大中小学思政课一体化建设相关理论的深入研究，有助于教师更加精准地把握马克思主义基本原理，提升思政课的教学质量和效果。此外，理论研究还能够为思政课教学提供丰富的案例和素材，使教学更加贴近实际、更具针对性，增强教学的实效性。加强理论研究是推进大中小学思政课一体化建设的重要任务之一，主要体现在以下几个方面。

一是引领课程设计。理论研究为大中小学思政课一体化建设提供科学的课程设计蓝图。通过跨学科整合、分阶段设定教学目标以及基于学生认知发展特点的教学内容编排，确保各个学段的思政课在内容上既能层层递进，又能相互补充，有效避免内容的重复、遗漏或跳跃，实现教育资源的优化配置。

二是充实教学内容。理论研究可深入挖掘思政课程的丰富内涵和广阔外延，为教学提供源源不断的素材和鲜活案例。通过深刻剖析社会热点，融合

①马克思恩格斯选集［M］.北京：人民出版社，2012：9–10.

前沿理论成果与实践探索经验，为思政课程注入新鲜血液，使其内容更加丰富、生动，使思政课更加贴近现实、贴近生活、贴近学生心灵，从而有效激发学生的学习兴趣和参与度，提升教学效果。

三是助力教师成长。教师是思政课教学的核心力量。理论研究有助于教师深刻领会思想政治教育的精髓和教学方法，进一步提升他们的专业素养和教学能力。尤为重要的是，教师作为教学的主导者，通过积极参与理论研究，不仅能够持续更新知识库，还能在实践中不断验证和深化理论认识，形成教学与研究相互促进的良性循环。为思政课教学注入新的活力与智慧，实现个人职业发展的同时推动教学质量的提升。

四是推动教学改革。理论研究为思政课教学改革的深入推进提供有力支撑。教师通过对现有教学模式、方法和手段进行深刻反思与探讨，发现教学中存在的问题和不足，提出切实可行的改进方案和措施，有助于实现大中小学思政课教学的创新与发展，持续提升教学效果和质量，为培养具有创新精神和实践能力的优秀人才奠定坚实基础。

五是培养学生思辨能力。理论研究注重培养学生的思辨能力和批判性思维。在思政课教学中，通过巧妙运用理论研究的成果，引导学生深入思考、理性分析，培养他们的独立思考能力和创新精神。同时，通过案例分析、小组讨论等教学方式，让学生在实践中锻炼自己的思辨能力和表达能力，为未来的学习和生活打下坚实的基础。

综上所述，加强理论研究是推动大中小学思政课一体化建设的关键一环，它不仅为教学体系的完善提供了坚实的理论基础，更为培养具有时代责任感、创新精神和实践能力的优秀人才开辟广阔道路。未来，我们应继续深化理论研究，不断创新教学方法，共同推动思政课教育事业的蓬勃发展。

三、学校投入是要件

各级学校，作为大中小学思政课一体化建设的主要推动者和执行者，扮演着中坚力量的角色。学校对思政课的投入程度，直接决定该课程在教育体系中所处的地位。若学校将思政课视为锤炼学生核心素养和道德品质的重要熔炉，便会在教学理念上倾注足够的智慧与热情，深刻影响教学大纲的精心制定、教学资源的优化配置及教师的精心选拔与培训。

第一，师资力量的锻造与提升。高素质、专业化的教师队伍是提升思政课教学质量与效果的核心因素之一。学校对大中小学思政课一体化建设的重视，深刻体现在对师资队伍建设的战略布局上。学校需精挑细选，培养一批具备高尚师德、精湛业务能力的思政课教师，并为他们提供丰富的培训机会，确保他们掌握前沿的教学理念与方法。

第二，课程体系的构建与实施。学校对思政课的重视程度同样反映在课程体系的构建上。学校应紧密围绕学生的年龄特征、认知水平及心理发展特点，科学系统地规划思政课程体系，为思政课安排充足的课时，确保课程内容既具有理论深度又符合学生的接受能力，使思政课真正发挥春风化雨、润物无声的教育作用。同时，学校是思政课教学的具体执行者，负责制订和执行教学计划，确保思政课的教学内容、方法和目标得到有效落实。此外，学校还应积极探索并尝试创新教学方法和手段，如运用现代信息技术、采用案例教学法等，使思政课更加生动有趣，激发学生的参与热情，提升学习效果。

第三，教学资源的投入与保障。学校对思政课的重视将转化为实实在在的教学资源投入。包括精选与更新教材、采购与维护教学设备、建设实践基地等。加大对思政课的资源投入，包括优化教材、更新教学设备、拓展实践基地等，能够显著提升思政课的教学质量并增强学生的参与度，为思政课教学的顺利开展提供有力保障。

第四，评价与反馈机制的完善与优化。学校需建立健全科学合理的评价机制和反馈机制以观察和改进思政课的教学质量，包括定期进行教学评估、收集并分析学生反馈、针对问题进行教学调整等。通过评价与反馈机制，学校能够及时了解思政课的教学效果，发现存在的问题和不足，进而调整教学策略，提高教学质量。

综上所述，学校对思政课的投入是推动大中小学思政课一体化建设的要件，涉及教学实施、师资队伍、课程设置、教学创新、评价机制等多个方面。唯有学校自上而下地给予高度重视和全方位支持，方能确保思政课充分发挥其独特的教育价值，为培养具有高尚道德品质、强烈社会责任感的优秀人才奠定坚实基础。

四、教学实践是动力

实践，作为检验真理的唯一标准，同样是大中小学思政课一体化建设的重要驱动力，也是衡量其成效的试金石。正如马克思所言："哲学家们只是用不同的方式解释世界，问题在于改变世界。"[①] 这一论断深刻揭示实践在推动社会进步中的关键作用。

深入进行大中小学思政课一体化建设，要坚持以习近平新时代中国特色社会主义思想为指导，全面贯彻党的教育方针，落实立德树人根本任务，坚持思政课建设与党的创新理论武装同步推进，构建以习近平新时代中国特色社会主义思想为核心内容的课程教材体系。各学段学校及教师积极贯彻一体化建设的理念，遵循循序渐进、螺旋上升的原则，立足于思政课的政治属性，对大中小学思政课的课程目标进行统筹规划与具体实施。[②] 在教学实践中，以下几个方面需要特别关注。

第一，从学生维度来看，大中小学思政课一体化建设是否显著提升思政课的教育教学质量；学生的思想道德素质是否得到明显提升；学习兴趣是否明显增强，以及他们对思政课知识体系的掌握是否逐步趋于完善；等等。

第二，从学校维度审视，各学段在推进大中小学思政课一体化建设过程中的协同性是否得到显著增强，如课程资源共享、教学活动联办、评价体系统一等方面的合作是否更加紧密。

第三，从教师维度出发，思政课教师是否在教学中充分展现"政治要强、情怀要深、思维要新、视野要广、自律要严、人格要正"[③] 的特质，成为学生成长道路上的引路人。

总之，教学实践不仅是推动大中小学思政课一体化建设不可或缺的动力源泉，还是检验与提升其成效的关键所在。我们需不断在实践中总结新经验、探索新规律、深化新认识，实现理论创新和实践创新良性互动，推动大中小学思政课一体化建设健康发展。

---

①马克思恩格斯选集：第 1 卷［M］.北京：人民出版社，2012：135-136.
②步德胜.学校、家庭、社会协同推动思政课建设研究［J］.高教学刊，2022（6）：188-192.
③刘建军.着力提升思想政治理论课实效［N］.北京日报，2019-04-01（8）.

第四章　大中小学思政课一体化建设中的不足及面临的挑战

　　思政课是落实立德树人根本任务的关键课程。面对教育内外部环境和形势的变化，学校立德树人工作中还存在一些短板弱项。比如，全面育人水平有待提高，人才培养重知识轻素质，重智育轻德育、体育、美育、劳动教育的现状尚未根本改变，分数至上等现象还较普遍，学生动手实践能力、创造意识、创新能力培养不够，教育评价改革要求尚未完全落地。学校、家庭、社会协同育人机制还不健全，还需要形成更强的协同育人合力。思政课程教材各学段在贯通、协同、联动方面还存在"堵点""痛点"，思政课堂教学的针对性、亲和力还需增强，思想政治工作队伍能力建设与现实需求还有差距，高校思想政治教育重科研轻教学的评价导向尚未得到根本扭转等。这些问题，都是影响立德树人根本任务落实的深层次问题，需要打破惯性思维、加大改革创新力度，有针对性地、大力度地予以解决。

　　办好思政课，要放在世界百年未有之大变局、党和国家事业发展全局中来看待，要从坚持和发展中国特色社会主义、建设社会主义现代化强国、实现中华民族伟大复兴的高度来对待。思政课建设只能加强、不能削弱，必须切实增强办好思政课的信心，全面提高思政课质量和水平。

第一节　一体化建设中的不足

　　思政课的改革发展应始终秉持问题导向，明确并致力于解决"培养什么人、如何培养人、为谁培养人"这一根本问题。作为思政课改革创新的重要抓手，新时代大中小学思政课一体化建设总体成效显著，但仍然面临着诸多挑战，具体表现为：在课程设置上，各学段间缺乏有效衔接和一致性；在教材内容设计，存在知识点重复或分割，缺乏系统性和整体性；在教师队伍建设方面，缺乏跨学段协同、有效的教学机制和平台；在教学效果评估上，则普遍缺乏相对科学、系统的评价体系。这些问题的存在不仅阻碍思政课内容的连贯性和深度，也影响大中小学思政课一体化建设的整体推进和实际效果。

一、课程设置缺乏一致性

课程是学校依据教育目标、教育理念和培养目标所设计的，旨在为学生提供系统性学习经验，既包括学校规定的必修内容，也涵盖学生自选的学习活动，是教与学相互作用的综合体系及其动态过程。从另一个角度来说，课程是教师、学生、教材、环境等因素动态相互作用的生态系统，是教师和学生开展教学活动的基本依据，是学生认识世界的桥梁，是实现教育目的和培养合格人才的重要保证，其重要性不言而喻。[①]

在推进大中小学思政课一体化建设的进程中，课程设置的重要性不言而喻，其合理性与科学性直接关系到思政课的教学效果以及学生思想政治素质的培养质量。大中小学思政课一体化建设应按照循序渐进、螺旋上升的原则进行课程设计。2020 年 12 月，中共中央宣传部、教育部印发了《新时代学校思想政治理论课改革创新实施方案》，明确提出"建立纵向各学段层层递进、横向各课程密切配合、必修课选修课相互协调的课程教材体系，实现课程目标、课程设置、课程教材内容的有效贯通"。目前课程设置中存在一些亟待解决的问题，需要以严谨、稳重的态度审视与改进。

首先，课程内容存在一定程度重复和脱节的现象，课程目标不够明确。一是鉴于当前缺乏统一、规范的课程标准及高效的协调机制，大中小学思政课在教学内容安排上往往缺乏连贯性和系统性。这不仅导致教育资源的浪费，

---

①黄勤雁 . 教师即课程——基础教育课程概念的再认识［J］. 中学地理教学参考，2011（4）：3.

也影响学生构建完整思政知识体系的效果。因此，需建立统一的课程标准，明确各学段的教学重点与难点，确保课程内容的有序衔接与逐步深化。二是课程目标方面。目前各学段思政课课程目标存在整体性不够强、相对笼统抽象的现象，教材编写者难以精准把握课程目标要求和侧重点，影响教学内容的针对性和有效性。同时，由于课程目标对接不足，导致教材编写缺乏整体考虑，进一步造成教学内容冗杂和重复，最终使育人效果欠佳。[①]

其次，课程结构设置不够合理。思政课作为一门综合性较强的课程，涵盖理论教育、实践锻炼、情感培育及价值引导等多个维度。当前，课程设置往往注重理论知识的灌输，某种程度忽视实践环节与情感体验的重要性。[②]这种比较单一化的课程结构不利于培养学生的综合素质与创新能力。因此，要进一步优化课程结构，注重理论与实践相结合，强化情感体验与道德熏陶，构建全方位、多层次的思政课程体系。

再次，课程教学与现实生活脱节的现象较为突出。思政课应紧密结合社会现实和时代发展，积极引导学生关注社会热点、思考现实问题。然而，少数思政课程教学仍显得过于抽象和理论化，未能充分融入现实生活的鲜活元素，导致学生难以将所学知识与实际生活相结合，降低了思政课的吸引力和实效性。因此，思政课程应全面加强与现实生活的联系，积极引入鲜活的案例和时代元素，增强其实践性和时代感。

最后，课程评价体系尚待完善。目前，思政课评价体系偏重考试成绩与理论知识的考量，缺乏关注学生的思想变化和实际表现。这种相对单一的评价方式难以全面反映学生的思政学习效果和综合素质，不利于培养学生成为具有世界眼光和创新精神的社会主义建设者和接班人。因此，构建多元化、全面性的评价体系势在必行，需融合过程性评价与结果性评价，综合考量学生的思政素养、道德品质及实际表现。

综上所述，针对大中小学思政课一体化建设中课程设置存在的问题，我们需要以严谨、稳重和理性的态度进行审视与解决。通过建立统一的课程标

---

①陈亮，柏鑫，李红梅.大中小学思政课教材一体化建设回顾与展望［J］.中学政治教学参考，2022（15）：74-78.

②郭诗云.基于情感渗透的小学德育思考［J］.当代家庭教育，2023（23）：145-148.

准、优化课程结构、加强课程与现实生活的联系以及完善课程评价体系等措施，推动大中小学思政课一体化建设的深入发展，为培养具备高度思想政治觉悟、扎实理论功底及良好道德品质的新时代青年奠定坚实的基础。

二、教材编写欠缺整体性

随着教育改革的深入发展，大中小学思政课一体化建设已成为提升学生思想政治素养的重要途径之一。教材作为教学的核心资源，其编写质量直接关乎思想政治教育的成效。

教材又称教科书或课本，是依据课程标准编制的、系统反映学科内容的教学用书，主要由目录、课文、习题、实验、图表、注释和附录等部分构成。教材是课程标准的具体化，通常按照学年或学期分册，划分单元或章节，课文是教材的主体部分，是衡量一个国家或地区教育水准的重要标志。[1] 在大中小学思政课一体化建设的进程中，教材编写作为重要环节，其质量直接关系思想政治教育的成效与学生思想政治素养的培育。

第一，教材内容在层次性和衔接性方面存在一定不足。苏霍姆林斯基曾说："金玉良言不能再三重复，否则就会成为陈词滥调，变得像个懒散匠人手中的工具那样拙钝。"[2] 各学段教材内容应呈现递进式、系统化的知识体系，现实中却出现部分内容重复、知识点交叉重叠以及难度跨度过大等现象。纵向上，大中小学思政课不同学段教材内容的重复；横向上，大学思政必修教材之间的内容重复。[3] 此外，学生的成长是阶段性与连续性相统一的过程，思政课教育教学目标是学段目标与整体目标的有机统一，衔接问题是思政课教材内容一体化建设中的一个关键问题。大中小学思政课教材若未妥善处理衔接问题，学生将难以构建完整的知识体系，进而影响思想政治教育的整体成效。

第二，教材整体设计方面缺乏系统性。大中小学思政课的教材在整体设

---

①郭戈.教材是关乎全局的大事［J］.中小学教材教学，2020（9）：1.

②苏霍姆林斯基.给教师的一百条建议［M］.杜殿坤，译.北京：教育科学出版社，1984：182.

③陈亮，柏鑫，李红梅.大中小学思政课教材一体化建设回顾与展望［J］.中学政治教学参考，2022（15）：74–78.

计上尚未形成有机统一的整体。各学段思政课建设管理一定程度呈现条块分割的状态，缺乏统一规划，导致各学段、各门课程之间难以形成有效的衔接。

第三，教材编写团队之间的沟通协作机制尚需完善。在大中小学思政课一体化建设中，各学段教材编写团队应建立有效的沟通协作机制，共同推进教材编写工作。目前，教材编写团队之间缺乏充分的沟通与交流，导致出现资源浪费、重复劳动等问题。这不仅影响教材编写的效率和质量，也制约大中小学思政课一体化建设的深入推进。

第四，教材编写缺少逻辑顺序。教材编写的逻辑顺序直接影响思政课教材内容在不同学段的编排与呈现，进而影响教材内容的一体化建设。依据学生认知发展客观规律和思想政治教育规律可知，思政课教材编写应遵循小学、初中、高中、大学这一由低到高的逻辑顺序。在低学段教材内容基础上，立足已有教材内容及学生发展实际编写高学段思政课教材的内容，实现不同学段教材内容之间的循序渐进、螺旋上升。但通过实际考察思政课教材编写的逻辑顺序，发现以往编写的思政课教材往往是从大学开始，大学教材编写完成之后依据相应的课程标准编写高中阶段的思政课教材，以此类推编写初中、小学阶段的思政课教材，思政课教材编写呈现出逻辑上的倒置，且在编写某一阶段思政课教材内容时较少关照参考其他学段的教材内容，不同学段教材内容之间难以有效衔接。①

第五，教材编写理念亟待更新。随着社会的不断进步和教育的深化改革，思政课的教学理念也在不断更新和完善。然而，部分教材在编写过程中仍固守传统理念，过于注重知识的灌输而忽视学生能力的培养和价值观的引导。这种滞后的编写理念已不适应当前教育发展的需求，亟待进行更新和改进。

综上所述，大中小学思政课一体化中教材编写存在的问题主要体现在内容层次性和衔接性不足、教材整体设计方面缺乏系统性、团队沟通协作机制不完善、内容倒置以及编写理念滞后等方面。针对这些问题，应采取切实有效的措施加以改进和完善，推动大中小学思政课一体化建设的深入发展。通

①冯克克.大中小学思政课教材内容一体化问题及建设路径研究［D］.长春：东北师范大学，2022：31.

过改进教材编写工作，不仅能够提升大中小学思政课的教学质量，还能够更好地培养学生的思想政治素养，为培养德智体美劳全面发展的社会主义建设者和接班人贡献力量。

三、教师队伍缺乏协同性

习近平总书记指出："办好思想政治理论课关键在教师，关键在发挥教师的积极性、主动性、创造性。"同时，对思政课教师提出政治要强、情怀要深、思维要新、视野要广、自律要严、人格要正的要求。[①] 广大思政课教师务必严格遵循这一重要指示，坚守政治立场、胸怀家国情怀、创新思维模式、拓宽学科视野、自律言行举止、塑造正直人格。

当前，大中小学各学段思政课教师队伍之间协同性的缺失是教育领域亟待解决的一大难题。由于各学段思政课教师在教学经验、专业背景及教学风格等方面的差异，他们在讲授思政课时往往会采用不同的方式方法，导致学生在接受连续的思想政治教育时，容易感受教学内容和方法的不连贯性。具体而言，大中小学各学段思政课教师队伍协同性的不足主要体现在以下几个方面。

第一，教师对大中小学思政课一体化建设的认识不足是主要方面。由于不同学段的教学特点、目标要求和学生实际情况的差异，部分教师对于大中小学思政课一体化建设的内涵、目标和路径存在理解深浅不一，缺乏统一且深入的认识和共识，甚至存在误解。尤其是大学与中小学教师之间，跨界意识和融通意识相对薄弱，这种思想认识的分歧严重制约了教师队伍之间的协同合作，导致在实际教学过程中，教师难以准确把握思政课的连贯性和系统性，难以形成统一的教学风格和教学方法。从各学段育人实效来讲，中小学思政课教师重智育、轻德育的现象依然存在。有学者指出："许多中小学教师只知埋头教书，只关注学生应试成绩，渐渐淡忘了思政课程根本的育人功能，渐渐失去了对'培养什么人、怎样培养人、为谁培养人'这一根本问题的关怀意识，致使整个课程体系迈向了'失魂'的边缘，课程的人文底蕴被

---

①习近平.习近平谈治国理政：第3卷［M］.北京：外文出版社，2020：330.

削弱，整个学校课程体系沦为知识教育、应试教育、功利教育的附庸。"①

第二，教师队伍一体化培训存在不足。当前，大中小学思想政治教育师资队伍建设相对不平衡，教师的学历、年龄、知识结构参差不齐，解决这一问题的现实路径就是构建大中小学思政课一体化培训体系。要坚持"大思政"工作理念，深入推进思政课程和课程思政、主渠道和主阵地一体化，构建系统化培训体系。要结合不同学段的学生成长特点和思想政治教育工作体系，构建不同师资队伍的特色培训内容体系，打牢师资队伍的专业化基础。在培训方式上，着重构建贯通上岗前后、课程之间、课上课下、校园内外的一体化立体化培训体系，结合不同学段的师资队伍结构实际，创新岗前培训、课程轮训、校内培训、在职进修、社会考察等多元化培训方式，全方位增强一体化师资队伍培训的实效性和针对性。

第三，教师之间的交流互动不足。目前，大中小学思政课教师队伍之间仍存在一定的隔阂，缺乏深入沟通与交流的平台和机制。比如，大学阶段的教师在教学过程中容易形成在小学或初高中已经教授过部分知识的印象，在讲授时选择一带而过而不是深入讲解。有的地区虽建有交流平台，但往往局限于相对狭小范围，缺乏全面性和普及性，无法覆盖全国范围内的大中小学各个学段。同时，信息素养在不同学段思政课教师之间的衔接应用和机制建设也存在不足，这在一定程度上限制了教师队伍之间的协同性。

第四，大中小学思政课教师协同不强。在教学方面，大中小学思政课教师需进一步提升教学技能，通过协同教学提高教学效果。目前各学段教师之间的教学协同力度尚显不足，缺乏统一的教学标准和评价体系。协同难点主要表现在协同机制效能有待提高。一是协同主体积极性尚未充分调动。大中小学思政课一体化建设格局的制度安排仍然处在规划和探索的阶段，一些地区和学校的经验有限，实质性操作方面的协同比较少。二是协同育人长效机制尚未建立。尽管相关部门逐步建立健全大中小学思政课一体化建设的制度体系，但一些地区各学段思政课一体化的实质进展有待加强。各学段思政课教师亲身参与一体化活动局限于少数教师参与公开课的观摩学习。许多思政课教师选择跟本学段本学科教师交流互动，思政课教师一体化贯通和衔接的

①明刚．教师如何立德树人［M］．北京：中国轻工业出版社，2015：3.

长效机制尚未建立。三是协同育人优势尚未充分发挥出来。各学段思政课教师之间的互联互动、学习交流、共享共建的交流平台尚未形成，协同机制形式和方法手段较为单一。

综上所述，大中小学思政课教师队伍协同性的提升对于提高思政课教学效果具有重要意义。未来，相关研究应探索建立健全有效的协同机制，进一步促进思政课教师队伍的协同发展。

四、教学效果缺乏评价性

教学评价是依据教学目标对教学过程及结果进行价值判断并为教学决策服务的活动，是对教学活动现实的或潜在的价值作出判断的过程。[①]教学评价是研究教师的"教"和学生的"学"的价值的过程。在推进大中小学思政课一体化建设的进程中，教学评价作为衡量教育质量、优化教学策略的关键环节，其重要性不言而喻。当前，大中小学各学段思政课教学效果缺乏统一评价标准的问题。由于标准不一，不同学校和地区难以对思政课教学效果进行客观公正的评估，这在一定程度上阻碍思政课教学质量的提升和教学方法的改进。

首先，评价标准的不统一问题凸显。由于大中小学各阶段教育目标、课程设置以及学生特点的差异，导致思政课教学评价难以形成统一、科学的标准。这种情况不仅使不同学段之间的评价结果难以进行有效比较，也在一定程度上削弱教学评价的激励作用。一是大中小学思政课在教学内容、教学目标及教学方法等方面存在显著差异，这在一定程度上增加制定统一、科学的评价标准的难度。当前尚未形成能够充分反映各学段特色的思政课评价标准，在一定程度上影响评价工作的针对性和有效性。二是大中小学思政课一体化评价标准缺乏系统性和整体性考量。当前，大中小学思政课的评价工作往往局限于各自学段内部，缺乏跨学段的整体性视野。导致不同学段之间的思政课教学内容和目标缺乏有机衔接和相互补充，影响思政课整体教学效果的充分发挥。三是大中小学思政课一体化评价标准还应注重实效性和可操作性。

---

①牛其刚，牛书成，李爱国.教学评价应"以效评学、评教"［J］.辽宁教育，2017（3）：2.

当前一些思政课评价标准存在过于抽象、笼统的问题，缺乏具体的评价指标和操作方法，这在一定程度上增加了评价工作的难度。

其次，评价方式、内容和主体较为单一。大中小学思政课一体化的评价方式和内容在当前的实践中呈现单一化的倾向，主要体现在以下几个方面。一是评价方式的局限性较为明显。大中小学思政课一体化的评价主要依赖于传统的笔试考核，这种单一的评价方式难以全面、深入地反映学生的思政素养和综合能力。[①]笔试虽然能够在一定程度上检验学生对理论知识的掌握程度，但却无法有效评估学生在实践应用、创新思维以及情感态度等方面的实际表现。二是评价内容的设置缺乏足够的针对性和层次性。大中小学思政课一体化建设理应依据不同学段学生的身心发展特点和认知规律，制定相应的教学内容和评价标准。目前，有的学校思政课评价内容过于笼统和泛化，未能充分体现针对不同学段学生的差异化评价需求，导致评价结果缺乏足够的目的性和有效性。三是评价主体的单一性。当前，思政课评价主要由教师或学校管理者主导，缺乏学生、家长以及社会等多方参与，容易导致评价结果的主观性和片面性，无法全面、客观地反映学生的思政素养和教学效果。

最后，评价结果反馈不及时、不具体影响教学评价的效能。由于缺乏及时、具体的反馈机制，评价结果往往难以得到充分利用，无法为教师和学生提供有针对性的改进建议。一是评价结果反馈的时效性和有效性有待提高。目前，大中小学思政课一体化评价结果的反馈往往存在滞后现象，难以及时反映教学中的问题和不足。同时，评价结果反馈的方式和渠道也相对单一，往往只是简单地告知教师分数或等级，缺乏具体的分析和针对性的建议，使得教师难以根据反馈结果改进教学方法和提高教学效果。二是评价结果反馈的参与度和互动性不足。在评价过程中，学生、家长和社会等多方面的参与度往往较低，他们的意见和建议难以得到充分表达和重视。同时，评价结果反馈缺乏足够的互动性，教师、学生和相关部门之间欠缺有效的沟通和交流机制，难以形成合力共同推动思政课教学的改进和提高。三是评价结果反馈的激励和约束机制不完善。在当前的思想政治教育体系中，对思政课教师的

---

① 黄冰凤，徐秦法. 大中小学思政课课程体系一体化需处理好的几对关系 [J]. 广西社会科学，2023（6）：138–145.

评价和激励往往不够充分和明确，导致一些教师缺乏改进教学和提高效果的积极性和主动性。同时，对评价结果不佳的教师也缺乏相应的约束和惩罚机制，使得一些教师对评价结果反馈不够重视，难以形成有效的改进动力。

综上所述，大中小学思政课一体化教学评价存在的问题，需以严谨、稳重、理性的态度审视和解决。只有建立科学、全面、客观的教学评价体系，才能有效推动思想政治教育的质量提升和一体化进程。

五、保障机制的欠缺

构建大中小学思政课一体化保障机制，对于保障思政课一体化建设的顺利推进，确保各学段思政课的连续性、系统性和针对性具有重要意义。当前，大中小学思政课一体化建设保障机制的缺失或不完善，已成为思想政治教育领域亟待解决的一大难题。这不仅制约思政课教育质量的提升，还对青少年的思想道德成长构成不利影响。

首先，对资源分配的影响较为明显。由于资源调配机制不健全及保障措施不到位，少数学校或地区在大中小学思政课一体化建设上显得力不从心。教师资源匮乏，导致一些学校难以配备足够数量的思政课教师，难以确保教师的专业素质和教育教学能力。同时，教学材料和教学设备的缺乏也极大限制思政课的教学效果，难以激发学生的学习兴趣和积极性。

其次，对教师培训和专业发展容易造成负面影响。大中小学思政课一体化建设要求教师不仅具备跨学段的教学能力，还需树立协同育人的教育理念，需要教师不断更新教育观念，提升教育教学水平。然而，由于保障机制的不完善，少数教师缺乏必要的培训和学习机会，难以适应新的教学要求和挑战。这不仅影响教师的个人成长和发展，也制约大中小学思政课一体化建设的深入推进。因此，我们必须高度重视大中小学思政课一体化保障机制的建设和完善工作，从资源分配、教师培训、评价和激励等多个方面入手，全面提升思政课的教育质量和效果，为青少年的思想道德成长提供有力保障。

再次，阻碍大中小学思政课一体化建设的推进。大中小学思政课一体化建设旨在构建系统连贯的思想政治教育体系，全面提升学生的思想道德素质和政治觉悟。然而，专项资金的缺乏，对于大中小学思政课一体化建设的制约作用不容忽视。一是在课程资源的配置层面，由于资金短缺，学校难以采购先进的教学设备、更新教材教辅材料，导致思政课教学内容相对滞后，无法满足学生的需求。二是在师资队伍建设方面，缺乏专项资金使得教师难以获得必要的培训和发展机会，影响教师队伍整体素质和教学水平的提升。三是在实践活动和平台建设方面，资金的不足限制学校在实践活动和平台建设上的多样性和创新性，制约思想政治教育平台的拓展和完善，影响学生的参与度和获得感。

最后，欠缺行之有效的激励机制。建立健全相关激励机制对于激发教师的积极性和创造力，推动大中小学思政课一体化建设的深入发展至关重要。由于保障机制的不完善，一些学校或地区在激励方面存在不足。评价标准模糊、评价方式单一、激励措施不到位等问题，使得教师在大中小学思政课一体化建设中的付出难以得到应有的认可和回报，影响教师的积极性和工作热情。

综上所述，大中小学思政课一体化保障机制缺失或不完善的问题亟待解决。为了进一步推动大中小学思政课一体化建设的深入发展，需要加强资源投入，优化资源配置，确保思政课教育所需的各项资源得到充足保障；加强教师培训和专业发展支持，提升教师的教育教学能力和跨学段教学能力；建立科学完善的评价和激励机制，激发教师的积极性和创造力，为大中小学思政课一体化建设提供有力的制度保障和政策支持。

第二节　产生原因

大中小学思政课一体化建设面临诸多挑战，其背后蕴藏着多层次的原因，需要我们以严谨、稳重的态度深入剖析，以期找到解决问题的有效途径。具体说来，主要原因表现为以下方面。

一、制度设计欠缺

大中小学思政课一体化建设，旨在将各学段思想政治教育的内容、教学方法及机制实现有机衔接与深度融合，构建系统性的教育框架。其目标在于确保学生在接受不同层级教育时，思想政治教育能够无缝对接，构建起系统、连贯的价值观念和道德体系。思政课，作为塑造学生正确世界观、人生观和价值观的关键课程，其大中小学思政课一体化建设的推进不仅重要而且必要。在当前大中小学思政课一体化建设中，制度设计的缺失成为亟待解决的问题。制度设计，作为确保各学段思政课教学相互衔接、有机融入的枢纽环节，对于构建全员、全过程、全方位育人的新格局具有重要意义。

首先，缺乏整体规划。由于缺乏整体规划，各学段思政课在教学目标、内容和方法上呈现出一定程度的重复现象，不仅导致教学资源的浪费，还削弱学生的学习兴趣和效果，使得思政课的教学成果大打折扣。

其次，教育目标的模糊性。由于缺乏大中小学思政课一体化建设的设计方案，不同学段思政课的教育目标具有一定的模糊性，使得教育效果难以达到预期，难以形成连贯的思政课教学体系。

再次，各学段思政课教学缺乏统一的管理和协调机制，不利于思政课教学质量的整体提升。

最后，缺乏科学有效的评价体系和激励机制。由于缺乏科学的评价标准和激励机制，教师和学生在思政课教学中的积极性和创造性难以得到充分激发，这在一定程度上影响了思政课的教学效果。

综上所述，大中小学思政课一体化建设中制度设计的缺位已成为制约教育发展的瓶颈，亟需构建科学、系统、连贯的思想政治教育体系，为培养全面发展的社会主义建设者和接班人奠定坚实基础。

二、教育理念落后

当前，大中小学教师在思政课一体化建设方面仍受困于一些陈旧观念的影响，这些观念不仅阻碍大中小学思政课一体化建设的有效推进，还削弱思政课教学的连贯性和实效性，限制思政课在提升学生综合素质方面所能发挥的作用。

首先，对大中小学思政课一体化建设的重要性和必要性缺乏深刻认识，往往局限于各学段的教学视野和方法，忽视与其他学段之间的紧密联系。这种观念导致他们缺乏推动大中小学思政课一体化建设工作的内在动力与积极性。

其次，对大中小学思政课一体化建设的理解尚显肤浅。少数教师在实施大中小学思政课一体化教学时，仅关注课程内容的简单串联，忽视不同学段学生认知发展特点的差异，导致教学内容缺乏层次性和针对性。此外，个别教师未能深入把握大中小学思政课一体化的核心要义与目标要求，仅停留在形式上的拼凑与衔接，忽视在教学内容、教学方法、教学评价等方面的深度融合。

再次，缺乏协同合作的意识。在推进大中小学思政课一体化建设的过程中，各学段的教师应携手并肩，共同设计和实施教学计划。然而，少数教师缺乏协同作战的意识，不利于实现思政课教学的整体优化。另外，个别教师缺乏创新精神和探索勇气，对新的教学理念和方法持保守态度，不愿尝试新的教学手段和方式，导致思政课教学缺乏生机与活力。

最后，对新时代思政课教学要求的认识。时代的发展和教育改革的不断深入，需要守正创新推动思政课建设内涵式发展，开创思政教育新局面。少数教师未能及时跟上时代步伐，对新时代思政课教学的新要求认识不足，仍然沿用陈旧的教学方式和内容。这不仅无法满足学生的成长需求，也不符合大中小学思政课一体化建设的时代要求。

针对上述问题，需采取积极有效的措施：一是加强教师培训，提升教师对大中小学思政课一体化建设重要性的认识；二是建立跨学段教研机制，促进教学内容的深度融合；三是鼓励教师创新教学方法，引入现代信息技术手段，增强思政课教学的吸引力和实效性；四是持续关注教育改革动态，及时调整教学策略，以适应新时代思政课教学的新要求。

三、理论研究不足

在教育行政部门的大力推进下，大中小学思政课一体化建设已经迈进深层次推进阶段，需要研究者积极回应实践中的关键问题、瓶颈问题，以高质量研究成果为实践工作者提供理论指导。由于大中小学思政课一体化建设实践和研究还处于初始阶段，研究者对大中小学思政课一体化建设所关涉的一些重要理论命题和实践问题的研究还存在若干需要突破的局限。具体而言，问题主要体现在以下几个方面。

一是研究缺乏系统性。现有的研究往往聚焦于某一特定方面，如教学内容的衔接或教学方法的创新，缺乏对大中小学思政课一体化整体框架和内在逻辑的深入剖析。此外，学界多关注某一学段或某一方面的思政课建设，缺乏对大中小学思政课一体化的整体性和系统性研究，使得各学段之间的思政课难以形成有机联系，影响思想政治教育的整体效果。

二是研究深度不足。首先，在定义与内涵方面，目前学界关于大中小学思政课一体化建设的研究成果相对较少，对其内涵的探讨尚显不足，导致在推进大中小学思政课一体化建设时，缺乏明确的、精准的理论指导。其次，实践层面的研究相对匮乏。尽管已有少数实践导向的研究，但整体而言，学界的研究重心仍偏向于高校，对大中小学思政课一体化实践的系统性探索仍显不足，限制了大中小学思政课一体化理论在实践中的应用和发展。最后，教材内容系统化的研究尚显不足。大中小学思政课教材应形成由浅入深、由易到难的完整科学体系。① 目前，相关研究在教材内容的系统化方面存在明显短板，各学段教材之间缺乏有效衔接，内容重复或断层现象时有发生。此外，教师队伍建设的研究也显得薄弱。在推进大中小学思政课一体化建设过程中，教师队伍的互补性和协同性至关重要。然而，当前关于构建具有互补性和协同性特征的教师队伍的策略研究尚不充分，在一定程度上成为大中小学思政课一体化深入发展的瓶颈。

三是理论研究的创新性和实践性不足。目前的研究多停留在对传统思政课模式的反思和批判上，缺乏对未来大中小学思政课一体化发展的新思路、新方法的探索。同时，理论与实践脱节的现象一定程度存在，理论研究未能充分结合实际情况，提出切实可行的实施方案。

综上所述，为了促进大中小学思政课一体化的深入发展，亟需加强对其系统性的理论研究，深化内涵与实践层面的探讨，并推动教材内容、教师队伍建设及课程目标与评价体系的全面优化。同时，应鼓励理论创新与实践结

①伍建旭.大中小学思想政治理论课教材一体化建设研究［D］.北京：华北电力大学（北京），2021.

合，提出更具针对性的实施方案。

四、学段联系不强

习近平总书记指出："循序渐进、螺旋上升地开设思政课在大中小学阶段至关重要，是培育社会主义建设者和接班人的坚实保障。""我们要遵循教育规律，深入推进大中小学思想政治教育一体化建设，循序渐进、螺旋上升地设计课程目标，紧密贴近学生思想、学习和生活实际，使之更具吸引力，让学生真正爱听、爱学、听懂、学会。"①

作为大中小学思政课一体化的基本原则，"循序渐进、螺旋上升"在大小中小学思政课的教学过程中占据举足轻重的地位。它要求教师根据学生的年龄、认知层次及心理发展特征，巧妙布局教学内容与难度，使学生在逐步深入的学习中不断锤炼认知能力，全面提升综合素质。循序渐进原则要求教学内容与难度根据学生年龄和认知发展阶段逐层递进，而螺旋上升原则则确保相似或相同的知识点在不同阶段以新视角深度出现，促进学生更深入的理解。

现实中，这两个原则却未能充分贯彻到大中小学思政课一体化教学的各个环节。在课程设置上，大中小学思政课的内容时常出现重复现象。不同学段的思政课教材缺乏明确的层次性和连贯性，导致学生接受的思想政治教育内容在不同学段间缺乏递进性，难以构建完整的知识体系。在教学方式上，少数教师过于侧重知识的单向灌输，忽视学生的认知特点和心理需求。他们未能根据学生的实际情况，采用恰当的教学方法和手段，引导学生逐步深化对思政知识的理解和把握，导致教学内容与学生的认知水平不匹配，难以达成预期的教育目标。同时，学生可能因重复或过于简单的教学内容而感到厌烦，从而丧失学习兴趣，难以有效地培养学生的批判性思维和独立思考能力。针对上述问题，笔者建议从课程设置、教材编写、教师培训等多个方面入手，确保"循序渐进、螺旋上升"的教学原则在大中小学思政课中得到全面贯彻落实。

---

① 习近平. 习近平谈治国理政：第3卷［M］. 北京：外文出版社，2020：329.

五、实践经验缺乏

实践的观点、生活的观点是马克思主义认识论的基本观点，实践性是马克思主义理论区别于其他理论的显著特征。马克思主义认为，实践是连接主观与客观、知与行的桥梁，是实现主客观、知行统一的唯一有效方式。现实世界的发展变化永无止境，要求我们始终保持与时俱进的实践思维和实践精神，随时发现问题、应对问题、解决问题，在这个过程中既改造了客观世界，也完善了主观世界，提高了自身。

马克思在《关于费尔巴哈的提纲》中鲜明地指出："社会生活在本质上是实践的。凡是把理论导致神秘主义的神秘东西，都能在人的实践中以及对这个实践的理解中得到合理的解决。"[①]离开了实践观点，就不可能真正把握马克思主义的实质，不可能真正理解马克思主义的整个思想体系。毛泽东在《实践论》开篇中就明确指出："马克思以前的唯物论，离开人的社会性，离开人的历史发展，去观察认识问题，因此不能了解认识对社会实践的依赖关系。"[②]

大中小学思政课一体化建设是一项复杂的系统性工程，需要在理论上进行广泛而深入的探讨与研究，更需要在实践中不断探索与丰富。当前，大中小学思政课一体化建设领域的实践探索仍显薄弱，在一定程度上制约其进一步发展和完善。

首先，从实践案例的角度来看，尽管已有部分地区和学校进行初步的实践探索与尝试，但总体来看，这些实践案例的数量和质量仍显不足。成功经验的不足使得大中小学思政课一体化建设的推进缺乏有力的示范和引领效应，难以形成广泛的推广和应用。

其次，从资源整合和共享的角度来看，大中小学思政课一体化建设需要汇聚和整合多方资源，包括但不限于优秀的师资力量、丰富的教学内容以及先进的教学方法等。然而，目前这些资源的整合和共享机制尚不完善，难以形成优势互补和协同发展的良好态势。

---

①马克思恩格斯选集：第 1 卷［M］.北京：人民出版社，2012：135-136.
②毛泽东选集：第 1 卷［M］.北京：人民出版社，1991：282.

最后，从评价和反馈机制的角度来看，一个健全的评价和反馈机制能够及时、全面地反映建设过程中的问题和不足，为后续的改进和完善提供有力的指导。现有的评价和反馈机制往往存在滞后性和片面性的问题，难以为大中小学思政课一体化建设的深入推进提供有效的支撑。

综上所述，我们应加强实践探索，深入挖掘和总结成功的实践经验；完善资源整合和共享机制，提高资源利用效率；优化评价和反馈机制，确保其能够准确反映建设过程中的问题和不足，这样才能有效地推动大中小学思政课一体化建设，构建全员、全过程、全方位育人格局，立时代之潮头、发思想之先声，引导学生自觉做党的创新理论的坚定信仰者、积极传播者、忠实实践者。

第五章　大中小学思政课一体化建设应遵循的原则

原则，是指基于长期实践经验和理论总结提炼出的、具有普遍指导意义的基本准则或规范，它作为行动的指导框架，确保了活动或系统运行的合理性和有效性。全面推进大中小学思政课一体化建设，是一项复杂而系统的工程，其核心在于构建一套连贯、协调且系统的教育框架，旨在全面提升学生的思想政治素养，从而达成立德树人的根本教育目标。在此进程中，遵循既定的原则对于保障建设的顺利推进至关重要。

2020年12月，中共中央宣传部与教育部联合印发了《新时代学校思想政治理论课改革创新实施方案》，明确提出："按照循序渐进、螺旋上升的原则，立足于思政课的政治性属性，对大中小学思政课程目标进行一体化设计。"这不仅强调思政课课程目标设计的层次性与递进性，还凸显课程内容需紧密围绕政治属性，确保从小学阶段到大学阶段，学生的思想政治素养能够逐步深化、螺旋上升。

第一节　循序渐进与螺旋上升相统一

习近平总书记强调："在大中小学循序渐进、螺旋上升地开设思想政治理论课非常必要，是培养一代又一代社会主义建设者和接班人的重要保障。"[①]循序渐进与螺旋上升相结合体现马克思主义哲学关于量变与质变及否

---

① 习近平. 习近平谈治国理政：第 3 卷 [M]. 北京：外文出版社，2020：329.

定之否定辩证关系的原理，该原则既强调大中小学思政课一体化建设过程中的顺序性，又强调各学段的阶段性，体现顺序性与阶段性的高度统一。

一、循序渐进原则

循序渐进原则是教育教学中的基本原则之一，受到古今中外教育家的高度认可。《道德经》有言："九层之台，始于累土；千里之行，始于足下。""缓而图之，则大利；急而成之，则大害。"孟子也曾对循序渐进的教学方式进行了深刻阐述，强调教育应当顺应人的天性发展，倡导学生循序渐进地自我求索与提升。孟子指出，若学生未能遵循一定的学习步骤，往往会陷入"其进锐者其退速"的困境，最终一无所获。他以"揠苗助长"的故事为例，生动揭示急于求成的学习方式往往适得其反，非但无益，反而有害。中国历史上最早专门论述教育和教学问题的论著《学记》中也强调循序渐进原则的重要性："大学之法，禁于未发之谓豫，当其可之谓时，不陵节而施之谓孙，相观而善之谓摩。此四者，教之所由兴也。"南宋哲学家、教育家朱熹在《读书之要》中提到循序渐进的基本读书方法，其中有"或问读书之法，其用力也奈何？曰：循序渐进"。

17世纪，捷克教育家夸美纽斯也对循序渐进原则推崇备至，主张学习应当有条不紊、从简到繁、从易到难、由近及远，确保知识体系的系统性与连贯性。他强调，这一原则既体现在教学的有序性上，又体现在学生稳步前进的学习过程中，从而有效防止了越级冒进现象，确保学生能够"意定理明"地掌握知识。[①]这意味着教学应遵循学科的逻辑系统和学生认识发展的顺序，循序渐进地传授知识，使学生能够系统地掌握基础知识和基本技能，培养严密的逻辑思维能力。

大中小学思政课的教学内容要循序渐进，这个所谓的"序"就是学生在不同成长时期表现出来的特点、需求和身心发展规律。在学生成长的不同阶段，他们的身心特点、生活阅历、接触环境和成长需求不同，其思想认识也会经历从感性到理性、从单纯到复杂、从不成熟到逐步成熟的发展过程。这

就要求思政课的教学内容要注意把握时机、抓住特点、切中肯綮，既不能揠苗助长，也不能放任自流。思政课的教学内容要本着从易到难、由浅入深、循序渐进、螺旋上升的基本原则，并根据学生不同阶段的身心特点展开相应的教育内容和教学方法，不能简单重复甚至内容"倒挂"。① 如小学阶段重在培养学生的道德情感，初中阶段重在打牢学生的思想基础，高中阶段重在提升学生的政治素养，大学阶段重在增强学生的使命担当。②

二、螺旋上升原则

从哲学角度而言，事物的发展是前进性与曲折性的辩证统一，发展进步不是直线式上升，也不是循环式周而复始，而是指向螺旋上升的发展向度。螺旋形上升是对否定之否定规律所揭示的事物发展形式的一种形象比喻。恩格斯在《自然辩证法》中指出："由矛盾引起的发展或否定的否定——发展的螺旋形式。"③ 螺旋形上升的发展模式具备三大特征，即前进性、曲折性和周期性。事物发展总的方向和趋势是由低级到高级、由简单到复杂的前进运动。但前进的道路不是直线，而是迂回曲折的，会出现向出发点回复现象。列宁概括了历史中常见的两种发展观："第一种认为发展是'减少和增加，是重复'，此种看法是'僵死的、平庸的、枯燥的'；第二种认为发展是'对立面的统一'，此种观点是'活生生的'。按照第二种理解，才能提供理解一切现存事物的'自己运动'的钥匙，才能提供理解'飞跃'渐进过程的中断向对立面的转化，旧东西的消灭和新东西的产生的钥匙。"④ 显然，依据第二种更为深刻的发展观，可以得出明确的结论，即发展绝非简单的量变累积或重复，而是量变与质变、曲折与前进的辩证统一，既有量变的积累，也有质变的飞跃。在此过程中，矛盾的辩证运动将会使发展指向螺旋上升。列宁概括道："发展似乎是在重复以往的阶段，但它是以另一种方式重复，是在更高

①杨晓慧.以"大思政"理念创新思政育人格局［J］.思想教育研究，2020（9）：6-8.
②中共中央宣传部　教育部关于印发《新时代学校思想政治理论课改革创新实施方案》的通知［J］.中华人民共和国国务院公报，2021（9）：75-80.
③马克思恩格斯选集：第4卷［M］.北京：人民出版社，2012：259.
④列宁全集：第55卷［M］.北京：人民出版社，2017：306.

的基础上重复（否定的否定），发展是按所谓螺旋式，而不是按直线式进行的；发展是飞跃式的、剧变式的、革命的。"[①] 毛泽东认为："任何事物的发展都不是直线的，而是螺旋式上升，也就是波浪式发展。"[②]

大中小学思政课一体化建设遵循螺旋上升原则，引导学生立德成人、立志成才，树立正确的世界观、人生观、价值观，坚定对马克思主义的信仰，坚定对社会主义和共产主义的信念，增强中国特色社会主义道路自信、理论自信、制度自信、文化自信，厚植爱国主义情怀，把爱国情、强国志、报国行自觉融入坚持和发展中国特色社会主义事业、建设社会主义现代化强国、实现中华民族伟大复兴的奋斗之中。大学阶段重在增强使命担当，引导学生矢志不渝听党话跟党走，争做社会主义合格建设者和可靠接班人。高中阶段重在提升政治素养，引导学生衷心拥护党的领导和我国社会主义制度，形成做社会主义建设者和接班人的政治认同。初中阶段重在打牢思想基础，引导学生把党、祖国、人民装在心中，强化做社会主义建设者和接班人的思想意识。小学阶段重在启蒙道德情感，引导学生形成爱党、爱国、爱社会主义、爱人民、爱集体的情感，具有做社会主义建设者和接班人的美好愿望。

由于学生成长成才是一个连续不断的过程，因此，必须结合不同年龄段学生的认知特点，一体化设计大中小学思政课教材，由低到高螺旋上升、由简及繁逐层递进地把各学段思政课内容铺陈好，为大中小学思政课一体化建设奠定坚实的进阶基础。梳理大中小学现有思政课教材不难发现，经过近些年的持续努力，思政课教材名称不一、课程属性模糊、教学内容倒挂等问题已得到很大改善。例如，小学原《品德与生活》《品德与社会》和初中原《思想品德》被整合为《道德与法治》，小学思想品德课、中学思想政治课、大学思想政治理论课被统称为思想政治理论课，等等。特别是随着中共中央办公厅、国务院办公厅《关于深化新时代学校思想政治理论课改革创新的若干意见》，中共中央宣传部、教育部《新时代学校思想政治理论课改革创新实施方案》等系列文件的印发实施，大中小学思政课内容一体化建设的目标、路径、体系等更为清晰。

---

①列宁全集：第 26 卷［M］.北京：人民出版社，2017：57.

②毛泽东文集：第 8 卷［M］.北京：人民出版社，1999：120.

第二节　系统性与层次性相协调

大中小学思政课一体化建设作为一项复杂的系统工程，需要坚持系统性与层次性相协调的构建原则。该原则深刻践行了马克思主义哲学中整体与部分相互依存、相互促进的辩证统一思想，旨在构建一套逻辑严谨、层次分明且能够灵活适应不同教育阶段需求的思政课程体系，从而确保教育内容的深度和广度得以全面而有效地拓展，以适应学生个性化发展与社会多元化的需求。因此，科学而妥善地处理系统性与层次性的关系，对于保障大中小学思政课一体化建设的稳步推进具有至关重要的意义。

一、系统性原则

系统科学是以系统为研究对象，以系统思想为中心的具有横断性与综合性的新兴学科群，它的主要任务是揭示一般系统的同构性，即所有系统所需要共同遵守的规则问题。[①] 系统科学中的系统论、控制论、信息论与耗散结构论、协同论、突变论所提出的整体、联系、动态、自组织、非线性和非平衡态的观点带来了思维方式的新变革。[②] 其中系统论、控制论和信息论在系统科学中占有重要地位，作为信息社会的智力工具，为大中小学思政课一体化建设提供新的研究思路与方法，对构建科学的思政课教学系统具有重要的理论意义。

系统论是 20 世纪 40 年代初由美籍奥地利生物学家贝塔朗菲创立的一门研究客观现实系统共同特征、本质、原理和规律的科学，其主张从整体出发，研究系统之间、系统与组成部分之间及系统与环境之间的普遍联系，在揭示系统整体规律的基础上，为解决社会、经济、科技等方面的复杂系统问题提供了新的理论方法。[③] 系统论的核心是整体原理，整体原理是指系统只

---

① 吕一军．马克思主义关于人的全面发展理论与高校思想政治教育［J］．中国高教研究，2005（7）：62-63.

② 颜泽贤，范冬萍，张华夏．系统科学导论——复杂性探索［M］．北京：人民出版社，2006：6.

③ 曾广荣，易可君．系统论控制论信息论概要［M］．长沙：中南工业大学出版社，1986：3.

有通过内部要素相互联系，形成整体结构，才能发挥整体功能。[①] 系统的整体性指的是系统各个要素之间通过特定的联系有机地结合起来发挥出整体的性能。但是整体的功能并不等于各组成部分之和，而是大于各组成部分的功能之和，因为整体具有其每一个组成要素所不具备的性能，这是系统内各要素之间相互融合而产生的整体效应，这种整体效应依赖于各要素之间的联系，若其中任何一个要素出现了错误，那么这种整体效应都会减少或者消失，使系统发挥不了其功能。系统根据各要素之间的联系使其有机结合，构成了系统内部特定的结构，同时该结构也给予了各要素特定的位置，使各要素的功能相互融合产生新的功能。因此，系统的功能不仅涵盖了各组成部分的个体功能，更是体现在其特定结构所催生的新功能上。这种由结构带来的功能，是系统独有的属性，也是系统构建所追求的最终目标。

系统性原则在思政课程中的应用，强调对课程的整体规划与布局，其目的在于确保大中小学各学段思政课教学目标的连贯性与一致性。系统性原则不仅关乎教学效果，也直接影响教育质量的优劣。为此，需要将大中小学思政课程视为一个有机整体，在课程设置、教材编写、教学方法等方面，应充分考虑学生的身心发展规律和认知特点，确保思政课程在不同学段之间形成有机衔接，共同构建起完整、连贯的思想政治教育体系。

首先，系统性原则要求教学过程需遵循严密的逻辑和科学的顺序，将知识传授、技能培养与态度塑造等内容有机融合，构建成一个既有序又连贯的完整教学体系。同时，该原则强调教学活动的统一性、连贯性和稳定性，帮助学生构建系统化的知识框架和技能体系，提升学习效率和学习质量。其次，系统性原则的应用场景广泛，既适用于学校课堂教学，也适用于课外培训、辅导等多种教育形式。在课堂教学中，教师可以通过精心设计课程结构、选择恰当的教学方法及设置科学的评价方式。在课外培训和辅导时，教师同样需要遵循系统性原则，确保教学内容的有序性和连贯性。最后，在具体实施方式上，系统性教学原则要求教师在教学设计阶段要明确教学目标、精选教学内容、确定教学方法和设置评价方式等要素，并保持要素之间的逻辑性和连贯性。

---

① 查有梁. 系统科学与教育［M］. 北京：人民教育出版社，1993：25.

综上所述，系统性原则对于提升大中小学思政课一体化，提升思政课教育质量和效果具有深远意义。教师需深入研读并准确理解系统性原则的内涵，确保将其精髓有效融入并贯穿至思政课教学的每一个实践环节之中。

二、层次性原则

在教育系统中，不同学段构成了一个层次分明的体系。每个学段都承载着独特的教育使命和培养目标，这些层级之间相互联系又彼此区别，共同构成大中小学思政课一体化实施的基础。层次性原则侧重思政课程的分阶段实施与差异化教学。作为大中小学思政课一体化的重要原则之一，旨在依据不同教育阶段学生的年龄特征、认知层次及发展需求，对思政课的教学内容、教学方法与要求进行精准化的差异设计。通过因材施教、循序渐进的方式，逐步提升学生的思想道德素养和综合能力，实现思政课程的育人目标。

就教育阶段维度而言，大中小学思政课一体化的推进，尤为注重各学段间的层次性与连贯性。小学、中学、大学等各个阶段的思政课应在内容上紧密衔接，形式上相互贯通，确保学生能够在每个学段都接受到与其认知水平和发展阶段相契合的思想政治教育，逐步构建起完整的思政课知识体系。2020年12月，中共中央宣传部、教育部联合印发《新时代学校思想政治理论课改革创新实施方案》，文件明确指出要充分发挥思政课在立德树人中的核心作用，按照循序渐进、螺旋上升的原则，科学布局大中小学思政课。在这一方案的指导下，需着力构建纵向学段层层递进、横向课程紧密配合、必修课与选修课协调发展的课程教材体系，实现课程目标、课程设置、课程教材内容的有机统一。①

一是在课程目标体系方面，需遵循循序渐进、螺旋上升的教育规律，紧密结合思政课的政治属性，对大中小学思政课课程目标进行一体化规划。小学阶段注重培养学生的道德情感，初中阶段着重夯实学生的思想基础，高中阶段则致力于提升学生的政治素养，而大学阶段则聚焦于增强学生的使命担

---

① 包炜杰.新时代思想政治理论课改革创新推进一体化论析——以爱国主义教育为例［J］.思想教育研究，2021（9）：141-144.

当，从而构建起层次分明、逐步深化的思政课程目标体系。[①]

二是在课程体系构建上，需依据学生成长规律，结合不同年龄阶段学生的认知特点，精心打造大中小学一体化思政课课程体系。[②] 在小学和初中阶段，通过"道德与法治"课程中的具体案例分析和实践活动，引导学生理解并践行社会道德规范，培养道德意识和法治观念。在高中阶段，通过"思想政治"课程深化学生对政治理论的理解和应用。在大学阶段，通过"思想政治理论课"全面提升学生的思想政治素养和理论水平。同时，特别注重将习近平新时代中国特色社会主义思想融入各学段课程，实现整体设计、循序渐进、逐步深化，不断提升课程设置的针对性和实效性。

三是在课程内容方面，注重因材施教，根据不同学段学生的认知特点和成长需求，精心安排教学内容。小学课程以学生的生活实践为基础，引导学生从身边小事中感悟道德力量。初中课程以学生的情感体验为重点，帮助学生树立正确的价值观和人生观。高中课程则以学生的认知发展为导向，深化学生对政治理论的理解和应用。在大学阶段，课程内容聚焦中国特色社会主义理论体系的学习和研究，旨在帮助学生深刻理解党和国家的发展战略及时代使命，增强历史使命感和责任感，为成为社会主义建设者和接班人奠定坚实的思想基础。

此外，在推进大中小学思政课一体化的过程中，教学方法和手段需要体现一定的层次性。针对不同学段学生的认知水平及心理特征，思政课的教学方法应当因材施教，灵活多变。小学阶段，可借鉴"情境教学""游戏化学习"等教育理念，通过直观、生动的教学方式（如故事讲述、角色扮演等），激发学生的学习兴趣和积极性。中学阶段则可以适当增加讨论、辩论等互动形式，引导学生深入思考，锻炼其思辨能力。到了大学阶段，则更应注重理论探讨和研究性学习，培养学生扎实的理论素养和创新能力。同时，评价标准的层次性不仅反映教育目标的递进性，也可以促进学生全面素质的提升。通过科学、合理的评价体系，教师能够准确评估学生在不同学段的成

①中央宣传部　教育部关于印发《新时代学校思想政治理论课改革创新实施方案》的通知 [J].中华人民共和国国务院公报，2021（9）：75-80.

②杨晓慧.高等教育"三全育人"：理论意蕴、现实难题与实践路径 [J].中国高等教育，2018（18）:4-8.

长情况，为教学改进和学生个性化发展提供依据。随着学段的递进，思政课的评价方式需根据学生的年龄和学习阶段进行相应调整，呈现逐步提升的趋势。具体说来，小学阶段可能更注重学生的日常行为规范和道德认知的培养，中学阶段则开始关注学生的独立思考能力和分析问题的深度，而到了大学阶段，则需要更加注重学生的理论素养和创新能力的考察。

三、二者的辩证关系

大中小学思政课一体化建设必须坚持系统性与层次性相结合的原则，以严谨、稳重、理性的态度深化改革创新，推动思政课程发展，不断提升思想政治教育的质量和水平。系统性原则强调思政课程在大中小学各学段之间的有机统一与连贯发展，要求从课程目标设定到教学内容安排，再到教学方法选择及思政课程体系构建，都需确保各学段间的紧密衔接和逻辑顺畅。换句话说，通过系统性原则的贯彻，确保思政课程在培养学生的思想政治素养方面，形成层层递进、逐步深入的教育效果。同时，层次性原则是对系统性原则的具体化体现，强调在坚持整体性的基础上，充分考虑不同学段学生的身心发展特点和认知水平，制定差异化的教学目标和教学内容，以确保教学内容的适宜性和教育效果的最大化。层次性原则的实施，有助于我们更好地满足不同学段学生的个性化需求，提升思政课程的针对性和实效性。

系统性与层次性原则的紧密协同，为大中小学思政课一体化建设的有效推进奠定坚实基础。系统性原则为层次性原则提供宏观指导和整体框架，确保思政课程在不同学段间的连贯性和一致性；而层次性原则在系统性原则的基础上，进一步细化教学目标和内容，提升思政课程的针对性和实效性。两者相辅相成，共同构成了大中小学思政课一体化的坚实基础。因此，在构建大中小学思政课一体化体系的过程中，务必深刻领悟和精准把握系统性与层次性原则的内在联系，坚持两者并重，共同推动思政课程在塑造学生思想政治素养上实现质的飞跃。

第三节　理论性与实践性相融合

马克思主义哲学深刻阐述理论与实践的辩证关系。理论根植于实践之中，并随着实践的发展而不断丰富和完善；同时，理论又通过指导实践，为其提供方向和路径。实践既是理论的起点，也是推动其发展的不竭动力。理论与实践相辅相成，密不可分，唯有从辩证统一的视角深入审视这两者的关系，才能更透彻地揭示问题的本质。大中小学思政课一体化建设，不仅涉及深刻的理论探讨，更是一个亟待在实践中不断探索和完善的重要课题。因此，在大中小学思政课一体化建设的推进过程中，我们必须始终坚持理论与实践相结合的基本原则，确保理论创新与实践探索的相互促进。

一、理论性原则

大中小学思政课一体化理论研究的重要性不言而喻，它不仅是深化思想政治教育改革的重要方向，还是提升教育质量、促进学生全面发展的关键举措。2022 年 7 月，教育部等十部门联合印发的《全面推进"大思政课"建设的工作方案》，强调要重点支持开展对"大思政课"建设规律、思政课教学难点及对策、大中小学思政课一体化以及课程思政等方面的深入研究。同年 12 月，教育部办公厅发布通知，明确提出要深入推动全国大中小学开展思政课一体化理论研究和实践探索，为相关工作提供坚实的工作平台、丰富的实践经验、有力的理论支撑和科学的决策咨询。具体而言，大中小学思政课一体化理论研究的意义体现在以下几个方面。

第一，有助于构建全面、系统的思想政治教育体系。通过科学规划各学段思政课程内容的衔接与递进，可以建立思想政治教育在不同阶段之间的连贯性和互补性，避免教育资源的浪费和重复劳动。这种系统性设计会形成一条完整的思想政治教育链条，为学生的全面发展提供坚实的理论支撑。

第二，有助于推动思政课程与时俱进。随着社会的不断发展和进步，思想政治教育也需要不断更新和完善。依托大中小学思政课一体化理论研究平台，可以及时发现和解决思想政治教育中存在的问题和不足，推动思政课程内容的更新和优化，使其更加符合时代的要求和学生的需求。

第三，有助于提升教师的专业素养和教学能力。大中小学思政课一体化建设研究要求教师不仅需要深入理解和掌握各学段思政课程的内容，需要具备跨学段教学的视野和能力，也需要他们具备跨学段教学的能力和经验。大中小学思政课一体化理论研究可以促进教师之间的交流和合作，提升他们的专业素养和教学水平，为思想政治教育高质量发展提供有力保障。

第四，有助于增强学生的获得感和满意度。通过大中小学思政课一体化设计，学生可以更加清晰地了解思想政治教育的整体框架和目标要求，从而更好地规划自己的学习路径和发展方向。同时，大中小学思政课一体化教学也有助于激发学生的学习兴趣和积极性，提高他们对思想政治教育的认同感和满意度。

综上所述，大中小学思政课一体化建设的理论研究在构建全面系统的思想政治教育体系、推动思政课程与时俱进、提升教师专业素养和教学能力以及增强学生获得感和满意度等方面发挥着重要作用。

二、实践性原则

实践是马克思主义哲学的基本范畴，实践性是建立在实践唯物主义基础上的马克思主义的本质特征。[①] 马克思高度重视实践的作用，并在《黑格尔法哲学批判导言》中指出："批判的武器当然不能代替武器的批判，物质力量只能用物质力量来摧毁。"[②] 他在《关于费尔巴哈的提纲》指出："哲学家们只是用不同的方式解释世界，问题在于改变世界。"[③] 马克思在《德意志意识形态》中进一步指出："实际上，而且对实践的唯物主义者即共产主义者来说，全部问题都在于使现存世界革命化，实际地反对并改变现存的事物。"[④]

马克思关于实践的科学认识是在马克思主义哲学形成发展中完成的。马克思在《1844年经济学哲学手稿》《关于费尔巴哈的提纲》《德意志意识形态》等哲学著作中深刻地揭示实践的本质、内涵、特性，确立了理论与实践相统

---

①邓宏涛. 习近平推进马克思主义学习型政党建设研究［D］. 南京：中共江苏省委党校，2017.

②马克思恩格斯选集：第1卷［M］. 北京：人民出版社，2012：985.

③马克思恩格斯选集：第1卷［M］. 北京：人民出版社，2012：135-136.

④马克思恩格斯选集：第1卷［M］. 北京：人民出版社，2012：254.

一的理论原则。① 实践的观点是马克思主义哲学首要的和基本的观点，贯穿于辩证唯物主义和历史唯物主义的各个环节，离开了实践观点，就不可能真正把握马克思主义的实质，不可能真正理解马克思主义的整个思想体系。② 正如毛泽东在《实践论》中开篇指出的那样："马克思以前的唯物论，离开人的社会性，离开人的历史发展，去观察认识问题，因此不能了解认识对社会实践的依赖关系。"③

思政课是对人的思想意识的改造。思想的变化及其对世界产生的影响都是润物无声、潜移默化的，所以大中小学思政课的一体化建设，更应强调理论与实践的深度融合。一方面，教师要完成理论目标的制定及更新，并继续用其去指导新的实践。另一方面，教师要结合国家发展和社会生活的实际需求确立实践目标，关注并回应现实问题，激发学生对理论学习的兴趣，使学生深刻理解理论对社会发展的推动作用，增强其现实参与感，以此加强对学生实践能力和创新精神的培养，帮助学生树立起作为担当民族复兴大任的时代新人的责任感和使命感。

在确立理论目标与实践目标时，需进行科学统筹规划，确保两者的良性互动与相互促进。帮助学生在实践目标的达成中提升对思政课理论知识的信服度，以及培养学生运用理论知识去解决实际问题的能力，推动学校小课堂和社会大课堂、书本知识和现实生活的有效衔接和融合，形成课上课下、校内校外互动联通的大中小学一体化思政育人新格局，使思政课从学校场域自然延伸渗透到社会生活中去，真正做到思政课不仅要在课堂上讲、也应该在社会生活中来讲。④

三、二者的辩证关系

大中小学思政课一体化建设，其目标在于构建一个既系统连贯又层次分

① 刘宁宁 . 马克思主义实践观及其时代诉求［J］. 辽宁大学学报（哲学社会科学版），2012（4）：49-57.

② 王丽春 . 研学旅行在初中"道德与法治"课教学中的运用研究［D］. 南宁：广西民族大学，2022.

③ 毛泽东选集：第 1 卷［M］. 北京：人民出版社，1991：282.

④ 杜尚泽 . "大思政课"我们要善用之［N］. 人民日报，2021-03-07（1）.

明的思想政治教育体系，旨在全方位提升学生的思想政治素质。在此过程中，处理好理论性与实践性之间的关系十分重要。

理论性不仅是大中小学思政课一体化建设的基石，也是其魅力所在。它要求教学内容既严谨科学，又系统全面，能够精准阐释党的理论创新成果、路线方针政策及马克思主义基本原理的精髓。通过理论教育，使学生深刻理解和把握中国特色社会主义理论体系的核心要义，为树立正确的世界观、人生观和价值观奠定坚实的理论基础。

然而，仅有理论性是不够的，实践性作为大中小学思政课一体化建设中不可或缺的一环，其重要性不言而喻。它不仅是检验真理的试金石，还是理论转化为行动的桥梁，通过多样化的实践活动，让学生在亲身体验中深化理论认知，提升实践能力。在大中小学思政课一体化建设中，应当注重将理论知识与现实生活、社会实践相结合，通过案例分析、社会调查、志愿服务等多种形式，让学生在亲身参与中并深化对理论知识的理解和运用，提高解决实际问题的能力。

在大中小学思政课一体化建设的宏伟蓝图中，理论性与实践性犹如鸟之双翼、车之两轮，相互依存、相互促进，共同推动思想政治教育体系的不断完善与发展。一方面，理论性为实践性提供坚实的理论支撑和指导，确保实践教学的方向正确、内容科学。另一方面，实践性又能够不断丰富和拓展理论性的内涵和外延，使理论教学更加贴近实际、贴近生活、贴近学生。

综上所述，大中小学思政课一体化建设是一项系统工程，需要我们在坚持理论性与实践性相统一的原则下，不断创新教学方法，优化课程体系，确保思政课成为滋养学生心灵、引领学生成长的重要载体，为培养担当民族复兴大任的时代新人贡献力量。

第四节　守正性与创新性相促进

大中小学思政课一体化建设的守正性与创新性相促进，是推动大中小学思政课一体化建设稳步前进的重要原则。要求在大中小学思政课一体化建设中既要坚守思政课的政治方向和理论底色，又要勇于突破传统，敢于创新，以不断提升思政课的教学质量。

一、守正性原则

守正，并非因循守旧，不是刻舟求剑，而是要恪守思政课教学的"正道"，即坚守思政课教学的正确政治方向和价值原则。守正是思政课的"红线"，是推动思政课改革创新的根本所在，思政课无论怎样变化和创新，绝不能触碰这一红线。守正性，体现的是对思政课的根本立场、核心观点及教学方法的坚定维护，要求我们必须始终确保思政课的政治性、思想性和理论性，坚决捍卫马克思主义在意识形态领域的指导地位。

一是坚守思政课立德树人的使命之正。习近平总书记明确定位"思想政治理论课是落实立德树人根本任务的关键课程"①。这里的"德"既包括个体为人处世的私德，也包括个体对社会履行公民责任的公德，更包括个体对国家、对民族的大德。"立德树人"中的"德"是否立得住、立得牢，事关国家发展和民族复兴。坚守思政课立德树人的使命之正，需要思政课教师讲清楚"两个大局"。通过具体、生动、全面、深入的国际比较，教师引导学生胸怀祖国，放眼世界，正确认识世界大局和中国发展大势，明辨是非，勤学修德，勇担时代使命，在风云变幻的世界大变局中成长历练，在实现中华民族伟大复兴的时代洪流中砥砺奋进。

二是坚守马克思主义指导地位之正。思政课是用马克思主义理论武装青年学生头脑的课程。马克思主义是思政课教学的重要内容，为思政课教学提供源头活水。思政课坚守马克思主义的指导地位之正，就要坚持用习近平新时代中国特色社会主义思想铸魂育人，并将其有机融入各门思政课中，推进其入教材、入课堂，达到让学生入脑入心的目的。坚守马克思主义的指导地位之正，还要善于引导学生运用马克思主义的立场、观点、方法分析和回应各种社会思潮和现实问题，聚焦新时代我国各领域的突出矛盾和问题以及学生的现实关切，在思想的交融交锋中让学生领略真理价值，感悟理论魅力，提升政治认同，激发奋进力量。

---

① 习近平. 习近平谈治国理政：第3卷 [M]. 北京：外文出版社，2020：329.

三是坚守思政课教师的人格之正。思政课教师要用堂堂正正的人格感染学生，要以深厚的理论功底赢得学生。思政课教师要涵养自身德行，成为"人师"。思政课教师作为学生思想的引领者，学生成长路上的引路人，只有具备正直的人格和高尚的情操才能影响和激励学生，指引学生确立人生的正确航向。思政课教师还要精通专业知识，做好"经师"。思政课教师肩负"传道授业解惑"的工作，这就要求思政课教师要通晓本专业相关知识，具备深厚的理论功底和素养，真信笃行所讲授理论。[①]

守正性不仅是对思政课根本立场、核心观点及教学方法的坚定维护，也是新时代背景下思政课创新与发展的基石，确保思政课在复杂多变的社会环境中保持其本质属性和价值导向。在推动大中小学思政课一体化的征程中应坚守初心，将培养学生的政治认同、思想认同、情感认同作为矢志不渝的核心目标。同时，还要充分尊重各学段学生的认知特点和成长规律，确保课程内容既契合学生的实际需求，又能引领他们树立正确的世界观、人生观和价值观。

综上所述，坚守思政课的守正性，是确保思政课教学质量和效果的关键所在。未来，大中小学思政课一体化建设应继续深化对守正理念的理解与实践，不断创新教学方法和手段，更好地培养德智体美劳全面发展的社会主义建设者和接班人。

二、创新性原则

2020年12月，中共中央宣传部、教育部联合印发《新时代学校思想政治理论课改革创新实施方案》，明确指出"完善课程教材建设机制，优化教材内容，创新教学方法，推动思政课在改进中加强、在创新中提高"。"创新不是肤浅的标新"，[②]而是在守正的基础上的创新。在大中小学思政课一体化建设过程中，或通过对教学资源的深度挖掘，或借助必要技术手段，或采取新颖的教学方法，对教学内容和形式等进行大胆变革、推陈出新，让思政课

---

①庄宗兰.新时代高校思政课的守正与创新［J］.黎明职业大学学报，2023（2）：71-77.

②冯秀军.守正创新：让思政课"时时在线、永不掉线"［J］.社会主义核心价值观研究，2019，5（2）：23.

焕发出勃勃生机。在守正的基础上，还应积极追求创新性以适应时代发展和学生的成长需求。创新性不仅要求思政课不断探索并采纳新的教学理念、更新教学内容、优化教学方法，还可以通过引入现代科技手段、结合社会热点等方式，提升思政课的吸引力和实效性。

当下，推动大中小学思政课一体化要勇于开拓，敢于挑战，实现创新发展。新时代，传统思政课教学方式已难以满足学生的期待与社会前进的步伐。我们需要积极拥抱现代信息技术手段，创新教学方式方法，开展线上教学、互动式教学等，以提升思政课的吸引力和实效性。同时，还应注重加强实践教学环节，通过组织学生参与社会实践活动、志愿服务等方式，让学生在亲身实践中感受思政课的魅力，增强社会责任感。大中小学思政课一体化的创新性原则，必须贯穿思想政治理论课的教学全过程，积极培养学生的创新精神和创新能力。为实现这一目标，教师在教学内容、教学方法、教学手段以及评价机制等方面均需进行深度改革与创新，有效激发学生的学习兴趣与潜能，帮助他们更好地适应时代发展的需求。

一是教学内容。教师应密切结合不同学段学生的认知发展规律与成长需求，紧跟时代和实践发展的步伐，充分吸收最新的理论成果和实践经验，并融入教学内容中。这样，学生不仅能够学到新鲜的知识，还能实现学习内容的层次性与递进性。同时，教师还应鼓励学生独立思考，对既有知识进行批判性思考，形成富有建设性的见解。

二是教学手段。随着科技的飞速发展，现代教育技术已成为教学的重要辅助工具。教师应积极融合多媒体、网络教学平台及虚拟现实等前沿信息技术手段，为学生打造生动、形象的学习情境，提升学习体验，进而提高学习效率。

三是教学方法。传统的以教师讲授为主的课堂教学方式已难以满足学生创新能力的培养需求。因此，教师应采用多元化的教学方法，如案例分析、情境教学、小组讨论、角色扮演等，激发学生的学习兴趣和参与度，增强思政课的实效性和感染力。[1] 此外，这些方法不仅可以提高学生的学习兴趣和参与度，还能提升他们的团队协作能力和问题解决能力。

---

① 刘文倩. 职业学校思想政治课教师教学创新团队建设策略探究 [J]. 成才，2023（23）：37-39.

四是评价机制。传统的以考试成绩为主的评价方式已无法全面反映学生的创新能力和实践能力。教师应构建并实施一个多元化的评价体系，将过程性评价与终结性评价相结合，综合考虑学生的课堂表现、作业完成情况、实践能力等多方面因素。此外，鼓励学生参与社会服务和实践活动，将其实践成果纳入评价体系，有助于培养学生的社会责任感和使命感。

总之，大中小学思政课一体化的创新性原则要求教师在教学实践中不断探索和尝试新的方法和手段，实现教学理念、教学内容与方法、教学资源以及评价体系的全面创新，提高思政课的针对性和实效性，培养出具备德智体美劳全面发展素质的社会主义建设者和接班人，适应未来社会的发展。

三、二者的辩证关系

在大中小学思政课一体化建设的进程中，坚持守正性与创新性相促进的原则，不仅是提升教学质量、确保教育成效的基石，也是思政课持续健康发展的重要保障。"守正"就是守马克思主义指导地位之正，坚定对共产主义的信念，思政课要把马克思主义基本原理讲清楚、讲透彻，要在传播马克思主义立场、观点、方法的基础上用好批判的武器，传导主流意识形态。

在守正的基础上，还应积极追求创新，形成新认识、进行新创造、推动新发展，以适应时代的发展和学生的成长需求。"创新"就是要学会辩证唯物主义和历史唯物主义，以创新思维、辩证思维创新课堂教学、实践教学和网络教学，整体推进思政课教学改革创新。这就要求思政课充分利用信息技术的优势，如大数据、云计算等，精准分析学生需求，优化课程设计，以更加开放、包容和前瞻的视角审视并回应社会热点和学生关切，提升教学的针对性和实效性。

守正与创新在大中小学思政课一体化建设中呈现的辩证关系，体现为相辅相成、相互促进的有机统一体。守正是创新的前提和基础，为创新提供明确的方向和稳定的框架；而创新则是守正的延伸和发展，为守正注入新的活力和动力。二者相互依存、相互渗透，共同推动着思政课向更高水平发展。

综上所述，深入推进大中小学思政课一体化建设，既要坚定不移地维护马克思主义的基本原理和立场观点，又要勇于创新，不断探索适应时代潮流和学生需求的教学新模式。只有在坚守根本立场和核心观点的基础上，不断探索创新，才能确保思政课的教学效果和质量，为学生的全面发展提供坚实的思想政治保障，为培养德智体美劳全面发展的社会主义建设者和接班人作出积极贡献。

第六章　大中小学思政课一体化建设的路径

　　新时代，教育目标和使命聚焦"培养德智体美劳全面发展的社会主义建设者和接班人，加快推进教育现代化、建设教育强国、办好人民满意的教育"。①深入推进大中小学思想政治教育一体化建设，着眼于培养在社会主义现代化建设中可堪大用、能担重任的栋梁之材。本章将从课程设计、教材编写、教师队伍建设、教学资源整合、实践性教学强化、评估体系构建以及保障机制完善等多个层面展开论述，注重教学方法的创新与相关要素的深度融合，推动大中小学思政课程的一体化建设。

第一节　整体推进课程设计

　　大中小学思政课一体化建设，作为一项意义深远的教育改革，致力于构建统一、连贯、高效的思想政治教育体系，实现不同学段思政课程的有机融合与衔接，对学生在培育和践行社会主义核心价值观、塑造良好的道德品质以及激发其社会责任感等方面发挥着重要的作用。大中小学思政课一体化建设，可以将思想政治教育的理念与内容贯穿大中小学各个学段，为学生的成长之路奠定坚实的思想基础，帮助他们逐步树立坚定的理想信念和正确的价值观念，还能让他们在实践中不断加深对社会责任和道德规范的认知与理解。

---

①习近平.习近平谈治国理政：第3卷［M］.北京：外文出版社，2020：328.

一、课程一体化建设的内涵

大中小学思政课课程一体化建设旨在构建一个横跨小学至大学教育体系的、连贯统一的思想政治教育课程框架。其目标在于通过分阶段、分层次的教育设计，确保学生思想政治教育内容的适切性，从而有效促进立德树人教育目标的达成。大中小学思政课课程一体化建设具有多维内涵，主要包括以下几个方面。

第一，要求思政课程在不同学段实现有机衔接和层级递进。其中，小学阶段课程内容以基础道德情感和初步社会意识培养为主；初中阶段则逐渐引入政治理念和价值观念，引导学生形成正确的世界观和人生观，如可以通过模拟联合国、时事辩论等活动，引导学生关注社会热点，形成初步的政治参与意识；高中阶段以培育社会主义核心价值观为根本目的，是帮助学生确立正确的政治方向、提高思想政治学科核心素养、增强社会理解和参与能力的综合性、活动型学科课程；而到大学阶段，课程则更加注重理论的系统性和实践的应用性，旨在培养具备高度政治觉悟和强烈社会责任感的时代青年。

第二，注重思政课程与其他学科的交融共生。思政课程并非孤立存在，而是要与其他学科形成有机整体，共同服务于学生的全面发展。打破不同学科壁垒，通过跨学科方式将思政课程与自然科学、人文社会科学等学科的知识相互融合。这不仅丰富思政课程的教学内容，也拓宽学生的视野，提升他们的综合素质。例如，历史课以史为鉴，鉴古知今，具备人文性、教育性等学科特点，具有与思政课互相融合、协同发展的天然优势，历史教师在课堂上可以不同程度地融入思政理念开展教学。

第三，强调思政课程与实际生活的紧密结合。通过案例分析、社会实践等方式，教师倡导将理论知识与现实生活相联系，引导学生将所学知识应用于实际生活中。这种实践教学方式不仅激发学生的学习兴趣和热情，还有助于他们更好地理解和把握思政课程蕴含的价值观和基本理论。

第四，体现教育目标高度的统一性和连续性。无论哪个学段，思政课的根本任务都是立德树人，培养学生的道德品质、政治素养和社会责任感。通过一体化的课程设计和教学实施，确保这一任务在不同学段之间得到持续性的强化和深化，为学生成长为具备高尚品德、坚定信念和强烈社会责任感的优秀人才奠定坚实基础。此外，大中小学思政课一体化建设致力于构建一个开放、协同、创新的教育共同体。强调学校、家庭、社会等多方在思想政治教育方面的协同合作与沟通交流，共同推动思政课程的改革与发展，如建立家校合作平台，定期举办思政主题家长会，与社区合作开展思政主题文化活动等。这种教育共同体为学生提供丰富多样的教育资源和良好的学习环境，有力促进他们全面发展。

总之，大中小学思政课课程一体化建设致力于将思政课程的教学内容、教学方法及教学条件等要素整合为一个系统、科学的教育体系，使思政课程不再是孤立的个体，而是形成一个循序渐进、层层递进的整体，使思想政治教育在不同学习阶段都能够与学生的成长紧密相连，实现教育的连贯性与系统性。未来，随着教育技术的不断进步和教育理念的持续创新，大中小学思政课一体化建设将更加注重个性化教学、智能化评估等方面的探索与实践。

二、课程一体化建设的必要性

大中小学思政课课程一体化建设，符合新时代思想政治教育改革发展的潮流，是培养具有高度政治素养、强烈社会责任感及全面发展的时代新人的必由之路。

首先，有助于培育知行合一的时代新人。在新时代新征程中，广大青年要树立坚定的理想信念，勇担时代重任，练就过硬本领，奏响更为激昂的青春乐章。这不仅要求他们掌握扎实的专业知识与技能，还需具备坚定的政治信仰和高尚的道德品质。思政课作为塑造学生正确世界观、人生观和价值观的关键课程，其一体化建设有助于学生在不同学习阶段都能接受到系统连贯的思想政治教育。通过层层递进、逐步深入的课程设置，学生能够更加深入地理解并掌握思想政治教育理论，并将其内化于心、外化于行，从而实现知行合一，将爱国情怀和报国志向转化为实际行动，为中华民族的伟大复兴贡献青春力量。

其次，有助于推动思想政治教育工作向纵深发展。传统的思想政治教育模式在一定程度上存在分散、重复、脱节等弊端，难以形成强大的合力。大中小学思政课程一体化建设旨在实现大中小学思政课程的有机融合，构建一个系统性强、连贯性高的思想政治教育体系。这不仅有助于避免教育资源的浪费和课程体系的重复建设，还能促进不同学段之间的顺畅衔接和过渡，使思想政治教育工作在不同阶段得到深化和拓展。此外，大中小学思政课程一体化建设还可以深入地挖掘思想政治教育的内涵与价值，推动其向更高层次、更广领域迈进。

再次，有助于优化教育资源配置，提升教育质量。在一体化建设的推动下，教育部门可对大中小学的思想政治教育资源进行统一规划与配置，实现资源共享和优势互补。此举不仅能显著提升教育资源的配置效率，还能促进教师间的深入交流与合作，凝聚成更为强大的合力。同时，大中小学思政课程一体化建设通过精准把握各学段学生的心理发展特点和需求，打造量身定制课程内容和教学方法，保障思想政治教育的连贯性和系统性。

最后，有助于实现学生心理发展的阶段性与连续性相统一。随着学生年龄的增长和认知水平的提升，他们的心理发展呈现出鲜明的阶段性特征。大中小学思政课程一体化建设能够根据不同阶段学生的心理特点和需求，设计相应的课程内容和教学方法，确保思想政治教育的连贯性和系统性。这不仅有助于激发学生的学习兴趣和积极性，还能更好地满足学生成长的需求，促进学生的全面发展。

综上所述，大中小学思政课课程一体化建设，不仅有利于培养时代新人、推动思政教育工作、优化教育资源配置等层面，还会促进学生身心健康、全面发展。

三、课程一体化建设的重要性

大中小学思想政治理论课一体化作为思想政治教育一体化建设的重要内容，对推进中国式现代化、构建思想政治教育的育人格局、提高思想政治教育质量有重要意义。这需要把课程设计、教材衔接、教师培养、教学评价作为思想政治理论课一体化建设的着力点，构建思想政治教育在教材、课程、教师队伍和评价体系等方面一体化的育人体系，通过整体推进、有效衔接、改革创新，实现大中小学思想政治理论课一体化建设的目标。具体而言，其重要性体现在以下几个方面。

一是大中小学思政课课程一体化建设能够显著提升教学效率。通过实施科学合理的规划，教育部门对各学段教学资源进行有效整合与优化配置，充分发挥各阶段教学，从而实现教学效益的最大化。同时，大中小学思政课课程一体化建设还能够增强思政课的吸引力和感染力，激发学生的学习热情与积极性。例如，通过引入与学生生活紧密相关、生动具体的案例，采用角色扮演、小组讨论等灵活多样的教学形式，使思政课内容更加贴近学生的生活实际，符合学生从具体到抽象、由浅入深的认知规律，从而在轻松愉快的氛围中实现思想政治教育目标。

二是大中小学思政课课程一体化建设有助于培养学生自主学习能力和创新精神。在一体化思政课教学体系下，学生不仅能够从课堂中汲取丰富的知识，还能通过自主学习、合作学习等方式，不断提升自己的独立思考与解决问题的能力。这种以学生为主体的教学模式，鼓励学生主动探索、质疑与反思，有效激发学生的创新精神和创造力，为学生的未来学习和发展奠定坚实的基础。

三是大中小学思政课课程一体化建设顺应时代发展的要求。在全球化、信息化的时代背景下，思想政治教育面临着诸多挑战与机遇。大中小学思政课课程一体化建设能够较好地应对这些挑战、把握机遇，为培养担当民族复兴大任的时代新人提供有力保障。

综上所述，大中小学思政课课程一体化建设在促进学生全面发展、培养学习兴趣和自主学习能力方面有明显效果。同时，其顺应时代发展要求，有助于提高教学效率，对构建更加完善的教育体系及培养有理想、有道德、有文化、有纪律的社会主义建设者和接班人具有重要意义。

四、课程一体化建设的对策

思想政治教育关系人的世界观、人生观、价值观，具有渐进式、发展性特点，需要持续用力，需要大中小学统筹协调推进。推进大中小学思政课一体化建设，既是深入贯彻落实新时代党的教育方针的现实需要，也是推进人才培养工作的思想基础，更是完成立德树人根本任务的重要保证。

（一）加强课程目标一体化建设

课程目标是指课程本身要实现的具体目标和意图。它规定某一教育阶段的学生通过课程学习以后，在发展品德、智力、体质等方面期望实现的程度，它是确定课程内容、教学目标和教学方法的基础，是整个课程编制过程中最为关键的准则。[①]制定课程目标的依据，需考虑到三个因素，即学生的需要、当代社会生活的需求和学科知识及其发展的需要。这三个因素是交互起作用的，对任何单一因素的研究结果都不足以成为课程目标的唯一来源，如果过于强调某一因素，就会走向极端。课程史上出现过的学生中心课程、学科中心课程、社会中心课程就是这种类型的例子，它们基本上都是以失败而告终。因此，在制定课程目标时，应该把三者辩证地结合起来，根据我国现行课程的弊端和未来社会发展的需要，把发展学生的个性，提高学生的整体素质放在突出的位置上来考虑。[②]

大中小学思政课课程目标一体化建设旨在构建出紧密相连、层层递进、深度融合的思想政治教育体系，从而保障思政课程在不同学段间的连贯性与一致性，助力青少年学生逐步树立坚定正确的价值观念，为他们的成长成才奠定坚实的思想基础。

1. 国家文件的相关规定

2020年12月，教育部发布了《新时代学校思想政治理论课改革创新实施方案》，该方案对课程目标体系作了明确规定，要求"按照循序渐进、螺旋上升的原则，立足于思政课的政治性属性，对大中小学思政课课程目标进行一体化设计，以了解学习、理解把握习近平新时代中国特色社会主义思想为课程主线，在政治认同、家国情怀、道德修养、法治意识、文化修养等方面提出明确要求，引导学生坚定'四个自信'，做德智体美劳全面发展的社会主义建设者和接班人。"同时，该方案对大中小学各阶段的课程目标进行了规定。

一是小学阶段重在培养学生的道德情感。重点引导学生知晓基本国情，

---

① 黄冰凤，徐秦法.大中小学思政课课程体系一体化需处理好的几对关系 [J].广西社会科学，2023（6）：138-145.

② 李志凯，张冬磊，崔杨柳.教育学教程 [M].昆明：云南科技出版社，2022：145.

尊敬国旗国徽，会唱国歌；了解革命领袖和民族英雄的生平故事，培养学生对习近平新时代中国特色社会主义思想的情感认同；知道社会主义核心价值观，初步形成规则意识，知道宪法有关常识，初步具有依据法律维护自身权益的意识；讲礼貌、守纪律、知对错；形成爱党、爱国、爱社会主义、爱人民、爱集体的情感，具有做社会主义建设者和接班人的美好愿望。

二是初中阶段重在打牢学生的思想基础。重点引导学生初步了解习近平新时代中国特色社会主义思想，感知马克思主义的思想力量和中国特色社会主义的实践成就；增强国家意识和国情观念，树立民族自尊心、自信心、自豪感；加深理解社会主义核心价值观，了解与学生日常生活密切相关的法律常识，具有初步的宪法意识、法治观念等；明是非、讲规则、辨善恶；把党、祖国、人民装在心中，强化做社会主义建设者和接班人的思想意识。

三是高中阶段重在提升学生的政治素养。重点引导学生初步掌握马克思主义基本原理，了解马克思主义中国化历史进程及其理论成果，理解习近平新时代中国特色社会主义思想；树立正确的历史观、民族观、国家观、文化观，认同伟大祖国、中华民族、中华文化、中国共产党、中国特色社会主义，积极践行社会主义核心价值观，树立宪法法律至上、法律面前人人平等观念，进一步增强法治意识；有序参与公共事务，勇于承担社会责任，积极行使人民当家作主的政治权利，明方向、遵法纪、知荣辱；衷心拥护党的领导和我国社会主义制度，形成做社会主义建设者和接班人的政治认同。中等职业学校（含技工学校）课程要体现职业教育特色。

四是大学阶段重在增强学生的使命担当。重点引导学生系统掌握马克思主义基本原理和马克思主义中国化理论成果，了解党史、新中国史、改革开放史、社会主义发展史（"四史"），认识世情、国情、党情，深刻领会习近平新时代中国特色社会主义思想，培养运用马克思主义立场观点方法分析和解决问题的能力；自觉践行社会主义核心价值观，尊重和维护宪法法律权威，识大局、尊法治、修美德；矢志不渝听党话跟党走，争做社会主义合格建设者和可靠接班人。本科及高等职业学校专科课程重在加强理论教育和学习，高等职业学校课程还要体现职业教育特色。研究生课程重在探究式教育和学习。

2.课程目标一体化应注意事项

在一体化思路下，所制定的思政课课程学段目标应体现层次性与阶段性，符合学生各年龄段的认知水平、学习特点和教学规律，形成互通、连贯、递进的思政课教学目标。学段、学年和学期目标形成既相对独立又内联统一的目标体，学期目标形同一个个"小台阶"，若干"小台阶"通向"高台阶"，如此形成纵向贯通、自然衔接的一体化目标。具体说来，思政课课程目标一体化需注意以下几方面的内容。

一是要明确课程目标的一体化定位。一节成功的思政课，应该能让学生感到犹如读了一本启迪心智的好书，看了一场益于身心的优秀电影，既有知识的增益，也有道德的熏陶；既有美的感受，也有真和善的升华。同时，思政课程要紧紧围绕国家和区域发展需求，结合学校发展定位和人才培养目标，构建全面覆盖、类型丰富、层次递进、相互支撑的课程思政体系，着力提升学生学习实效。

二是要注重课程目标的层次性和递进性。大中小学不同阶段具有较大的差异性。小学阶段，应侧重培养学生的道德情感和基础价值观，通过生动有趣的故事和事例，引导学生初步认识社会、了解国家、热爱人民。初中阶段，课程目标应聚焦于深化学生的思想基础，强化法治观念、国情认知和公民责任意识，借助多样化的教学手段和实践活动，有效增强学生的思辨能力和道德抉择能力。高中阶段，课程目标则应进一步提升到培养学生的政治素养和社会责任感的高度，引导学生深入理解中国特色社会主义理论体系，树立正确的世界观、人生观和价值观。大学阶段聚焦培养学生的马克思主义理论素养和社会责任感，强化他们的使命担当。

三是需要政府、学校、教师及社会各界的齐心协力。政府应加大对大中小学思政课一体化建设的政策扶持和资金投入，为学校提供充足的资源和条件保障。学校应制订切实可行的实施方案和具体举措，明确各阶段的目标任务，确保大中小学思政课一体化建设稳步前行。教师需持续提升专业素养、教育教学能力及思想政治教育创新能力，以高质量的教学实践推动大中小学思政课一体化建设的深入发展。同时，社会各界也应积极投身其中，通过举办丰富多彩的社会实践活动和文化活动，为学生提供更广阔的学习视野和成长空间。

总的来说，大中小学思政课课程目标一体化建设是加强和改进思想政治教育的重要一环，对于培养德智体美劳全面发展的社会主义建设者和接班人具有重要意义。展望未来，我们应持续深化对大中小学思政课一体化建设的理论与实践探索，不断优化课程体系、教学方法及评价体系，为培养德智体美劳全面发展的社会主义建设者和接班人奠定坚实基础，贡献更多智慧与力量。

（二）强化课程体系一体化建设

课程体系是指针对同一专业，精心设计的不同课程按照一定逻辑和门类顺序排列的系统，它不仅涵盖了教学内容的总和，还体现了教学进程的阶段性安排和连贯性。课程门类排列顺序决定学生通过学习将获得怎样的知识结构。课程体系是大中小学校育人工作的整体设计和规划，是组织教育教学活动的主要依据，详尽规划实现教学目标所需的教学路径和实施方案，是提升教育质量、确保教育成效的关键环节。课程体系主要由特定的课程观、课程目标、课程内容、课程结构和课程活动方式所组成，其中课程观起着主宰作用。[①]

1. 国家文件的相关要求

2020年12月，中央宣传部、教育部印发了《新时代学校思想政治理论课改革创新实施方案》对思政课课程体系提出明确要求：要根据学生成长规律，结合不同年龄段学生的认知特点，构建大中小学一体化思政课课程体系。在小学及初中阶段"道德与法治"、高中阶段"思想政治"、大学阶段"思想政治理论课"中落实课程目标要求，重点推进习近平新时代中国特色社会主义思想融入课程，实现整体设计、循序渐进、逐步深化，切实提高课程设置的针对性实效性。

一是小学、初中阶段。要求开设"道德与法治"必修课程，课程教学内容主要包括中国特色社会主义、品德、法律常识、中华文化、心理健康等，课时占小学、初中阶段九年总课时的 6%～8%。

---

① 王士军.基于信息化环境下职业院校课堂教学方式的探索［J］.河南建材，2018（4）：401–403.

二是高中阶段。普通高中课程设置要立足学习习近平总书记最新重要讲话精神，普通高中开设"思想政治"必修课程和选择性必修课程。必修课程教学内容包括中国特色社会主义、经济与社会、政治与法治、哲学与文化；选择性必修课程围绕当代国际政治与经济、法律与生活、逻辑与思维等开展教学。中等职业学校开设"思想政治"必修课程和选修课程。必修课程教学内容包括中国特色社会主义、心理健康与职业生涯、哲学与人生、职业道德与法治。选修课程包括时事政策教育，中华优秀传统文化、革命文化、社会主义先进文化教育，法律与职业教育，国家安全教育，民族团结进步教育，就业创业创新教育，公共卫生安全教育等教学内容。

三是大学阶段开设"思想政治理论课"必修课程和选择性必修课程，并对所开设的课程作出学分的规定。其中，本科课程包括马克思主义基本原理、毛泽东思想和中国特色社会主义理论体系概论、中国近现代史纲要、思想道德与法治、形势与政策；高等职业学校专科课程包括毛泽东思想和中国特色社会主义理论体系概论、思想道德与法治和形势与政策等；硕士研究生课程有新时代中国特色社会主义理论与实践，博士研究生课程有中国马克思主义与当代等。

2. 课程体系一体化的应注意的事项

课程体系作为实现教育培养目标的框架，不仅是提升教育质量的关键所在，其构建过程还影响到学生综合素养的培育。在思政课课程体系建设方面，需要注意以下几点。

一是强调思政课程内容的时代性与前瞻性。思政课的内容应紧跟时代步伐，及时将党的最新理论成果、国家重大方针政策以及社会热点问题，如把党的二十届三中全会精神融入课堂。通过鲜活的案例、生动的讲解，引导学生深入理解党的路线方针政策，增强政治认同、思想认同和情感认同。同时，以党的创新理论为引领，立足新时代的伟大实践，使教学内容更具时代性和前瞻性，使抽象的理论知识具象化、具体的社会现象理论化，在行走的"大思政课"中让学生在实践中体验和理解学习内容，激发学生探究真理和学以致用的热情，引发学生共情共鸣，真正做到学思用贯通、知信行统一。

二是注重实践教学与体验式教学的应用。设计并实施包括社会实践活动、专题调研、实地考察及志愿服务等多元化的实践教学环节，促使学生从实践中学习、从体验中感悟，深化其对社会的认识和对国情的理解，从而增强他们的社会责任感和使命感。[①] 同时，体验式教学不仅促进学生对思政课理论知识的深入理解和情感体验，还激发他们的学习兴趣和内在动力，为培养具有时代责任感、使命感和创新能力的社会栋梁之材奠定坚实基础。

（三）深入推进课程内容一体化建设

大中小学思政课课程内容的一体化建设，作为教育改革的重要任务，致力于构建一个科学、系统、具有高度连贯性的思想政治教育体系，以期全面提升学生的思想政治素养。

1. 国家文件的相关规定

2020 年 12 月，中共中央宣传部、教育部联合印发的《新时代学校思想政治理论课改革创新实施方案》对课程内容体系方面作出规定："在各学段现有课程内容基础上，重点强化习近平新时代中国特色社会主义思想进课程进教材，培育和践行社会主义核心价值观，推进法治教育、劳动教育、总体国家安全观教育、公共卫生安全教育等方面内容的全面融入，实现学段纵向衔接、逐层递进，学科、课程协同联动。"

一是小学课程。以学生的生活为基础，主要讲授学生与自我、家庭、班级、社会、国家、世界、自然等的关系，结合"看到什么""听到什么"，了解中国特色社会主义的由来与发展，懂得当代中国怎样从站起来、富起来到强起来的奋斗历程，初步了解新时代"两步走"战略安排，帮助小学生从情感上认同伟大祖国、中华民族、中华文化、中国共产党、中国特色社会主义。

二是初中课程。以学生的体验为基础，主要讲授个人和集体、自我和时代、社会规则和社会秩序、社会责任和社会担当、宪法和法律、国家利益和国家目标、中国和世界等内容，通过呈现党和国家事业在各方面取得的历史性成就，引导学生明确"是什么"，树立"四个自信"。

三是高中课程。以学生的认知为基础，讲授中国特色社会主义的开创与发展，习近平新时代中国特色社会主义思想的丰富内涵、思想精髓和理论意

---

① 高秉孝. 活动型德育课程在高中思政课中的实践研究［J］. 学周刊，2023（28）：82–84.

义，帮助学生理解社会主义基本经济制度、中国特色社会主义政治发展道路、中华优秀传统文化、革命文化和社会主义先进文化等内容，引导学生理解"为什么"，坚定"四个自信"。中等职业学校（含技工学校）课程还要体现职业教育特色，加强对学生的心理健康与职业道德教育。

四是本科及高等职业学校专科课程。本科及高等职业学校专科要围绕相关课程内容，根据不同类型学校和不同层次人才培养要求，进一步增强教学的针对性和实效性。同时，具体规定了每一门课程的主要内容和培养目标。

五是研究生课程。开设了"新时代中国特色社会主义理论与实践"和"中国马克思主义与当代"。其中"新时代中国特色社会主义理论与实践"专题讲授新时代中国特色社会主义理论和实践的重大问题，帮助学生进一步掌握中国特色社会主义理论体系，深化对习近平新时代中国特色社会主义思想的认识，坚定对马克思主义的信仰、对中国特色社会主义的信念、对实现中华民族伟大复兴中国梦的信心。"中国马克思主义与当代"，运用当代中国马克思主义的基本观点，深入分析当代世界重大社会问题和国际经济、政治、文化、生态环境等热点问题、全球治理问题、当代科学技术前沿问题、当代重大社会思潮和理论热点等，提高学生正确分析、研判当代世界问题的能力和水平。

2. 课程内容一体化建设需注意事项

课程目标的一体化构建是课程内容一体化的逻辑起点与基础框架。大中小学的思政课课程目标是一个相互衔接、层层递进的有机整体。具体而言，小学阶段聚焦奠定学生的基本道德情感与行为习惯基础，初中阶段深化至对社会主义核心价值观的认同与理解，高中阶段致力于提升思想政治素养与理论素养的并重，大学阶段则强调批判性思维与创新实践能力的综合培养。

此外，大中小学的思政课课程内容应构成一个相互关联、浑然一体的知识体系。课程内容的编排需精准对接各学段学生的认知发展水平与心理特征，科学规划教学序列，确保内容衔接顺畅且避免不必要的重复。同时，课程内容需有机融合党史、新中国史、改革开放史及社会主义发展史等内容，深化学生对中国特色社会主义发展脉络与辉煌成就的认知与理解。

（四）课程标准和规划一体化建设

一体化课程标准和规划是实施一体化课程教学的重要依据。如何根据工作任务确定课程目标、分析学习内容、选取参考性学习任务、提出教学实施建议，以及教学考核要求、制定评价方案是开展大中小学思政课课程一体化改革中的重点和难点。

1. 课程标准一体化

课程标准作为课程计划的重要组成部分，以纲要形式详尽规定每门学科的教学内容、指导原则及教学要求，是课程计划在各学科领域的细化与展开。它设计了学科的教学目标、任务，知识的范围、深度和结构，教学进度，以及有关教学方法的基本要求，是教学评价的出发点和归宿，是编写教科书和教师教学的依据，也是衡量各科教学质量的重要标准。教师应将课程标准作为检查自己教学质量的依据。[①]

课程标准产生的意图与过程决定了它首先是一种理想的教育文本。课程标准的理想性主要表现在四个方面：一是课程标准持有的理念。课程理念往往是对该课程坚持的基本精神或追求的愿景的一种描述。二是课程标准表述的目标。课程目标往往是对某门课程所追求的学习结果的一种应然规定。三是课程标准编写的依据。制定课程标准及其课程标准中的各种决策往往都依据具有一定价值取向的理论，如教育学、心理学、哲学等研究领域中的一些理论。四是课程标准表述的形式。课程标准从其表述的用语及其描述的内容上看，它们都是对该门课程的理想形式的规定。[②]

大中小学思政课一体化要求不同学段课程标准一体化，并以此为依据统筹课程标准所包含诸要素在各学段间的一体化。[③] 大中小学思政课课程标准的一体化建设，作为一项复杂而关键的系统工程，旨在打造一个无缝衔接、协同增效且成效显著的思想政治教育教学体系。大中小学各学段的课程标准被巧妙地串联成一个紧密相连、层层递进的有机体系。在小学阶段，思政课聚焦于诚信教育、尊重意识及集体主义精神的培养；进入初中，思政课则深

---

① 李志凯，张冬磊，崔杨柳. 教育学教程［M］. 昆明：云南科技出版社，2022：147.

② 靳玉乐. 课程论［M］. 北京：人民教育出版社，2015：290.

③ 董静. 大中小学思政课教师队伍一体化建设的对策研究［J］. 中国高等教育，2021（22）：36–38.

入引导学生理解和践行社会主义核心价值观；到了高中阶段，思政课注重培养学生独立思考、批判性思维和解决问题的能力；而到了大学阶段，思政课在提升学生理论素养与实践能力方面尤为关键，鼓励学生将思政理论知识与社会实践深度融合，进而塑造出正确且坚定的世界观、人生观和价值观。把对大中小学思政课一体化建设重要性的认识放到统筹中华民族伟大复兴战略全局和世界百年未有之大变局的高度，放到坚持和发展中国特色社会主义、全面建设社会主义现代化国家的高度，放到培养堪当民族复兴重任的时代新人的高度，继续对思政课"解决好培养什么人、怎样培养人、为谁培养人这个根本问题"作出深入回答。

为了实现大中小学思政课课程标准一体化建设，必须精心策划并实施一系列行之有效的举措。比如，制定一套统一、规范且具备高度可操作性的教学大纲和课程标准，确保各级学校思政课教学在目标和内容上的无缝衔接与和谐统一。此举将有效避免教学内容出现断层和重复，为大中小学思政课一体化建设奠定坚实的基础。同时，强化师资队伍建设，打造一支具备专业素养、教学才能和创新精神的思政课教师队伍，使之成为推动大中小学思政课一体化建设的重要力量。这支队伍将肩负起引领教学创新、提升教学质量的重任，为培养更多优秀的社会主义建设者和接班人贡献智慧与力量。

2. 课程规划一体化建设

规划作为个人或组织实现长远目标的重要策略，其核心在于制订全面、系统且具前瞻性的发展计划，旨在对未来整体性、长期性、根本性问题进行深入思考与考量。课程规划不仅是教育机构制订学生学习计划不可或缺的一环，还是影响学生知识结构构建、价值观形成及能力发展的关键因素，合理的课程规划可以帮助学生全面发展和有效利用学习资源。大中小学思政课一体化建设是一项复杂而系统的工程，课程规划一体化建设不仅是提升思想政治教育质量的重要环节，还是确保思想政治教育连贯性、系统性和有效性的关键所在。

第一，要精准定位各学段思政课的教学目标和内容。在小学阶段，应聚焦于基础道德观念与核心价值观的启蒙，通过寓教于乐的教学方式，如趣味故事、互动游戏等，激发学生对道德认知的初步兴趣与探索欲。中学阶段则应强化理论学习和思想引领，培养学生的批判性思维和社会责任感。大学阶段则侧重于理论体系的完善和实践能力的提升，引导学生将所学知识内化于心、外化于行。这样的设计既契合学生的认知发展规律，又有助于实现思政课内容在不同学段之间的有机衔接。

第二，需要注重各学段课程内容的层次性和连贯性。通过科学的课程设置和课时安排，使各学段思政课在内容上相互支撑、相互补充，形成一个紧密相连的有机整体。同时，教学方法的选择需紧密贴合各学段学生的年龄特征、认知水平及心理发展特点，灵活运用案例分析、角色扮演、小组讨论等多元化教学手段，以增强思政课的互动性和实效性。

实现大中小学思政课在课程规划上的全方位、深层次一体化，不仅能够确保思想政治教育内容的连贯性、系统性和有效性，还为学生的全面发展奠定坚实的思想基础，提供强有力的精神支撑和行动指南。

第二节　高质量组织教材编写

教材建设是育人育才的基石，是关乎国家和民族未来的基础工程、战略工程及铸魂工程。构建以习近平新时代中国特色社会主义思想为核心内容的课程教材体系，是深入推进大中小学思政课一体化建设的关键所在。大中小学思政课教材一体化建设作为国家教材建设工程的重要组成部分，以及推进大中小学思政课一体化建设事业的重要抓手，受到党和国家的高度重视。[①]2020年1月，国家教材委员会颁布了《全国大中小学教材建设规划（2019—2022年）》，首次对各个学段及学科领域的教材建设进行系统性的规划和设计，并明确了五项核心任务。同年12月，中共中央宣传部、教育部联合印发了《新时代学校思想政治理论课改革创新实施方案》，不仅明确提出要加强思政课一体化建设，还具体规定了多项要求，包括完善教材编审制度、健全一体化教材建设机制，以及加强教材研究并构建立体化教材体系等。总的来说，推动大中小学思政课教材一体化建设不仅是深化思政课一体

---

①陈亮，柏鑫，李红梅.大中小学思政课教材一体化建设回顾与展望［J］.中学政治教学参考，2022，（15）：74-78.

化建设、推进思政课改革创新的抓手，也是坚持立德树人、提升思政课教学质量的关键举措。未来，我们需进一步探索和完善教材体系，确保其更好地服务于学生全面发展、和谐发展与科学发展的目标。[①]

一、教材一体化建设的内涵

教材作为教育体系中的重要组成部分，是确立和明确教学标准与规范不可或缺的重要依据。它不仅为教师提供详尽和清晰的教学指导，还通过标准化内容保障教学活动的科学性和实效性，促进教学质量的稳步提升。此外，教材还充当教学评价过程中统一标准的角色，为客观、公正地衡量学生学习成效提供坚实的依据。鉴于上述分析，深入理解和准确把握大中小学思政课教材一体化建设的内涵，对于提升教学质量、促进教育公平具有深远的意义。

（一）关于教材的认识

教材是根据学科课程标准系统阐述学科内容的教学用书，它是知识授受活动的主要信息媒介，是课程标准的进一步展开和具体化。教材可以是印刷品（包括教科书、教学指导用书、补充读物、图表等），也可以是声像制品（包括幻灯片、电影片、录音带、录像带、磁盘，光盘等）。[②] 教科书是教材的主体，是学生获取系统知识的重要工具，也是教师进行教学的主要依据。

教材是课程标准的具体化，通常按照学年或学期分册，划分单元或章节，课文是教科书的主体部分，是衡量一个国家或地区基础教育水准的重要标志。[③] 具体而言，教材的作用主要体现在以下几个方面。

第一，教材是系统传授学科知识的基石。通过全面且系统性整合学科的基本概念、原理、方法及技能，教材为学生搭建起了一座坚固的知识桥梁，确保学习路径的连贯性和深度。通过学习教材，学生能够循序渐进地掌握学科的核心知识和理论，为后续的学习和研究奠定坚实的基础。

---

①许瑞芳.新时代大中小学思政课一体化建设［M］.上海：华东师范大学出版社，2021：156.

②李志凯，张冬磊，崔杨柳.教育学教程［M］.昆明：云南科技出版社，2022：148.

③王本陆.课程与教学论［M］.北京：高等教育出版社，2017：109.

第二，教材规范学习路径与方法。通过精心设计的章节布局与习题配置，教材不仅为学生铺设清晰的学习路径，还激发学生的自主学习动力，提供实用的方法指导。教材引导学生深入剖析概念、分析问题、解决问题，并通过丰富的练习和实例，帮助学生巩固所学知识，提升实践操作能力。

第三，教材在传授知识的同时，注重培养学生的综合素质和能力。教材注重培养学生的批判性思维、创造性解决问题的能力，同时引导学生树立正确的情感态度与价值观，从而全方位提升学生的综合素养。通过教材的学习，学生可以逐渐提升思维能力、创新能力及解决问题的能力，帮助其实现全面发展。

第四，教材促进教育交流与资源共享。作为通用的教学材料，教材有助于打破地域限制，促进不同地区、不同学校之间的教育交流和资源共享。它使得教师能够相互借鉴教学方法和经验，学生也能够接触到更广泛的知识和信息，从而推动教育的公平性和普及性。

（二）大中小学思政课教材一体化的内涵

大中小学思政课教材一体化旨在构建一个连贯性、系统性及层次性兼具的思想政治教育教材体系，以期实现各学习阶段间思想政治教育的无缝衔接，促进学生的全面发展与终身成长。

首先，充分体现以学生为中心的教育理念，致力于学生的全面发展。教材编写应深植"以学生为中心"的教育理念，充分考量学生的个性特征与成长阶段，融合多元化的教学策略与手段，激发学生的学习动力与兴趣。同时，教材内容注重培养学生的创新思维和实践能力，为其未来的成长和发展奠定坚实基础。

其次，注重德育与智育的深度融合。德育作为思想政治教育的基石，与智育相辅相成，成为学生全面发展的双轮驱动。智育不仅是传授知识的过程，更是培养学生道德品质与行为习惯的有效途径。在教材中，既要注重传授思政理论知识，又要强调培养学生的道德品质和行为习惯。比如，思政课强调社会主义核心价值观的教育，通过深入讲解社会主义核心价值观的内涵和要求，引导学生树立正确的道德观念，培养高尚的道德情操。思政课还注重中华优秀传统文化的传承，以增强学生的文化自信，培养他们的民族自豪感和文化认同感。这样的道德品质是爱国奉献的精神支撑，也是学生成为时代新人的道德基础。。

再次，体现与时俱进的精神。大中小学思政课教材一体化建设必须密切关注社会热点与时代变迁，能够迅速吸纳最新的思政理论与实践成果，保持时代性与前沿性。需要注意的是，思政课要坚持与时俱进，"枯燥乏味""缺乏新意"是教学内容存在的突出问题，这就要求思政课教师深入推进习近平新时代中国特色社会主义思想"进教材、进课堂、进学生头脑"，同时贴近学生、深入社会，增强教学内容的现实阐释力。

最后，注重拓展国际视野。从纵向上看，我国思想政治教育一直注重批判性借鉴各国思想政治教育有益的经验和成果，不断提升推进自身的创新发展，同时不断助推人类文明发展。从横向上看，我国思想政治教育需要在更广视角、更宽领域、更深层次加强与世界各国的交流交融，探索构建起更加具有中国特色、中国风格、中国气派的思想政治教育话语体系。特别是在教育教学中，我们要在贯通中西的国际视野下，以生动的现实案例讲好中国革命、建设与改革的生动故事和深刻道理，增强大学生对"四个自信"的价值认同。

二、教材一体化建设的必要性

大中小学思政课教材一体化建设的必要性不仅体现在教学规律上，还对新时代青年价值观塑造、思维能力提升及社会责任感培养具有一定的促进作用。

一是在构建系统性思想政治教育体系方面，大中小学思政课一体化建设是基石。近代教育家、出版家陆费逵就曾在《中华书局宣言书》中指出："立国根本，在乎教育，教育根本，实在教科书。"[①] 随着学生学段的提升，思政课教材的内容也逐步深化。小学阶段，教材内容以直观生动的图画和浅显易懂的语言，引导学生初步认识世界，培养基本的道德情感和价值观念。初中阶段，教材内容逐渐增加理论深度和思辨性，通过历史故事、社会现象等案

---

①俞筱尧，刘彦捷.陆费逵与中华书局［M］.上海：中华书局，2002：430.

例，引导学生深入思考和理解思政知识。高中阶段更加注重理论的系统性和逻辑性，通过深入剖析社会问题，培养学生的批判性思维和独立思考能力。大学阶段则是对前述阶段所学知识的综合运用和升华，强调理论与实践的深度融合，培养学生的创新能力和社会责任感。

二是在提升思想政治教育的针对性和实效性方面，大中小学思政课一体化建设符合其学生成长需求。针对不同学段学生的认知特点和心理特征，教材内容采用灵活多样的教学方法和手段，如情景模拟、角色扮演、小组讨论等，让学生在亲身参与和体验中感受思政课程的魅力。同时，大中小学思政课一体化建设积极融合新媒体技术，如网络平台、在线教育等，为学生提供更加丰富、多样化的学习资源和学习途径，从而进一步增强思想政治教育的吸引力和感染力。

三是思政课教材一体化建设对于推动思想政治教育的创新发展具有重要的意义。通过整合各方面的教育资源，优化教育内容和方法，可以不断探索和尝试新的思想政治教育模式和方法。例如，可以加强思想政治教育与其他学科的交叉融合，形成跨学科的综合教育模式；也可以引入社会热点问题和时事新闻作为鲜活的教学案例，增强教育的时效性和针对性；还可以鼓励学生积极参与社会实践和志愿服务等活动，将思想政治教育延伸到校园之外，让学生在实践中深化对思政知识的理解与运用。

总之，通过思政课教材的一体化建设，不仅能够构建一个系统性强、针对性高的思想政治教育体系，还能有效提升教育的实效性，推动思想政治教育创新发展。

三、教材一体化建设的重要性

首先，大中小学思政课教材一体化建设可以提升教材编写的效率与质量，有效避免不同学段教材内容的重复与交叉，使得教育资源得到更加合理的分配。同时，一体化的教材编写过程还注重知识点之间的衔接与递进，确保教学内容的系统性和连贯性，有助于学生构建完整的知识框架。

其次，大中小学思政课教材一体化建设有助于加强"四史"教育和爱国主义教育、集体主义、社会主义教育。推动新时代思政课高质量发展，应当加强党史、新中国史、改革开放史、社会主义发展史教育，加强爱国主义、集体主义、社会主义教育，讲清楚中国共产党为什么能、马克思主义为什么行、中国特色社会主义为什么好。在史论结合中讲透思想理论之道，在纵横比较中讲深信仰信念信心之基，在赓续传统中讲活中国共产党人精神之源，在联系社会现实中讲清未来梦想之理。

最后，大中小学思政课教材一体化的实施有助于提升思想政治教育的整体效果。学生在不同学段都能接受到连贯、系统的思想政治教育，有助于他们形成正确的世界观、人生观和价值观。同时，大中小学思政课教材一体化建设还能促进思政课程与其他课程的融合，探索推进"思政＋"课程建设，像盐溶入水一样，把思想政治教育融入各专业课程之中，引导学生树立远大理想和信仰，扣好人生的"第一粒扣子"，打好人生底色，为实现第二个百年奋斗目标贡献力量。

四、教材一体化建设的特点

大中小学思政课教材一体化建设是办好思政课的重要任务之一。构建以习近平新时代中国特色社会主义思想为核心内容的课程教材体系，是深入推进大中小学思政课一体化建设的关键所在。要在课程目标、教材内容、教学方式方法等方面下功夫，实现思政课建设与党的创新理论武装同步推进的目标。经过多年不懈努力，大中小学思政课教材一体化建设在内容衔接、体系完善、教学方法创新等方面均取得一定成效，呈现以下特点。

（一）重视学生主体地位

推动思政课改革创新发挥学生的主体性，就要激活学生思维的主体性。思政课堂任何一名学生都是具有思维能力的学习主体。如果学生的思维主体性未被激活，学生在思政课堂只能是"身体在场"而"思维退场"。思政课对于任何一个"思维退场"的学生而言，不可能真正触及他的灵魂、塑造他的灵魂。缺乏学生"思维在场"的思政课教学，必然会成为规训式、被动式的毫无生机活力的"课堂独白"。

思政课虽然具有强烈的社会主义意识形态属性，但是，思政课教学并不能填鸭式灌输或者是单向式传递，而要充分激活学生作为思维主体的力量。学生是学校思政课的受教育者，推动思政课改革创新取得实效，就要让学生思维动起来、活起来、燃起来。只有有效激活学生思维的主体性，才能让学生的思维神经得以触动、思考能力得到培养、思想境界得以升华。

（二）更加注重实践性

实践性是马克思主义理论区别于其他理论的显著特征，马克思主义真理不仅写在书本里，也蕴藏在大地上。正如习近平总书记指出："思政课不仅应该在课堂上讲，也应该在社会生活中来讲。"

当前，我国大中小学思政课教材在内容设计上更加注重实践性，如联系学生的实际生活，选取学生在现实生活中相对熟知的人或事作为教学案例，运用学生乐于接受的话语体系和容易理解的教学素材，激发学生的情感共鸣和作为生活主体参与学习活动的兴趣。抽象的道理只有与火热的生活实践融为一体，思政课才算有了生命和温度，听的人才能动情用心。要把"大道理"和"小故事"结合起来，以历史的精彩回眸吸引人，以新时代中国特色社会主义的伟大成就鼓舞人，以心之所向的未来和远方激励人，让党的创新理论真正打动人心、洗涤心灵，凝聚力量、助力前行。

（三）初步体现层次性

发展心理学家的研究成果表明，学生的认知发展被普遍认为是一个循序渐进、螺旋上升的过程。[①]审视我国大中小学思政课教材体系的设计逻辑，可以清晰地看出其如何围绕学生的认知发展规律进行构建，既将正确的政治方向和社会主义意识形态作为主线贯彻始终，又对各个学段的思政课目标与内容进行分段设计。

教材体系具体表现为小学和初中阶段注重学生道德品质的养成，高中阶段学生开始初步学习了解马克思主义基本观点与分析方法，大学思政课则是对高中思政课内容的衔接与深化，大学生通过对理论的深入学习，牢固树立中国特色社会主义道路自信、理论自信、制度自信和文化自信。

[①]罗海军.中小学生对浮沉现象及其原因理解的案例研究［D］.南宁：广西师范大学，2004.

（四）强调彰显时代性

与时俱进是马克思主义的理论品质和生命力所在，更是我们科学对待马克思主义的根本要求。为了凸显思政课教材的与时俱进，教材的内容还需要反映新时代的特定背景，系统反映习近平新时代中国特色社会主义思想的科学体系和党的十八大以来的实践内容和理论成就，用伟大成就教育学生、鼓舞学生、激励学生，用新成就阐释新理论，引导大学生增强中国特色社会主义道路自信、理论自信、制度自信、文化自信。

五、教材一体化建设的对策

教材是落实课程目标的载体。构建以习近平新时代中国特色社会主义思想为核心内容的课程教材体系，要确保教材的政治性、科学性、时代性、可读性，在第一时间推进党的创新理论最新成果进教材，有效将其转化为学生易于接受的形式，让深刻的理论变得生动。[1] 大中小学思政课教材一体化建设是一个长期而艰巨的过程，任重道远，需要根据现存的问题，在具体教学实践中不断改革创新教学方式、明确不同学段教学目标、编写符合本学段学情的教材，努力将我国大中小学各学段思政课打造成符合育人规律、体现时代特征、具有中国特色的灵魂课程。[2]

（一）统筹教材内容，保证整体性突出差异性

大中小学思政课教材一体化建设旨在构建一个相互衔接、有机统一的教材体系，确保学生在各个成长阶段都能接受到连贯一致、系统完整的思想政治教育内容，为学生构建起坚实的知识结构和塑造正确的价值观念。

首先，统筹各学段教材内容的整体性。思政课教材整体性是指在各个学段保持主题、内容、结构等方面的协调统一，致力于构建一个完整而系统的教育体系。这要求教材编写者对各学段的教学目标和内容进行深入研究，确保不同教材之间的逻辑关系清晰、衔接流畅。在统筹教材内容的过程中，编

---

①邢云文．着力推进一体化课程教材体系建设［N］．人民日报理论，2024-7-22（9）．

②刘霞．大中小学思政课教材一体化建设探析［J］．科教文汇，2023（21）：44-47．

写者需严谨细致，使得教材内容既深入剖析思政理论精髓，又广泛涵盖时代热点，促进学生理论素养与实践能力的双重提升。

其次，对教材内容进行整体规划。一是组织来自各学段的专家队伍，特别是深谙各自学段教学特点的一线名师，共同参与教材的研究与编写工作。此外，思政课教师对教材内容主导性加工使"教材内容体系"顺畅有效转化为"教学内容体系"的过程，是社会主义主导意识形态的"编码转译"过程，这就必须考虑到教材内容转化的整体性、必须考虑到教材内容转化的着力点、必须考虑到教材内容转化的实现式，并结合学生实际使思政课教材内容"活起来"。二是强化教材的整体性。坚持全面、联系、发展的观点，运用系统思维对思政课进行整体规划。在课程内容设计上，应打破学段壁垒，确保各学段内容各有侧重，形成由浅入深、由易到难、螺旋上升的阶梯式推进体系。同时，将知识学习、情感体验、价值引导融为一体，使学生在掌握思政知识的同时，树立正确的世界观、人生观和价值观，构建一个科学、系统的思想政治教育内容体系。

再次，突出各学段教材的差异性。根据不同学段学生的认知水平和发展需求，教材在具体内容和形式上还应体现出适当的差异性。对于小学生，需运用生动的语言、有趣的故事以及图表、故事等具象化表现形式呈现知识点，引导他们初步建立正确的价值观和道德观。对于中学生，可以尝试多用日常生活场景和现实事例呈现知识点，注重理论知识的系统传授和思维能力的培养，通过案例分析、小组讨论等方式，激发他们的思考能力和创新精神。对于大学生，要以逻辑性话语为主，呈现知识点时注重理性思维的塑造和逻辑推理的引导，需更加注重实践应用和创新能力的培养，通过社会调查、志愿服务等活动，让他们将理论知识与实际相结合，提升解决实际问题的能力。

综上所述，通过统筹教材内容、突出差异性等，构建一个既系统完整又特色鲜明的思政课教材体系，为培养具备高尚品德和扎实学识的新时代人才奠定坚实基础，这不仅是思想政治教育领域的一项重要内容，也是对我国教育事业发展的有力推动。

（二）了解学生需求，坚持以学生为中心

坚持以学生为中心，紧紧围绕立德树人根本任务，立足学生身心特点、回应学生现实关切、关照学生成长发展，用"入心"的思政育人、"暖心"的关爱陪伴、"走心"的管理服务打造"有温度的教育"，促进学生全面发展。

在大力推进大中小学思政课教材一体化建设的进程中，深入细致地了解并准确把握学生的实际需求显得尤为重要。这不仅是确保教材能够精准贴合学生特点的前提条件，还是推动整个大中小学思政课一体化建设顺利进行的基石。学生是教育的主体，其成长需求、独特认知特点及广泛兴趣爱好，深刻影响着教育教学目标的设定与实施方向。因此，在教材编写过程中，坚持以学生为中心，深入探究其兴趣所在、爱好偏向及实际需求，使教材内容能够精准对接学生的个性化需求。唯有如此，方能编撰出既贴近学生生活实际又具有吸引力的教材，有效激发学生的学习热情，促使他们在愉悦的学习环境中深刻领悟思想政治教育，实现自由和全面的发展。

首先，深入调研学生的需求，倾听学生的心声。教育部门应采用课堂观察、学生作业分析、学习行为跟踪等多种研究方法，细致入微地捕捉学生在学习过程中的动态变化，包括但不限于：精心设计问卷调查，通过详尽的数据分析揭示学生的普遍诉求；开展面对面的座谈会，悉心倾听学生的心声，深入理解他们的困惑与期待。此外，教师可以充分运用数字化技术，定期收集学生对思政课教材的意见和建议，进一步分析不同学段学生的兴趣点、关注点和疑惑点，为教材编写者提供丰富的第一手资料。

其次，根据学生特点量身定制教材内容。这既是对学生个体差异的尊重，也是提升教学效果的关键所在。不同年龄段的学生在心理和生理发展方面各具特点，教材的内容和形式应针对不同的特点进行精心设计。换句话说，教育部门针对不同学段学生的认知发展水平及心理成长阶段，精心设计与之相匹配的教学内容和鲜活案例，使教学材料体现一定的适用性与针对性。例如，小学阶段教材应以生动活泼的形式呈现，采用更加直观、引人入胜的图文结合方式吸引学生的注意；同时，融入更多富有趣味性的故事和实践活动，培养学生的道德情操。中学阶段则可以逐渐增加对政治、经济、社会等问题的深入分析，引导学生形成独立思考的习惯和能力。此外，还可以根据学生的兴趣爱好和学科背景，选取贴近学生生活实际的案例和素材，使教材内容更

具亲和力和实用性。

再次，充分利用科技手段增强教材的互动性。编写者应结合现代教育技术，如多媒体教学、网络教学等，开发具有强大互动功能的思政课教材。编写者还可以借助在线测试、互动讨论区等先进功能模块，实现对学生学习状态的即时监测与反馈收集，为教材的持续优化提供有力支撑。

最后，建立教材评价与反馈机制是持续提升教材质量的关键环节。教育部门可以成立专业的教材评估小组，采用定期与不定期相结合的方式，对教材的实际应用效果进行全面而深入的评估。通过学生评价、教师反馈等多种渠道，教材评估小组广泛收集使用者对教材的意见和建议，及时修订和完善教材内容，使其始终与时代发展同步，满足学生成长需求。此外，编写者应在教材中引入更多与学生日常生活息息相关的案例和情境，让学生深刻感受到思政课的实用价值。同时，学校组织学生参与社会实践活动，善用社会大课堂，将课堂知识与实际行动相结合，进一步提升学生的社会责任感和实践能力。

综上所述，教材编写者要通过全面调研、量身定制内容、巧妙运用科技手段、紧密结合生活实际，以及建立健全评价与反馈机制等多重举措，努力打造出更贴近学生实际、更具教育实效的思政课教材。值得一提的是，大中小学思政课教材一体化建设是一项具有长期性、动态性的系统工程，需随时代变迁与学生需求更新而不断调整和完善。这既包括对教材内容的更新和扩充，以适应时代发展的新需求，也包括对教材呈现形式和语言风格的优化，以更好地契合学生的特点和喜好。

（三）建立专家平台，保障教材编写科学规范

大中小学思政课一体化建设要求在不同学段、不同领域搭建起思想政治教育坚实的桥梁，达到思想政治教育的连贯性、系统性和高效性。在此过程中，需建立多学科融合的思想政治教育专家咨询与协作平台以保障教材编写的科学规范。

首先，建立专家平台是大中小学思政课一体化建设得以深入推进的重要基石。这一平台应集合思想政治教育专家、相关学科教学专家等多方面的智慧和力量，形成一个资源丰富、专业精湛的专家库。这些专家将提供咨询、

指导、评审等全方位服务，确保思政课教材编写的专业性和科学性。该平台通过定期组织召开专家研讨会、座谈会等活动，促进不同学段、不同学科之间的思想碰撞和理念融合，共同为大中小学思政课一体化建设贡献智慧和力量。专家在此平台上可以充分展示他们的教学经验和研究成果，通过深入交流和探讨，为大中小学思政课一体化建设提出意见和建议。同时，平台还应吸引众多权威人士的关注和参与，他们的专题讲座和咨询指导可以为思政课教师提供更为广阔的视野和更为深入的思考，推动思政课教学质量和水平的提升。

其次，必须进一步强化制度建设和监管力度。相关部门应出台一系列政策文件，明确大中小学思政课一体化建设的目标定位、实施策略及保障举措，为专家平台构建和教材编写提供坚实的政策基石和制度保障。同时，教育部门需建立健全教材编写的监管机制和评估体系，对教材编写工作进行全程跟踪和严格监管，确保教材编写的质量符合既定标准和要求。此外，教育部门还应建立反馈与评估机制，畅通教材使用反馈渠道，有效发挥社会力量对教材使用情况的监督作用，以便及时修订和完善教材内容。

总之，大中小学思政课一体化建设是一项复杂而长期的任务，构建专家平台、保障教材编写的科学规范性以及加强制度建设和监管力度，是推进这一进程不可或缺的三个方面。通过持续的努力与创新，我们有望构建起一个更加系统、高效、科学的思想政治教育体系，为培养德智体美劳全面发展的社会主义建设者和接班人贡献力量。

第三节　持续加强教师队伍建设

教师队伍一体化建设是推动大中小学思政课一体化建设进程中的重要途径。2019 年 3 月，在全国学校思想政治理论课教师座谈会上，习近平总书记明确指出："办好思想政治理论课关键在教师，关键在发挥教师的积极性、主动性、创造性。"[①] 鉴于思政课教师在落实立德树人根本任务中的重要

---

①习近平.习近平谈治国理政：第 3 卷［M］.北京：外文出版社，2020：330.

作用，教师队伍建设的质量直接关系到教育目标的实现。当前，大中小学思政课教师队伍一体化建设仍面临诸多困境和挑战，深入探索并实践思政课教师队伍建设的有效路径与策略，是推动大中小学思政课教学创新发展的关键所在。

一、教师队伍一体化建设的重要依据

新时代推进大中小学思政课教师队伍一体化建设，作为提升思想政治教育质量、实现立德树人根本任务的关键举措，是一项复杂的系统工程。这一系统工程以习近平总书记关于思政课教师队伍建设的重要论述为指引，以党中央、国务院关于思政课教师队伍建设的政策文件为依托，汇聚各方力量落实立德树人的根本任务，朝着建成教育强国战略目标扎实迈进。

（一）习近平总书记关于思政课教师队伍建设的重要论述

党的十八大以来，习近平总书记对如何深化思政课教师队伍建设发表的一系列新观点和新论断，是推进大中小学思政课教师队伍一体化建设的重要理论指导。习近平总书记指出："思政课作用不可替代，思政课教师队伍责任重大。"[1]"办好思想政治理论课，关键在教师，关键在发挥教师的积极性、主动性、创造性。"[2]思政课在学校教育中占据着重要的地位，思政课教师队伍对于思政课的实施具有关键作用，是推进思政课改革创新的主体力量。要不断优化思政课教师队伍，激发教师的主观能动作用，发挥思政课在意识形态教育中的关键课程作用。

关于如何进一步开展教师队伍建设，习近平总书记对思政课教师提出了"六要"的基本要求，即"政治要强、情怀要深、思维要新、视野要广、自律要严、人格要正"，深刻阐明进一步开展教师队伍建设的基本思路和重大原则，为新时代思政课高质量发展提供了根本遵循。

其中"政治要强"居于"六要"的首位，是思政课教师的鲜亮底色。思

---

[1]习近平.习近平谈治国理政：第3卷［M］.北京：外文出版社，2020：229
[2]习近平.习近平谈治国理政：第3卷［M］.北京：外文出版社，2020：330.

政课是具有鲜明意识形态属性的课程，所要解决的根本问题是"培养什么人，怎样培养人，为谁培养人"，其中，政治性是其核心属性。除了政治素质外，教师的情怀同样重要，"情怀要深"是思政课教师应有的品性修养。教师的情怀和品格是引导学生弘扬爱国主义精神，把爱国情、强国志、报国行自觉融入社会主义现代化强国建设的伟大事业中，勇敢担负起实现中华民族伟大复兴的历史重任。①"思维要新"是思政课教师必备的实践要求。数字技术的迅速发展，教育数字化的推进，"数字思政"的出现，给思政课教学带来前所未有的挑战，也对思政课教师转变思维观念提出更高要求。"视野要广"是思政课教师应有的业务素质。思政课教师要做到心怀大局，在"两个大局"中把握时代脉搏，讲好中国的历史演进、现实成就、道路选择与未来愿景，弘扬时代的主旋律。"自律要严"是思政课教师应有的纪律约束。思政课教师必须做到课上课下一致、网上网下一致，自觉弘扬主旋律，积极传递正能量。"人格要正"是思政课教师应有的德行力量。思政课教师要笃行信道、自强不息，深刻领悟科学理论的真理力量和崇德向善的价值力量，用真理和人格的力量去感染学生的心灵。②"六要"要求思政课教师内化于心、外化于行，以德立身、以德立学、以德施教。这既是思政课教师队伍建设的重要标准，也是思政课教师提升自身素养和水平的根本遵循。

习近平总书记关于思政课教师队伍建设的重要论述，对于推进大中小学思政课教师队伍一体化建设具有根本性的指导意义，是思政课教师发挥积极性、主动性和创造性的基本要求。全体思政课教师应以此为标准，不断提升自身素养，真正成为眼里有光、心中有爱、肩上有责、脚下有力的时代新人塑造者。

（二）党和国家相关文件提供政策依据

党和国家为推进思政课教师队伍一体化建设出台了一系列具有针对性的文件，提供了有效的政策支持和保障，构成了大中小学思政课教师队伍一体

---

① 尹祥.建党百年来中国共产党红色文化建设的基本经验及其当代价值［J］.理论导刊，2021（5）：22-27.

② 张红，白瑞.全面提升思政课教师六种素养［N］.辽宁日报，2024-03-19（2）.

化建设的政策依据。①

1. 关于全面深化新时代教师队伍建设改革的意见

强国必先强教，强教必先强师。党中央历来高度重视教师队伍建设。特别是党的十八大以来，以习近平同志为核心的党中央从战略高度认识教师工作的重要性，坚持把教师队伍建设作为基础性工作来抓。

2018 年，中共中央、国务院印发了《关于全面深化新时代教师队伍建设改革的意见》，强调教师队伍建设对于学校育人和推进教育发展以及国家富强的重要意义，指出当前教师队伍建设过程中存在的一系列突出矛盾和问题，并明确提出："把全面加强教师队伍建设作为一项重大政治任务和根本性民生工程切实抓紧抓好"。同时，该意见明确提出新时代教师队伍建设的基本原则：一是要能够确保教师队伍建设的政治方向，二是要对教师队伍建设提供坚实的保障，三是突出师德建设问题，四是要着眼于管理的体制机制，不断深化改革，五是关照不同地区的实际情况，采取针对性的措施。

2. 关于加强新时代中小学思想政治理论课教师队伍建设的意见

2019 年，教育部等五部门联合印发了《关于加强新时代中小学思想政治理论课教师队伍建设的意见》指出，要推进大中小学思政课教师队伍专业发展一体化建设，要发挥高校马克思主义学院的辐射带动作用，深化与中小学思政课教师的交流协作，开展结对活动。这有利于各学段思政课教师的专业化能力协同发展以及学段间的相互协作，缩小各学段思政课教师专业能力的差距，提升思政课教师队伍整体的专业化能力，进一步推进思政课教师队伍相互融合，形成一个育人的有机共同体。该意见还提出要加强中小学思政课教师队伍的配备问题，提升教师的素质能力，创新教师的评价激励机制等。

3. 新时代高等学校思想政治理论课教师队伍建设规定

2020 年，教育部印发的《新时代高等学校思想政治理论课教师队伍建设规定》指出："思政课教师是指承担高等学校思政课教育教学和研究职责的专兼职教师，是高等学校教师队伍中承担开展马克思主义理论教育、用习近平新时代中国特色社会主义思想铸魂育人的中坚力量。"该规定明确高校思政

---

① 梁发右，曾令辉. 论大中小学思政课教师队伍一体化建设的问题与策略［J］. 深圳信息职业技术学院学报，2022（2）：34-38.

课教师的构成，强调教师是开展思政课教学的关键力量，还提出思政课教师的职责和要求。一是提高政治站位，不断增强"四个意识"、坚定"四个自信"、做到"两个维护"。二是用好国家统编教材。教师要能够提升对教材的熟悉和了解，推进教材体系向教学体系转化，提升课堂的实效性。三是加强教学研究，探索教学方法和教学重难点。四是深化教学改革创新，推进思政课教学的改革创新。该规定还对高等学校思政课教师的配备与选聘、培养与培训、考核与评价以及保障和管理等提出具体的要求，为深化高校思政课教师队伍建设提供坚实的政策依据。

二、教师队伍一体化建设的内涵

教师，广义上包括各种传授知识经验的人，狭义上则指受过专门教育和训练的、在学校教育中承担教学工作的专职人员。《教育大辞典》中对教师含义的界定十分明确，即教师是学校中传递人类科学文化知识和技能，进行思想品德教育，把受教育者培养成一定社会需要的人才的专业人员。[①] 这一定义不仅符合社会的实际情况，而且精准地指出教师的工作范围主要限定于学校，其主要交往对象为学生，并以完成专业教学任务为己任。

教师，被誉为"人类灵魂的工程师"，不仅承载着传承人类文化遗产的崇高使命，更是在塑造学生心灵、培育思想品德方面扮演着不可替代的角色。正如苏联著名教育家加里宁所言："许多教师时常忘却了他们身为教育家的身份，而教育家正是塑造人类心灵的工程师。"[②] 思政课的教育者是指在思想政治教育中以教为职的专门教师，他们通过负责相关工作，与受教育者共同实现思想政治教育目标。[③]

大中小学思政课教师队伍一体化建设的提出，是思想政治教育领域改革的一项重要举措。它深入挖掘各学段思政课之间的内在联系，旨在构建一个系统、连贯且高效的教师发展体系。有学者认为，大中小学思政课教师一体化既具有一般意义上的教师一体化的内容，又具有独特的思政学科特征，

---

①顾明远.教育大辞典：第1卷［M］.上海：上海教育出版社 1990：230.

②加里宁.论共产主义教育与教学［M］.陈昌浩，沈颖，译.北京：人民教育出版社，1959：186.

③郑永廷.思想政治教育学原理［M］.2版.北京：高等教育出版社，2019：13.

并归纳出大中小学思政课课程性质的三个特征，即"政治性与学理性相统一""整体性与阶段性相统一""时代性与实践性相统一"，该学者进一步提出了大中小学思政课教师一体化的特点，即思想观念的一体化、教师队伍的一体化和教学科研与社会实践的一体化。①

大中小学思政课教师队伍一体化建设，遵循教学目标、教学内容、教学方式和认知特征的差异性与普遍性相统一的规律。不同学段的学生在心理、认知和行为等方面存在显著差异，思政课的教学目标和内容也需因这些差异进行精准调整和优化。同时，也应意识到，各学段的教学存在差异，但它们之间又蕴含着内在的逻辑联系和共同规律。因此，在一体化建设的过程中，既要注重彰显各学段的特色，又要强调整体上的统一性和协调性。这不仅凸显教书育人、科学研究及教师成长发展三者之间的深度融合，还强调它们相互依存、相互促进的重要性。为此，思政课教师应具备深厚的专业知识和足够的教学能力，还应致力于塑造学生的道德品质、激发创新精神并培养实践能力。

建设一支高水平的思政课教师队伍不仅是高校意识形态阵地建设的现实需要，也是落实立德树人根本任务的基本诉求。以质量为底线着力优化思政课教师队伍整体结构、以问题为导向多措并举提升思政课教师综合素质、以优化制度供给为抓手营造思政课教师发展环境，是高校推进思政课教师队伍高质量建设的实践理路。

总之，大中小学思政课教师队伍一体化建设的内涵是一个多维度、整体性、系统性的概念，要求在提升思政课教学质量的同时，也要注重教师的专业成长与发展，从而为培养具备高尚品德与创新能力的新时代教师人才奠定坚实基础。

三、教师队伍一体化建设的必要性

学界普遍认为，深化大中小学思政课一体化建设的关键在于积极发挥思

---

① 庞立生，郇厚军.大中小学思政课教师一体化建设的核心要义、现实挑战及推进策略［J］.
国家教育行政学院学报，2024（3）：49–57.

政课教师的主观能动性,应充分肯定其在构建一体化教育体系中不可或缺的主导角色:一是有助于大中小思政课教师科学定位思政课建设目标,合理设计思政课教学内容;二是有助于构建"课程方案—课程标准—课程教学"一体化的科学架构;三是有助于破解思政学科相关领域存在的协作差异。[①] 有学者指出,大中小学思政课一体化建设首先要求做到大中小学思政课教师在结构上、数量上、培养上的一体化建设。[②]

思政课作为落实立德树人根本任务的关键课程,肩负着知识传授与精神品格塑造的双重使命。在这一过程中,思政课教师作为教学工作的重要力量,其学术素养、教学热情及创新能力的充分发挥至关重要。教师面对新时代全学段学校思想政治教育的重要任务,如何更好地适应新的历史方位与使命,加强大中小学思政课教师队伍的一体化建设成为亟待解决的命题。思政课的核心价值不仅在于知识的传授,还在于塑造学生的政治意识与价值观,从政治信仰上坚定学生的立场,从思想上增强学生对社会主义意识形态的认同感,有助于他们更好地践行社会主义核心价值观,从而以更高的标准培育社会主义建设者和接班人。具体说来,大中小学思政课教师队伍一体化建设的必要性主要体现在以下几个方面。

第一,有助于更好地坚持立德树人的根本任务。在新时代的征程中,教育被赋予了重要使命。习近平总书记强调,"要坚持立德树人根本任务",这不仅深刻揭示了教育的本质和规律,也为我国教育事业的发展指明了方向。立德树人,即培养德智体美劳全面发展的社会主义建设者和接班人,是教育的根本任务,是强国建设、民族复兴之基。思政课是落实立德树人根本任务的关键课程,思政课作用不可替代,思政课教师队伍责任重大。开展思政课教师一体化建设,需要我们紧紧围绕立德树人根本任务,坚持以学科为牵引、理论教学和实践育人相统一,着力打造政治素质过硬、业务能力精湛和育人水平高超的师资队伍,为深入推进大中小学思政课一体化建设提供师资保障。

---

①刘峰,姜建成.大中小思政课一体化建设的主体构成及职能[J].思想政治课教学,2021(4):15-18.

②王存喜,田仁来.大中小学思政课一体化探讨[J].学校党建与思想教育,2021(6):40-42.

第二，有助于提升思政课的教学质量。教师队伍的一体化建设促进不同学段思政课教师之间的紧密沟通与深度合作，共享教学资源、教学经验和教学方法。这不仅可以避免教学内容的重复和脱节，还能使教学内容更加符合学生的认知特点和需求，从而提高学生的学习兴趣和积极性。同时，教师队伍一体化建设还有助于促进教师队伍的专业发展和素质提升，使他们能够更好地应对思政课教学的新挑战和新要求。

第三，有助于推动思政课的创新与发展。在教师队伍一体化建设的过程中，需鼓励教师开展跨学科、跨学段的教研活动，探索思政课教学的新模式、新方法和新途径。这不仅可以丰富思政课的教学内容和形式，还可以增强思政课的吸引力和感染力，使其成为学生真心喜爱、终身受益的课程。

第四，有助于形成思政课教学合力。教师队伍一体化建设的深入实施，可以有效打破思政课教师校际和学段壁垒，促进思政课教学共同体的形成。在这个共同体中，教师之间相互学习、相互借鉴、相互支持，共同为培养德智体美劳全面发展的社会主义建设者和接班人贡献力量。

四、教师队伍一体化建设的重要性

思政课教师是深入推进大中小学思政课一体化建设的主体力量，决定着建设的进度、质量和水平。新时代，必须准确理解、科学把握和精准探索大中小学思政课教师一体化建设的主要内容、现实挑战及推进策略，着力加强大中小学思政课教师意识、配备、素质、培训、协同等方面的一体化建设，打造一支信仰坚定、学养深厚、修养高尚的思政课教师队伍。

首先，对于提升教学质量与效率方面成效显著。通过一体化建设，有利于更加系统地整合大中小学各阶段的思想政治教育资源，实现教学资源的优化配置与高效利用。这不仅可以避免资源浪费与重复建设，还能够提升教学的针对性与实效性。同时，一体化建设有利于加强大中小学思政课教师之间的交流与合作，促进教学经验共享，提升教师教学水平。

其次，对于激发学生的学习兴趣与自主学习能力具有一定意义。一体化建设也是一种思维和价值导向，无论处在哪个学段的教师，既要深知自己的"责任田"，又要能激活学生已学内容，指出其未来学习的方向，激发和引导学生更高的价值追求与政治认同。同时，一体化建设还有助于学生形成自主学习的习惯与能力，使他们在思政课学习中能够主动思考、积极探索，不断提升自身的思想政治素养。

最后，有助于推动教师队伍的专业化与职业化发展。随着教师队伍一体化建设的深入推进，教师的专业素养和教学能力应持续提高。着眼于推进思政课教学一体化建设，教师有必要重构教学专业能力，既要加强思想政治学科素养也要加强教育学专业修炼。学科知识转化为学生理论思维能力——这是教学一体化的重要纽带，各学段教师如果能由此出发展开教学设计与实施，将开拓思政课教学一体化的新局面。

思政课教师是思政课的教学主体，是实现上下贯通、一体建设的关键所在。要在整体建设好思政课教师队伍这个逻辑下，以教师教研活动联结教学理念、教学内容、教学方法、教学资源，推进大中小学思政课一体化改革创新。思政课教师应突破传统的学段角色定位，聚焦共同培育时代新人，立足新生代成长特点，从教书育人、学术研究、理论宣讲、价值引领等方面强化一体意识、协同意识，肩负起立德树人的时代使命。

五、教师队伍一体化建设的对策

深化大中小学思政课教师队伍一体化建设，应构建大中小学思政课教师共同体，打破不同学段教师之间的教学隔阂，促进各学段思政课教师的协同融合。这不仅会增强教师对不同学段思政课课程目标、内容的了解和有效衔接，还能够推动各学段思政课教学循序渐进、螺旋上升，有效推进大中小学思政课一体化建设。①

（一）提升各学段思政课教师队伍的思想认识

一体化建设意识和共识是大中小学思政课教师一体化建设的前提与基础。思政课教师葆有强烈的一体化建设意识，高度认同一体化建设价值，可以为大中小学思政课教师一体化建设提供源源不断的动力支撑，从而使各学

---

①梁发右.大中小学思政课教师队伍一体化建设研究［D］.南宁：南宁师范大学，2022.

段思政课教师得以增强责任意识、合作意识、团队意识，不断加强互动与交流。

1. 明确提升思政课教师队伍思想认识的重要意义

第一，对于引领思想政治教育的正确方向至关重要。思政课教师，作为学生思想的主要引路人，坚定理想信念是终身课题，需要常修常炼，要信一辈子、守一辈子，方能照亮学生前行的道路，引导他们树立正确的世界观、人生观和价值观。教师队伍要深刻认识肩负的神圣使命——培育新时代的社会主义建设者和接班人，在教学实践中始终坚守初心，坚决抵御各种错误思潮的侵袭，确保思想政治教育的纯洁性与实效性。

第二，有助于推动各学段思政课的深度融合。以互联网打通校内校外、打破时空限制，实现不同学校、不同学段、不同地域的学生共同学习、共同交流，进一步深化思政课学习效果。这要求思政课教师不仅需要具备深厚的专业素养和广阔的视野，还能够立足国家发展大局，精准审视并规划各学段思政课的设置与教学内容，实现教学内容的有效衔接，减少重复与断层现象。

第三，能够增强思想政治教育的品质与实效。思政课教师是思想政治教育的践行者，他们的思想认识、专业素养和教学能力，直接决定着思想政治教育的质量。通过强化教师培训、组织专题研讨等多种方式，持续提升教师队伍的思想认识与专业素养，激发其教育热情与创新能力，鼓励他们积极探索并实践新的教学方法与手段，提升思想政治教育的精准性与实效性。

2. 提升思政课教师队伍思想认识的具体措施

深化教师队伍一体化建设的同时，教育管理者要坚持教育培养与自我修养相统一，增强思政课教师一体化建设意识，认识其科学内涵和价值意蕴，强化合力育人的责任意识、合作意识、共同体意识，激发各学段思政课教师参与一体化建设的积极性和主动性。一是要深入教育引导广大思政课教师全面认识和深刻把握教师一体化建设在提升教学质量、促进学生全面发展等方面的重要价值，使其更加清晰地认识到思政课教师队伍一体化建设对于有效落实立德树人根本任务、积极促进思政课内涵式发展以及深入推进大中小学思政课一体化建设所起到的重要作用。二是坚持立德树人根本任务，努力构建大中小学思政课教师共同体。大学应主动对接中小学，积极发挥马克思主义学院的学术优势和作用，设计开发教师一体化培训项目，鼓励并支持各学段思政课教师定期开展互访交流、联合备课、同课异构等教学活动，促进教学经验的互鉴与共享，实现教学资源的优化配。推动一体化团队建设，开展各学段思政课教师结对活动，遴选一批涵盖各学段思政课教师的示范团队，定期开展思政课一体化育人的教研活动。[①] 三是明晰一体化视域下各学段思政课教师职能定位。应紧密结合社会发展需求和各学段学生的身心发展特点，科学合理地规划并明确各学段思政课教师的职能定位。例如，小学生以形象思维为主，教师应主动开展启蒙式教育；中学生是常识思维应重在知识理论教育；大学生是抽象逻辑思维需重在研究性教育，这是各学段思政课发挥整体性育人效应的关键。[②]

（二）强化各学段思政课教师队伍的教育培训

习近平总书记指出："办好思想政治课关键在教师，关键在发挥教师的积极性、主动性、创造性。"[③] 高校思政课教师普遍拥有较高学历，基层中小学教师则在年龄结构、知识层次等方面存在一定不足，教学过程存在理论与实践脱节等问题。解决这些问题的路径包括构建涵盖岗前培训、在职研修、教学研讨、学术交流等多层次、多维度的系统化培训体系，全面提升思政课教师队伍的专业素养和教学能力。此外，要立足于理论和实践相统一，强化思政课教师专业能力一体化培训，旨在培养一批能够熟练运用马克思主义理论武装头脑、具备扎实的专业知识基础、善于运用现代教学手段、能够有效引导学生树立正确的世界观、人生观和价值观的思政课骨干教师。

1. 明确培训的目标、形式和内容

培训目标应聚焦提升教师的思想政治素养，使他们不仅具备扎实的理论功底，还具备高度的政治敏锐性和坚定的政治立场。同时，还需着力提升教师的教学水平和育人能力，使他们能够熟练且创造性地运用现代化的教学手

---

① 肖贵清.新时代学校思想政治理论课建设的基本思路［J］.吉首大学学报（社会科学版），2020（2）：34-41.

② 庞立生，郗厚军.大中小学思政课教师一体化建设的核心要义、现实挑战及推进策略［J］.国家教育行政学院学报，2024（3）：49-57.

③ 习近平.习近平谈治国理政：第3卷［M］.北京：外文出版社，2020：330.

段和技巧，有效促进学生的健康成长。在培训方式上，应致力于构建全面贯通上岗前后、深度融合课程之间、紧密连接课上课下、广泛拓展校园内外的一体化立体化培训体系。针对不同学段师资队伍的结构特点，积极探索并创新岗前培训、课程轮训、校内研修、在职深造、社会实践及考察等多种形式的培训方式，全方位增强一体化师资队伍培训的实效性和针对性。在培训内容上，坚持统筹兼顾和分类指导相统一，遵循思想政治工作规律、教书育人规律和学生成长规律，构建涵括马克思主义理论知识、社会时政知识、教学专业知识、科学人文知识等方面的共性培训内容体系，全面提升师资队伍的理论素养。要基于不同学段的学生成长特点和思想政治教育工作体系，构建不同师资队伍的特色培训内容体系，打牢师资队伍的专业化基础。[①]

2. 完善思政课教师的多元化培训制度和培训体系

要坚持"大思政"工作理念，依托"手拉手集体备课中心""名师工作室"等载体，深入推进思政课程和课程思政、主渠道和主阵地一体化，构建思政课教师系统化培训体系。

一是深化立体多元的教师一体化培训制度，促进思政课教师专业发展共同体的形成。通过构建紧密衔接的教学研训体系，打破传统教学壁垒，实施跨学段教师培训，特别是利用高校资源，实施结对帮扶，采用在岗研修、全员覆盖、分级实施（区级、校级、小组）的培训模式，融合专家指导、专题研讨、实地考察等多种形式，凝练一体化教学实践经验，致力于实现各学段思政课教学无缝对接，激发思想政治教育的创新活力。

二是构建科学、系统的个性化培训体系，针对大学与中小学思政课教师的不同需求，设计差异化的培训计划和内容。对大学教师，着重培养其理论深度与科研创新能力，鼓励其探索思政领域前沿问题。对中小学教师，聚焦提升其教学技巧与课堂管理能力，采用案例分析、模拟教学等实践性强的培训方式，以激发他们的学习兴趣，提升培训效果。

此外，进一步完善思政课教师的培训体系。要打造国家级、省级、校级多层级有机协同的思政课教师培训体系，促进思政课教师队伍跨学段、跨地区的交流学习，加强不同学段、不同地区思政课教师的交流和联系，激发思

① 李忠军.以高水平师资队伍服务一体化建设［N］.人民日报，2024-7-22（9）.

政课教师队伍交流学习的内在活力，有效构建大中小学思政课教师队伍育人共同体。①

3. 完善考核评价机制

要充分考虑思政课教师的特点，健全考评机制，突出政治标准，强化政治担当，把政治标准与教学标准、学术标准有机结合起来，科学合理设置三者权重，确保考核评价的科学化和精细化。在确保政治标准首要位置的前提下，适当增加教学效果的权重，激发思政课教师"教"的积极性、主动性，变"要我教"为"我要教"，提高思政课育人育才效果。要提高思政课教师的政治地位，充分调动思政课教师的积极性、主动性和创造性，提升思政课教师的获得感，既体现对思政课教师这份职业的尊重，也有利于思政课教师坚定政治信仰，强化政治担当，更好地履行铸魂育人的重要使命。

综上所述，应建立科学、客观、全面的考核评价体系，对教师的思想政治素质、教学能力、教育引导能力等方面进行全面评价。同时，充分发挥考核评价的激励作用，对表现优秀的教师给予表彰和奖励，激发他们的工作热情和创造力；对表现不佳的教师应及时进行反馈和指导，帮助他们改进教学方法、提升教学质量。②

（三）提升各学段思政课教师队伍的专业素养

大中小学思政课一体化建设中提高思政课教师队伍的专业素养尤为关键。只有当思政课教师具备扎实的学科知识、过硬的专业本领、高超的教学水平时，思想政治教育的质量和效果才能得到有力保障。

1. 提升思政课教师队伍专业素养的意义

一是确保思想政治教育质量的关键基石。思想政治教育作为塑造学生世界观、人生观、价值观的关键载体，对教师的理论水平、道德情操和教学能力提出非常高的要求。具备深厚理论功底、高尚道德情操及卓越教学能力的教师能够深入理解和把握思想政治教育的精髓，将理论知识与实践经验相结

---

①梁发右.大中小学思政课教师队伍一体化建设研究［D］.南宁：南宁师范大学，2022.

②邱红飞，李忻，黄闰国.新时代高校美育的现实问题与建设策略探究［J］.时代报告（奔流），2024（2）：67-69.

合，引导学生在思考中不断成长，在成长中坚定理想信念。他们能够以生动的案例、鲜活的语言将抽象的理论知识转化为易于学生接受和理解的形式，从而激发学生的学习兴趣和热情。

二是实现各学段思想政治教育无缝衔接的重要纽带。大中小学思政课一体化建设要求各学段之间的思想政治教育在内容上相互衔接、层次递进。思政课教师不仅要对本学段的教学内容了如指掌，还要对其他学段的教学要求和特点有清晰的认识，以便在教学过程中实现承上启下、融会贯通。具备专业素养的教师能够精准把握各学段的教学重点和难点，通过精心策划的教学设计，使得各学段思想政治教育内容既相互衔接又层次递进，实现教学的连贯性和系统性。

三是推动思想政治教育创新发展的不竭动力。随着时代的进步和社会的发展，思想政治教育面临着前所未有的机遇和挑战。具备专业素养的教师能够敏锐洞察时代变迁，紧跟社会热点和前沿问题，积极将最新的理论成果、社会热点及实践经验融入教学之中，以创新驱动思想政治教育的内容与方法，适应时代变迁的需求。他们能不断探索新的教学方法和手段，激发学生的创造力和创新精神，全面培养学生的实践能力、创新思维、社会责任感及批判性思维能力。

2. 提升思政课教师队伍专业素养的具体措施

为有效提升思政课教师队伍的专业素养，需要采取一系列切实可行的措施，以帮助大中小学思政课教师更新知识储备、提升教学能力。

第一，加强思政理论学习，坚定政治立场。开展思政理论学习，是提升思政课教师专业素养和履职能力的关键环节。作为肩负学生思想政治教育重任的教师，需全面且系统地掌握思政理论，以保障教育教学工作的科学性和准确性。在思政理论学习的过程中，思政课教师应深入学习马克思列宁主义、毛泽东思想、邓小平理论、"三个代表"重要思想、科学发展观、习近平新时代中国特色社会主义思想等基本理论，准确把握理论体系的科学内涵、精神实质、实践要求。同时，思政课教师应保持对时事政治的敏感度和关注度，及时了解国内外政治动态，把握政治形势的发展变化。通过将思政理论与实践相结合，教师能够更准确地把握时代脉搏，引导学生正确理解和分析社会现象，进而有效提升学生的政治觉悟和批判性思维能力，培养其成为具有社会责任感和时代担当的新时代青年。

第二，强化师德师风建设，做好立德树人表率。青年阶段是人生的"拔节孕穗期"，是世界观、人生观、价值观形成的关键时期。作为学生健康成长的指导者和引路人，教师能起到"吐辞为经、举足为法"的重要作用，一言一行都给学生以极大影响。

落实立德树人的根本任务，思政课作用不可替代，思政课教师队伍责任重大。优秀的思政课教师，不仅要具备渊博的专业知识，更要有高尚的师德师风。师德师风建设应特别强调教师个人道德修养的持续提升，包括但不限于诚信、敬业、尊重与关爱学生等方面，全方位塑造教师良好形象。思政课教师应当怀着对教育事业的深厚感情，将教书育人视为自己的神圣职责，需秉持对教育公平的追求，关心每一个学生的成长，尊重他们的个性和差异，以真挚的爱心和无私的奉献为学生的全面发展奠定坚实基础。

此外，还需进一步强化思政课教师的职业道德建设。思政课教师应恪守职业道德规范，坚决抵制各种形式的腐败和不良风气，为学生树立正直、诚信、勤劳、进取的榜样。

第三，提升数字素养，适应教育数字化的要求。当前，数字技术赋能教育并成为教育发展的新趋势。提升大中小学思政课教师的数字素养是教育数字化的重要的举措，不仅有利于增强思政课教学的亲和力，实现教学过程中的因材施教，而且对实现教师现代化转型具有积极的意义。2023年2月，教育部发布的《教师数字素养》从数字化意识、数字技术知识与技能、数字化应用、数字社会责任和专业发展等维度，对未来教师应具备的数字素养提出了新要求。

大中小学思政课教师的数字素养是数字时代教育发展的重要支撑。笔者在主持2021年度教育部高校思想政治理论课教师研究专项重大课题攻关项目"现代信息技术促进思政课教学质量提升研究"时，做过现代信息技术融入高校思政课现状调查。该调查覆盖全国31个省份的698名高校思想政治理论课教师，结果表明数字技术融入教学对改善教师的认知、情感、能力、行为等方面成效显著，但在主体能力、技术平台、环境培育中仍面临困境。为此，笔者提出相应对策：破除授课教师的技术应用能力障碍，提升技术平台服务的支撑效能，深化产教融合的供给侧改革力度，使技术更精准赋能教师教学，从而更好发挥现代信息技术促进思政课教学质量提升的重要作用。①

第四，建立健全提升专业素养保障机制。一是强化规划设计，成立由校领导牵头、多部门联动的专项领导小组，明确职责分工，负责思政课教师队伍专业素养提升的规划制定、组织实施、效果评估及全程监督，确保各项工作高效有序进行。二是出台针对性强、操作性好的政策措施，包括但不限于设立专项基金支持思政课教师科研项目和教学改革，优化培训资源，提供国内外研修机会，建立健全有关奖励机制，表彰在教学和科研中表现突出的教师，激发教师的工作热情与创新动力。三是构建线上线下相结合的多维度交流平台，包括但不限于定期举办教学研讨会、经验分享会、在线论坛等，利用现代信息技术手段促进思政课教师之间的即时沟通与资源共享，加速专业素养与教学水平的共同提升，携手共创教育事业的新篇章。

综上所述，提升各学段思政课教师队伍的专业素养是推进大中小学思政课一体化建设的关键一环。通过深化政治理论学习、强化师德师风建设、提升数字素养及构建全面保障机制等策略，不断夯实思政课教师队伍的专业基础，培养有理想、有本领、有担当的时代新人和能够堪当民族复兴大任的拔尖创新人才，为实现中华民族伟大复兴提供人才支撑。

（四）推动各学段思政课教师队伍的协同育人

教师一体化建设，协同是关键。思政课教师一体化建设要求各学段教师相互配合、主动协调、协同作战。要做到齐心协力，吹响新时代立德树人"集结号"，演好大中小学思政课一体化育人"大合唱"。②

首先，构建一体化教师培训体系。该体系需按照各学段思政课教师的专业特性、教学需求及职业发展规划设计兼具精准性与创新性的培训课程，这些课程旨在全面提升教师的思政理论素养、教学技巧及跨学科教学能力。同时，加强各学段教师的交流与合作，鼓励他们分享教学经验、交流教学方法，共同推动思想政治教育的创新发展。

---

①唐晓勇，李颖．现代信息技术赋能高校思想政治理论课教师教学的成效、困境及路径优化［J］.思想教育研究，2022（11）：125-130.

②庞立生，郗厚军．大中小学思政课教师一体化建设的核心要义、现实挑战及推进策略［J］.国家教育行政学院学报，2024（3）：49-57.

其次，健全教师协同育人的激励机制。建立多层次、多维度的奖励体系，如教学成果奖、优秀教师奖等，表彰在思政课一体化建设中作出突出贡献的教师。同时，鼓励教师积极参与跨学科、跨学段的教研项目，通过合作研究、共同探讨等方式，推动思政课程与其他课程的深度融合。

再者，强化思政课教师队伍的团队建设。新时代新征程，我们要着力加强思政课教师队伍建设，让这支朝气蓬勃、乐教善教的队伍，不断砥砺前行，努力培养更多让党放心、爱国奉献、担当民族复兴重任的时代新人。

最后，聚焦实践育人环节的协同联动。各学段思政课教师应基于学生身心发展特点和认知水平，设计并实施富有针对性、实效性的教学实践活动。这些活动可包括社会调查、志愿服务、模拟演练等多种形式，让学生在实践中深化对思政理论的理解和应用。同时，加强实践育人的指导和评价工作，确保实践活动的有效性和针对性，使学生能够真正将所学知识转化为实际行动。

（五）搭建一体化平台，加强教师队伍沟通交流

搭建大中小学思政课一体化教学研究平台，通过集体备课、教学研讨、专题培训、科研合作、资源共享等一体化教学研究活动，打破壁垒，全面提升教师教研水平，构建起相互助力、彼此成就、逐级赋能的接力式教师队伍体系，形成大中小学思政课教师教学发展共同体，在团结协作中跑好育人"接力赛"。

1. 搭建思政课教师队伍一体化交流平台

搭建思政课教师队伍一体化交流平台是构建大中小学思政课教师队伍育人共同体的实践路径，为思政课教师跨学段交流学习提供现实基础。提升大中小学思政课一体化的教学成效，需要加强大中小各学段教师间的知识、资源与教学的交流，加快教学信息资源平台建设。具体说来，可建设包含思政课教学的问题库、案例库、素材库、在线公开课和示范课程库等教学信息资源库，开展专题研讨、组织教学展示、教学观摩等活动，促进各学段思政课教师的相互学习，针对诸如道德、法治、爱国等思想政治教育主题，鼓励大中小学思政课教师上好同一节思政课。

除此之外，应充分利用现有的"全国高校思想政治理论课教师网络集体备课平台""全国中小学思想政治理论课教师网络集体备课平台"等资源。各

地教育部门应主动协同大中小学校，共同探索并建立针对大中小学思政课一体化建设的骨干教师培训研修基地，为思政课教师队伍的跨学段交流学习提供平台、打通路径，以有效推进区域内大中小学思政课教师队伍的相互协同与融合。在学校层面，也要积极开展思政课教师队伍的相互沟通交流，为教师队伍相互学习交流提供良好的平台。[①]

2. 拓展思政课教师队伍一体化交流模式

面对新挑战，教育主管部门在建立健全多元融合的思政课教师交流模式、促进大中小学思政课教师的交流学习的同时，完善思政课教师跨学段交流学习的机制，确保思政课教师队伍跨学段交流学习的稳定性与实效性。学校可以拓展"线上＋线下"相结合的交流模式，充分利用腾讯会议、钉钉等便捷高效的在线工具，让各学段、各学校的思政教师能够及时有效地解决教学中遇到的问题。

实践中探索大中小学思政课一体化建设的有效途径和方法，努力实现不同学段思政课教学的有机衔接，形成协同效应，增强思政课教学的针对性和实效性，可以激发思政课教师投身大中小学思政课一体化建设的热情，推进新时代思政教育高质量发展。

第四节　优化教学资源整合

在大中小学思政课一体化建设中，思政课教学资源作为多要素联动的纽带，其建设质量直接关系到教学的效果与人才培养的成效。2019 年 8 月，中共中央办公厅、国务院办公厅印发《关于深化新时代学校思想政治理论课改革创新的若干意见》，明确强调要加强思政课教学资源建设，推动优质教学资源共享。2019 年 9 月，教育部等五部门联合发布的《关于加强新时代中小学思想政治理论课教师队伍建设的意见》进一步强调了"高质量开发资源""充分用好平台资源"的重要性。

思政课既要讲道理，也要摆事实，将道理建立在事实的基础上，以事实

---

①梁发右.大中小学思政课教师队伍一体化建设研究［D］.南宁：南宁师范大学，2022.

支撑道理，用道理诠释事实。改革开放以来特别是党的十八大以来，中国特色社会主义取得了举世瞩目的成就，为讲好思政课提供了内容支撑。充分运用这些举世瞩目成就讲好思政课，是发挥思政课立德树人作用的题中应有之义。

一、教学资源一体化的内涵

当前，推进大中小学思政课教学资源的一体化建设，在教育实践层面和理论探索层面均展现出一定的现实意义。教学资源涵盖教材、教学设施、师资力量、教学方法等多方面的要素，教学资源一体化则是指这些资源在不同学段实现共享、整合与优化，进而促进思政课教学质量的提升。

（一）教学资源的内涵

教学资源是指教学过程中所需要的教材（教科书、教学大纲、教学设计等）、经典案例库、文本资料库、音像图片库、试（习）题库、精品课程库等。随着大数据、人工智能等信息技术的发展，越来越多的教学资源呈现出数字化趋向，教学资源在具体表现方式、分布样态和数量上日益丰富，紧密契合"教"与"学"的双重需求。对"教"而言，教学资源起到"辅助教学"的作用，能保障教师的教学活动有效开展；对"学"而言，教学资源起到"辅助学习"的作用，能促进学生对于知识更深刻的理解。

教学资源成为协调教与学关系的纽带，是实施教学的必要条件。内容丰富、形式多样的教学资源能够提高学生学习的兴趣，开阔学生的视野，拓宽学生的知识面，有助于提升教学质量。因此，教学资源建设不仅是教学活动不可或缺的一环，其优劣直接关系到思政课教学供给体系的质量与效率，以及立德树人教育目标的达成效果。加强教学资源建设需要合理统筹教师、技术人员、技术平台、媒体资源、图书资料等要素，推动各要素之间协同联动，实现教与学的动态平衡。①

---

① 朱艳菊. 大中小学思政课教学资源一体化建设的现实困境与实践路径［J］. 潍坊工程职业学院学报，2023（1）：5-10.

大中小学思政课秉持"大资源"观，即凡能为思政课提供人力、物力、财力资源的，都可认定为教学资源。根据提供主体的不同，可将教学资源分为以下几类：一是学校资源。作为思政课建设的基石，其涵盖学校的各类硬件设施、师资力量及社会关系网络，为思政课提供坚实的支撑与保障。二是企业资源。在校企合作、产教融合的人才培养模式下，学校与企业有着非常密切的联系。近年来，学校纷纷创新思政课教学形式，如"行走的思政课"，组织学生深入企业进行社会实践，让他们亲身体验国家的发展变化，感受人民的幸福生活，从而激发他们的爱国情怀和奋斗精神。三是社会资源。作为思政课教学的外延，其包括红色文化单位、爱国主义教育基地等，为思政课提供丰富的实践平台与教育资源。四是政府资源。学校可以充分利用政府资源，整合思政课的校外实践、评奖评优、理论宣传、内引外联、对外合作等，加快构建高校和社会深度融合的思想政治教育工作格局。

（二）教学资源一体化的内涵

大中小学思政课教学资源一体化旨在构建一个全面、系统、高效的教学资源体系，通过跨学段共建共享思政课教学资源，形成紧密相连、有序整合的教育资源网络，以全面提升思政课教学质量，促进学生全面发展。

首先，强调对思政课教学资源的深度挖掘和系统梳理。教育部门应依照思想政治学科教学改革的基本要求，遵循学生成长发展规律，以学生精神文化需要的满足作为价值导向对思政课程资源进行开发、整合、创新、共享、评估，构建一个融合传统与现代、理论与实践于一体的综合性教学资源库。该资源库不仅具备一定的丰富性和多样性，而且可以实现各学段教学资源的有机衔接和层级递进，确保思政课教学内容在不同教育阶段的连贯性和深度发展。

其次，致力于打破资源壁垒，实现教育资源的共享和最大化利用。教育部门构建统一、开放、可互动的教学资源共享平台，可以实现各教育阶段资源的无缝对接与高效共享，减少重复建设，优化资源配置。同时，根据各教育阶段的特点和需求，该平台对教学资源进行优化配置，有利于充分发挥其实践价值和育人作用。

再次，鼓励采用灵活多样的教学方法和现代化教学手段。思政课教师应积极融入多媒体、在线教学等现代教育技术手段，创新思政课教学模式，使教学内容更加直观生动，激发学生学习兴趣与参与度。同时，针对不同教育阶段的学生特点，思政课教师采用差异化的教学方法，以满足学生的学习需求，提升教学效果。

最后，专注提高思政课的教学质量。学校整合优化教学资源、创新教学方法和采用现代化教学手段，可为思政课的教学提供丰富的教学素材和工具，全面提高思政课教学质量，培养出更多具有良好道德品质和社会责任感的优秀学子。

二、教学资源一体化的必要性

大中小学思政课教学资源一体化既是教育体系内部深度融合的必然产物，也是培养新时代社会主义建设者和接班人的迫切要求。全面实现立德树人的根本任务，离不开系统、连贯且深入的思想政治教育体系的构建，而实现大中小学思政课教学资源一体化则是其关键环节。通过教学资源一体化设计，学生在不同教育阶段都能接受到针对性强、层次分明的思想政治教育，逐步构建坚实稳固的道德基石和价值观念，有利于提升思政课的教学质量，推动思政课的创新与发展。

首先，有助于提升思政课的教学质量。构建跨学段的教学资源共享平台，深度整合各学段的教学内容与方法，优化教学资源配置，能够有效避免教学内容的重复和资源的浪费，充分利用优质教育资源，提高教学效率。同时，教学资源一体化建设有助于形成更加丰富、更加科学的教学体系，为教师提供更为广阔的教学视野和灵活多样的教学手段，充分调动学生的积极性和主动性。

其次，有助于推动思政课的创新与发展。在积极整合与优化教学资源的同时，思政课教师主动借鉴和吸收各学段思政课的优秀经验和先进理念，结合新时代的发展实践，勇于探索并尝试新的教学方法和模式。

再次，有助于培养学生的综合素质和跨学段适应能力。通过在不同学段接受连贯、系统的思想政治教育，学生不仅能够形成坚定的理想信念和高尚的道德品质，还能够培养良好的学习习惯和跨学段的素养。这为他们在未来的学习和工作中打下坚实的基础，使他们能够更好地适应社会的发展和变化。

最后，有助于保证教育内容的连贯性和一致性。一体化的思政课资源能够使不同学段的教学内容相互衔接，避免重复或矛盾，能够帮助学生从小到大接受连贯而系统的教育。这样可以形成统一、稳定的教育理念和内容体系，较好地引导学生形成正确的世界观、人生观和价值观。

三、教学资源一体化的重要性

大中小学思政课教学资源一体化是一种富有创新性和前瞻性的教育理念和实践模式。它不仅能够提升教学质量和效果，还能够促进学生的全面发展和教师的专业成长。

（一）促进教育公平，实现思政课均衡发展

优质教学资源的共建共享是实现教育公平的有效途径。以共建为手段，我们能够促进教学资源的共享，这不仅是推动教学资源整合发展的有效途径，也是提升教学质量的必然要求。在大中小学思政课一体化建设背景下，以网络信息技术为载体搭建思政课教学资源的共建平台，推进优质教学资源的网络化共享，符合思想政治教育改革的要求和目标，有利于促进思想政治教育质量在不同地区的均衡发展，可以有效解决教育欠发达地区大中小学教师力量不足、优质教学资源匮乏的问题，有利于改善宏观的教育公平问题。

（二）提高信息化教学水平，加快思政课一体化建设进程

在全球化与信息化高速发展的时代背景下，数字化教育资源以其独特的优势迅速丰富起来，信息化教学手段的应用也日益广泛。这一趋势不仅深刻改变了教育形态，也为思政课一体化建设提供了前所未有的机遇。2012年教育部印发的《教育信息化十年发展规划（2011—2020年）》（以下简称《规划》）明确要求，"需建立以网络资源为核心的教育资源与公共服务体系，为学习者享有优质数字教育资源提供方便快捷服务"以及"建立数字教育资源共建共享机制"。我国教育信息化基础设施体系实现全面覆盖，为教育信息

化提供了坚实的物质基础。截至 2023 年 12 月，全国中小学（含教学点）互联网接入率达到 100%，比 2012 年提高了 75 个百分点；99.9% 的学校出口带宽达到 100M 以上，超过四分之三的学校实现无线网络覆盖，99.5% 的学校拥有多媒体教室且总计数量超过 400 万间。[①] 当下，教育部门需进一步加强制度设计，完善共建共享机制，促进教育资源的均衡配置与高效利用。

（三）促进教师专业能力发展，推动不同学段形成教育合力

建立思政课教学资源共建共享机制，能够激发思政课教师参与教学资源开发的积极性和主动性。云计算、大数据、人工智能等现代教学信息化技术的应用，能够增进不同学段思政课教师的交流、学习和合作。这不仅可以提升思政课的教学质量、丰富教学内容、创新教学方法，促进思政教师在教学设计、技术应用及教育研究等方面的专业化能力发展，还有利于促进不同学段思想政治教育目标协同，提升教师思政课教学技能和课堂教学水平。此外，坚持思政课教学资源共建共享理念不仅有助于构建思政课教师学习共同体，形成强大的教育合力，还加速了不同学段思想政治教育在课程设置、教学内容、教学方法等方面的一体化融合进程，为培养具有坚定理想信念和良好道德品质的新时代青年提供了有力支撑。[②]

四、教学资源一体化建设的建议

大中小学思政课教学资源的一体化建设在提升思想政治教育质量、塑造学生正确价值观与世界观等方面发挥着不可估量的重要作用，是全面贯彻党的教育方针、落实立德树人根本任务、与时俱进加强思政课建设的重要内容。

（一）充分认识教学资源的重要性，加大资源库建设力度

思想是行动的先导，只有认识到位，才有行动上的自觉。因此，需深入

---

① 刘典. 数字技术赋能推动教育高质量发展现状观察［N］. 北京日报，2023-12-02（2）.
② 陈丹丹. 一体化背景下思政课教学资源共建共享策略［J］. 中学政治教学参考，2020（33）：80-81.

挖掘教学资源的内在价值，并以此为核心构建一个贯穿各学段、协同高效的教学资源库。

首先，全面认识教学资源在大中小学思政课一体化教学中的重要地位。教学资源为师生提供了探索真理的素材。这些资源既包括图文并茂的教材，又表现为生动形象的课件，还涉及紧扣时代脉搏的案例、视频等。它们不仅有助于学生直观地理解思政课程的核心要义，更能激发学生的探究兴趣和热情。[①] 对于教师而言，这些教学资源是教学设计与课堂活动的有力支撑，有助于提升教学效果，促进学生全面发展。它们还是教师在进行教学设计与组织课堂活动时的有力抓手，有助于提高教学质量和学习效果。我们要需充分认识教学资源在思政课一体化教学中的重要作用，积极挖掘并有效利用各类资源，共同为开展高效、生动的思政教学贡献力量。

其次，加大推进教学资源库的一体化建设的力度。在建设过程中，相关单位和个人应打破学段与学校之间的界限，实现优质教学资源的有机整合与共享。构建一个开放、共享且互动的教学资源库，可以更好地满足各个学段、各类教师的多样化需求。同时，构建者应特别重视教学资源的时效性和准确性，确保所收录的资源不仅质量高，而且具有较强的实用性。为了使教学资源库真正发挥其应有的作用，向广大教师开展思政课教学工作提供丰富、可靠的支持，构建者需采取一系列切实可行的措施。一是制定详细的教学资源库建设规划和标准，明确建设目标、任务分工和时间节点，确保各项工作有序进行。二是加强教师培训，提升他们在教学资源开发和使用方面的能力，使其能够更好地利用这些资源辅助教学。三是积极寻求与企业、社会组织等单位合作，共同开发优质教学资源，形成多元化的投入机制，为资源库的建设提供有力支持。

再次，充分利用信息技术手段，对教学资源进行数字化处理和网络化传播，提高资源的利用效率和覆盖面。充分利用现代信息技术手段，如建立在线教学平台、整合共享教学资源库等，以拓宽资源获取渠道，提升资源的使用便捷性和利用率。构建一套健全的评价与反馈机制，定期对教学资源库的

---

① 李秉繁，高建芳，郑黎明，等.油气储运工程课程思政建设路径探索［J］.化工管理，2023（21）：22–25.

建设及使用成效进行深度评估，广泛收集教师与学生的意见和建议，及时发现潜在问题并作出相应改进。同时，还应积极推广优质的教学资源，激励更多教师积极投身教学资源库的建设，共同推动其不断发展和完善。

（二）建设数字化教学资源库，汇集优质教学资源

大中小学思政课教学资源一体化建设旨在构建一个统一、高效的教学资源体系，以提升思想政治教育的质量与效果。随着数字技术的迅猛发展，线上平台已成为思政课教学资源一体化不可或缺的重要载体，要"推动思想政治工作传统优势同信息技术高度融合"，让思想政治工作活起来。[①]

1. 数字化教学资源库建设的意义

数字化教学资源库建设不仅能够汇聚海量优质的教学资源，还能为教师们提供便捷、高效的教学支持。

在思政课教学实践中，数字化教学资源库的优势显而易见。其一，它能够高效存储、快速检索及广泛共享教学资源，显著提升教学资源的利用效率。通过网络平台，教师可随时随地获取这些资源，方便开展备课和教学工作。其二，信息技术能够将各类教学资源进行数字化处理，整合图文和音视频等多媒体形态，使教学内容更加生动、形象，易于被学生理解和接受。其三，数字化教学资源库打破地域和时间的限制，教师不再局限传统的纸质教材内容，能够轻松获取丰富多样的教学素材、案例分析和精品课件。这些资源不仅有助于教师拓展教学思路、提升教学能力，还能有效激发学生的学习兴趣，提高学习效果。其四，它有助于教学资源的优化配置和共享。通过对各类教学资源进行系统的整理、分类和标注，构建一个层次分明、结构清晰的教学资源体系，方便教师进行查找和使用。同时，教学资源库的共享性使得不同地区、不同学校的教师可以互相借鉴、交流教学经验，共同推动思想政治教育的创新与发展。

2. 数字化教学资源库建设的措施

一是加大投入力度，精心设计与构建高效、稳定的数字化教学平台。政

---

①习近平在全国高校思想政治工作会议上强调：把思想政治工作贯穿教育教学全过程开创我国高等教育事业发展新局面［N］．人民日报，2016-12-09（1）．

府和学校需进一步增加对数字化教学资源库建设的资金倾斜，积极引进先进的信息技术和设备，打造一个稳定可靠、安全高效、操作便捷的在线数字化平台，为广大师生提供一站式的教学服务。

二是广泛汇聚、持续开发高质量多样化的数字化教学资源。优质教育资源是提高教育质量的基础和前提，也是促进教育均衡发展、实现教育公平的重要支撑。推进教育数字化，实现教育资源开放共享，需要加强资源平台建设，鼓励各类学校、在线教育机构等逐步开放数字教育资源，合力打造优质数字教育资源库。

三是构建多样化、层次化的内容体系。现代信息技术的广泛运用，将有力拓展教育资源边界，促进教育资源互联互通，具有丰富教学资源的巨大潜力，有利于资源库中的内容满足不同学段、不同课程的需求。

四是开发智能化搜索与个性化推荐功能。开发智能化的搜索和推荐系统，可以帮助用户快速找到所需的教学资源，提高学习效率。同时，不断优化平台功能，提升用户体验，让师生在使用过程中感受到便捷与高效。

五是定期更新与持续优化。学校应定期对教学资源库进行更新，引入最新的教学内容，淘汰过时的学习资源，保持教学资源库的时效性和先进性；同时，技术部门应不断优化平台的使用功能，提升用户体验。此外，学校还应强化对思政课教师和学生的数字技术培训，提升他们的数字素养与技能，解决他们在使用过程中遇到的各种问题。

在数字化教学资源库的建设过程中，还需要注意版权问题。在整合教学资源时，必须尊重原作者的版权等相关权益。教学资源库建设者可以通过积极与原作者协商、合法购买版权或优先采用开源资源等方式，确保资源的合法性与正当性，避免产生侵权纠纷。

第五节　创新教学实践方式

思政课实践教学是一种以实践活动为载体，旨在将课堂理论知识与社会现实紧密结合的教学模式。学校应遵循理论性与实践性相统一的原则，积极探索教法、学法与行法的有机融合路径，将价值立场转化为具象实践，不断延展思政课堂的教学"半径"，推动"行走的思政课"走深走实。这样，学生能够更深入地理解和应用所学知识，实现从课本到社会、从理论到实践的跨越，在实践中体验、在体验中成长，发挥思政课程以知引行、以行践知的作用。

2022 年 7 月，教育部等十部门联合发布的《关于全面推进"大思政课"建设的工作方案》强调，全面推进"大思政课"建设，坚持开门办思政课，强化问题意识，突出实践导向，充分调动全社会力量和资源，建设"大课堂"，搭建"大平台"，建好"大师资"，推动思政小课堂与社会大课堂相结合，推动各类课程与思政课同向同行。

实现大中小学思政课的一体化进程，实践教学不仅是重要环节，还是连接各阶段教育、深化思政课教学效果的关键桥梁。通过丰富和生动的实践活动，学生能够在情境中应用思想政治课堂所学理论知识，更好地体验、理解和深化理论内容的现实意义，做到学以致用。

一、实践教学一体化的内涵

马克思主义认为："全部社会生活在本质上是实践的。"[①] 新时代思政课实践教学在学生价值观塑造、推进教学改革及社会服务方面具有重要意义。大中小学思政课实践教学一体化建设要从教育的主体和客体两个维度出发，以知促行、以行践知，让爱党爱国爱社会主义情怀内化于心、外化于行，持续提升思政课程的育人功能。

（一）思政课实践教学的内涵

思政课实践教学作为各学段教育中的重要环节，其内涵在学界存在广泛讨论。笔者通过梳理并分析几位具有代表性学者的观点，以期为思政课实践教学的高质量发展提供理论支持。

刘礼泉认为实践教学是一种以学生为主体，强调教育性、创造性和实践性的教学活动，旨在促进学生整体素质的全面发展。[②] 程德慧认为实践教学

[①] 马克思恩格斯选集：第 1 卷［M］．北京：人民出版社，2012：135.
[②] 刘礼泉．大学思想政治理论课实践教学研究［M］．长沙：湖南大学出版社，2006：31.

的基本内涵就是以相关教学理论或思想为指导，在教学实践中不断积累经验，为实现相应的教学目标，通过特定的方式将教学的各种要素组合而成的一种相对稳定的教学范式。实践教学模式所反映的是相关教学理论和思想，这一整体的构成包括了实践教学目标、形式、内容、组织和实施等。[①] 张艳宏认为实践教学是指把理论与实际、课堂与社会、学习与生活、知识与能力紧密联系起来的，使学生在自身的体验和认知中提高分析问题、解决问题的实践能力的一种教学活动。思政课实践教学就是根植于生活和实践的土壤，让学生在生活体验和感性认知中加深对理论的学习，把知识内化为能力和素质。从本质上看，理论联系实际是思政课实践教学的根本特征。[②] 崔建平认为思政课实践教学就是根据思政课教育目标和教学计划，在思政课教师为主导的组织下，从理论教学出发，在实际操作环境和体验过程中进行的思想政治教学活动。思政课实践教学包括校内外各项实践教学活动，如校园的各种社团活动、社会调查和实践活动、专业课实践等，其外延具有宽广性、开放性、兼容性等特点。[③]

综上所述，学者论述思政课实践教学的内涵存在不同视角，但均强调其实践性、教育性和学生主体性的重要性。未来研究应进一步探索如何有效整合这些理念，推动思政课实践教学的创新与发展。

（二）思政课实践教学一体化的内涵

大中小学思政课实践教学一体化是一种全面而深入的教学模式改革，强调实践教学与理论教学的紧密结合、不同学段之间的衔接和递进、实践教学与社会现实的联系以及师资队伍建设和资源整合等内容。这种教学模式有助于提高学生的思想政治素养和道德品质，培养学生创新精神和实践能力，促进学生的全面发展。

首先，实践教学与理论教学相互映衬、相互促进。实践教学不是理论教

---

① 程德慧.高职院校思想政治理论课实践教学模式探讨［J］.职业技术教育，2015（23）：69-71.

② 张艳宏.思政课"社会实践和课堂实践"相结合的实践教学模式优化研究［J］.河南机电高等专科学校学报，2011（1）：94-96.

③ 崔建平.搭建高职院校思政课实践教学"双融合"平台刍议［J］.学校党建与思想教育，2015（4）：46-47.

学的附属，而是提升学生认知层次与情感体验的关键环节。学生通过亲身参与实践活动，将抽象的理论知识转化为生动的实践经验，从而更加深入地领会思政课程的内容和要求。实践教学如同一块试金石，检验理论教学的成效，帮助教师精准发现学生在掌握理论知识方面存在的短板，进而调整其教学策略，提升教学效果。

其次，思政课实践教学一体化注重不同学段的衔接与递进，彰显教育教学的连贯性与整体性。从小学阶段起，实践教学融入思政课程之中，通过简单的社会实践、志愿服务等活动，培养学生的社会责任感和公民意识。随着学生年龄的增长和认知能力的提升，实践教学的内容和形式也逐步深化与拓展。到了中学阶段，学生开始涉足更为复杂的社会调查和课题研究，以提升其分析问题和解决问题的能力。而至大学阶段，学生则需在教师的引导下，独立开展社会实践和创新活动，以锤炼其创新精神和实践能力。这种层层递进、步步深入的实践教学安排，帮助学生在不同学段都能获得与之相匹配的实践教学体验，实现思政课程教育的连贯性与整体性。

再次，思政课实践教学一体化强调实践教学与社会现实的紧密联系。思政课堂不仅是传授理论知识的殿堂，还是引导学生关注社会、了解社会、参与社会的重要载体。通过实践教学，学生可以走出课堂，深入社会现实之中，洞察社会的发展动态和热点问题，感受社会的变迁与进步。这种身临其境的学习体验能够激发学生对社会问题的兴趣与思考，培养他们的社会责任感和使命感。

最后，思政课实践教学一体化注重师资队伍的建设与资源整合。一支高素质、专业化的思政课教师队伍是实践教学得以有效实施的关键所在。思政课教师不仅应具备扎实的理论素养和教学能力，还应拥有丰富的实践经验和社会阅历。此外，他们需充分利用校内外的教学资源，为实践教学提供坚实的支持与保障。例如，与社区、企业等单位建立紧密的合作关系，为学生提供更广阔的实践机会与平台；借助现代信息技术手段，如网络教学资源、虚拟仿真实验等，丰富实践教学的形式与内容。

二、实践教学一体化的必要性

实践教学是思政课的重要组成部分。通过实践教学，学生得以将理论知识与实践经验相结合，更深刻地理解思政内容，内化为个人的价值观念与行为准则。这一过程不仅加深他们对思政课程内容的认识，还增强他们对思想政治教育的认同感，引导学生直观地感受中国特色社会主义的伟大成就，增强其民族自豪感和爱国情怀。此外，学生在实践教学中还可以学会如何运用思政理论知识解决实际问题，提升其综合素质和全面发展的能力。

首先，实践教学与思政课程的深度融合，为传统教学模式注入新鲜活力。传统的教学方式往往过于注重理论知识的灌输，而实践教学则能够让学生在亲身体验中深化对理论知识的理解，牢固地树立正确的世界观、人生观和价值观。实践教学有效激发学生的学习兴趣与内在动力，促使他们更积极地参与学习过程，在实践活动中感受思政课的魅力，进一步提高他们的道德品质和人格素养。

其次，实践教学一体化有助于推动思政课的创新发展。在实践教学环节中，教师能够紧密关联学生生活实际及当前社会热点，设计富有针对性的教学活动，使思政课教学更加贴近学生、贴近生活、贴近实际。这种教学方式能够让学生更好地认识社会、了解国情，增强学生的爱国情怀和社会责任感。此外，实践教学为学生提供探索与创造的舞台，有效促进他们创新思维与实践能力的提升，让他们在实践中发现问题、解决问题，提高解决问题的能力。

再次，实践教学一体化有助于培养学生的综合素质和能力。在实践活动中，学生需要运用所学知识解决实际问题，这不仅能够锻炼他们的组织协调能力、沟通能力和创新能力，还能够培养他们的团队合作精神和竞争意识。这些能力和素质的培养，对于学生未来的学习和工作都具有重要的意义。

最后，实践教学一体化是适应社会变革的必然选择。随着全球化的深入发展和科技进步日新月异，社会对人才的要求也在不断提高。具有创新精神和实践能力的人才是社会发展急需的。通过实践教学一体化建设，可以更好地培养政治素质过硬、符合市场需求、具备发展潜力的新时代人才，源源不断为我国经济社会发展提供人才和智力支持。

三、实践教学一体化的重要性

大中小学思政课实践教学一体化的重要性，不仅体现在教育资源的高效整合利用上，也表现在学生综合素质和实践能力的显著提升，以及思政课教学改革的深刻推动等多个层面。

第一，实践教学一体化在优化教育资源配置方面成效显著。通过构建一体化的实践教学体系，不同学段的思政课得以实现资源的共享与互补，有效避免资源的浪费与重复建设。这种资源共享不仅涵盖教学设施、教学基地等硬件资源，还包括教学案例、教学方法等软件资源。这种资源整合，使得各学段思政课的教学内容更加丰富多彩，教学形式更趋多样化，提高了教学的整体效率和质量。

第二，实践教学一体化有助于全方位提升学生的实践能力和综合素质。在实践教学体系下，学生通过参与各类实践活动，如社会调查、志愿服务、模拟演练等，将理论知识与实际生活紧密结合，深化对理论知识的理解和把握。同时，在实践活动中让学生亲近社会、学习知识、开阔眼界，有助于培养学生的创新思维、团队协作、沟通协调等能力，着力提升学生综合素质，促进学生全面发展、健康成长。

第三，实践教学一体化对于推动思政课教学改革具有重要意义。在实践教学体系的推动下，各学段思政课在教学内容、教学方法、教学评价等方面逐步实现有机衔接和深度贯通。这要求思政课教师在教学过程中不断创新教学理念和方法，引入先进的教学手段和技术，以激发学生的学习兴趣和参与度。同时，实践教学一体化也促使教育部门加强对实践教学的管理和指导，进一步完善实践教学的评价体系和激励机制，推动思政课教学的改革创新。

第四，实践教学一体化对于培养符合时代要求的社会主义建设者和接班人具有深远影响。在实践教学体系下，学生能够更加深入地了解国情、社情、民情，增强对中国特色社会主义的认同感和归属感。通过参与实践活动，学生能够亲身感受社会的变迁和发展，理解国家的发展战略和政策措施，树立正确的世界观、人生观和价值观。

四、实践教学一体化中的问题

当前，思政课实践教学一体化存在的问题，集中在课程讲授缺乏对社会现实问题的观照与回应，现实问题的理论"代入感"弱、解释力不强，客观上导致一定程度的理论与现实脱节，突出实践性理应成为大中小学思政课程改革创新的显著特征。需注重创新"理论＋实践"的"大思政"教学机制，构建多元长效学习实践机制，鼓励思政课程教学小课堂同社会实践大课堂的有机结合，通过理论联系实际的实践教学模式再造，使学生切身体验到科学理论的实践魅力。

连晓芹认为当下思政课实践教学一体化流于形式，教学主体职能定位不清，思政课教师主导作用发挥不充分，评价机制不完善，不能实现有效引导。[①] 左玉萍认为思政课实践教学一体化存在的主要问题有：一是对实践教学认识度不够，教学条件缺乏有力支撑；二是实践教学管理规范性不够，教学目标达成度不高；三是任课教师开展实践教学经验不足，教学成效参差不齐；四是学生参与实践教学的积极性调动不足，主体性功能没有得到有效发挥。[②] 储水江、高顺起等认为当前思政课实践教学一体化存在泛化、虚化、形式主义化等问题。[③] 曹顺、丁志卫认为当前思政课实践教学一体化存在重视程度不够、教师经验和素质不足、组织保障机制不完善和评价激励机制不健全等问题。[④] 张彦认为思政课实践教学一体化存在对实践教学的价值和意义缺乏足够的普遍共识，实践教学的资源拓展和整体融入缺乏有效抓手，实践教学的顶层设计和评价方式缺乏实质性创新。[⑤] 冯刚、陈梦霖指出当前思政课实践教学一体化存在的教育主体参与性不强、教学方法亲和力不够、教学内容模板化突出、教学平台融合度不高和评价体系结构面单一。[⑥] 陈浩男、邵芳菲等认为思政课实践教学一体化尚未形成合力、规范性有所欠缺、教学

①连晓芹.思政课实践教学的价值澄清及实践探索［J］.现代教育，2021（9）：25–28.

②左玉萍.基于二课堂的高职院校思政课实践教学模式探索［J］.兰州职业技术学院学报，2022（5）：14–16.

③储水江，高顺起，尹家德.论高职院校思想政治理论课实践教学的"转型升级"［J］.中国职业技术教育，2020（1）：51–55.

④曹顺，丁志卫.高职院校思想政治理论课实践教学探析［J］.教育与职业，2019（11）：104–108.

⑤张彦.新时代高校思想政治理论课实践教学的三大追问［J］.思想政治教育研究，2019（3）：55–59.

⑥冯刚，陈梦霖.高校思政课实践教学的内涵、价值及其实现［J］.学校党建与思想教育，2021（18）：4–9.

特色不够明显和教学效果不佳等问题。[①]

上述问题的根源可追溯到传统思想政治教育理念的局限性，以及对思政课实践教学一体化价值认识的不足。此外，社会各界对思政课实践教学一体化的重视程度不够，也是导致问题频发的重要原因。大中小学思政课实践教学一体化在推进过程中，遇到了一系列亟待解决的难题，这些难题不仅妨碍了思政课实践教学的深入发展，也限制了思政课程整体教学质量的提升。

五、实践教学一体化建设的对策

在当前教育环境中，大中小学思政课实践教学一体化面临诸多挑战。为了有效应对这些挑战，亟需采取一系列积极措施，以加强各学段之间的沟通与协作、优化实践教学资源配置和利用、创新实践教学方法和手段、提高教师队伍的实践教学能力等。

（一）明确大中小学思政课实践教学一体化的目标

大中小学思政课实践教学一体化首先应明确实践教学的目标，这不仅是解决方向性的问题，还是提升实践教学质量的关键所在。设定实践教学目标，需进行多维度的考量，确保目标的全面性与可操作性。

第一，实践教学的核心目标是提升学生的思想政治素养。这一目标的实现，并非仅仅依靠单纯的理论灌输，还包括引导学生通过实践教学接触到真实的问题、置身于真实的场景，从而强化对知识的现实运用、对创新的切身感知，实现理论与实践相统一，提高科学思维能力、探索未知的兴趣和创新意识。

第二，实践教学应着重锤炼学生的实际操作能力与问题解决能力。这一目标要求在设计实践任务时，要充分考虑学生的实际情况与认知水平，为他们提供具有挑战性的任务，激发他们的创新思维与主动性。通过引导学生积极参与实践活动，让他们在解决实际问题的过程中不断积累经验、锻炼技

---

①陈浩男，邵芳菲，王丽华.新时代高职院校思想政治理论课实践教学研究［M］.天津：天津社会科学院出版社，2022：74.

能，将理论知识转化为实际操作能力，全面提升其综合素质。

第三，强化沟通技巧和团队协作能力。在现代社会中，团队合作与沟通能力已成为个人发展的重要素质。思政课的实践教学应积极组织开展团队活动，让学生在共同完成任务的过程中学会与他人合作、沟通与协调。这不仅有助于提升学生的团队协作能力，还能培养他们的沟通技巧与人际交往能力，为其未来的职业发展奠定坚实基础。[①]

第四，实践教学还应充分关注学生的个性发展与创新能力培养。每个学生都是独一无二的个体，拥有不同的兴趣爱好和特长。实践教学活动应尽可能提供多样化的实践机会与平台，鼓励学生充分展现和发挥个人特长与优势，培养他们的创新意识和创造力。

第五，实践教学还应注重教育的连续性与系统性。针对不同学段学生的身心发展特点和认知水平，制定差异化且紧密衔接的实践教学方案，确保教学层层递进，形成科学系统的教育体系，使学生在成长的道路上逐步积累知识、提升能力，成长为具备社会责任感与创新精神的新时代青年。为了实现这些目标，学校应制定详细而周密的实践教学计划与实施方案，涵盖丰富的实践教学内容与形式，如社会调查、志愿服务、模拟演练等，让学生感受思政课的魅力与价值，更加深入地理解与掌握相关知识与技能。通过这些实践活动，帮助学生将理论知识与实际生活相结合，提高他们的综合素质与实践能力，为他们的未来发展奠定坚实的基础。[②]

（二）统筹大中小学思政课实践教学一体化的内容

统筹大中小学思政课实践教学一体化旨在构建一个系统完整、层次清晰、相互衔接的思政课实践教学体系。构建过程需严格遵循教育教学的基本规律，深入洞察不同学段学生的认知发展规律及心理特征，以确保实践教学能够精准对接各学段的实际需求，实现教学的针对性和实效性最大化。

首先，实践教学的目标与任务应紧密贴合每个学段学生的思维特征与成长需求。具体而言，这要求针对不同学段制定详细的教学目标与任务清单，

①严绍样.浅析拓展活动在初中体育教学中的作用［J］.考试周刊，2018（82）：144.

②谢小丹.创新创业背景下环境设计专业教学模式探索［J］.大观，2024（1）：132-134.

如小学阶段可通过"角色扮演""道德小剧场"等活动形式，初中阶段则增设"时事评论""道德辩论"等环节，以体现目标设定的精细化与差异化。对于小学阶段的学生，学校应侧重于培养他们纯真善良的道德情感与良好的行为习惯，通过讲述生动有趣的故事等形式，让学生在轻松愉快的氛围中感悟道德真谛。进入初中阶段，学生的逻辑思维能力逐步增强，对社会现象和道德问题有了较深的探究欲望，此时实践教学应着重培养学生的问题分析能力与批判性思维。而到了高中和大学阶段，则应加强学生理论素养与实践能力的提升，实践教学应更加注重理论联系实际，引导学生将所学知识应用于解决实际问题之中。

其次，在实践教学内容的设计上，应追求丰富性、时代性与创新性。思政课教师通过选取贴近学生生活、具有时代特色的社会案例，结合社会调查、志愿服务等实践活动，使学生在亲身体验中深化对思政课理论知识的理解和应用，促进知行合一。同时，思政课教师还应紧跟时代步伐，及时将社会热点问题和新兴领域的发展动态融入实践教学中，增强实践教学的吸引力和实效性。

再次，构建实践教学平台与资源整合机制应注重广泛性、深入性与合作性。学校要积极拓展与地方政府、企业、社区等单位的合作，共建共享实践教学基地，如法治教育基地、红色文化遗址等，充分利用多种实践教学资源。同时，学校应深入挖掘各类资源的潜在价值，加强校际合作与资源共享，推动实践教学资源的优化配置与高效利用，形成合力效应。

最后，完善实践教学的评价与反馈机制。构建一个涵盖学生参与度、实践能力提升、创新思维发展等多维度的评价体系，采用自评、互评、教师评价及第三方评价相结合的方式，力求评价结果的全面性和客观性。同时，及时将评价结果反馈给教师和学生，帮助他们总结经验和了解实践教学中存在的不足，为后续的教学改进提供依据。评价与反馈机制的完善，可以不断激励学生更加积极地参与实践教学活动，提高他们的实践能力和创新精神。

（三）利用大中小学思政课实践教学一体化的资源

大中小学思政课实践教学一体化作为思想政治教育领域的一项创新，对于全面培养学生综合素质、推动教育现代化进程具有关键作用。

第一，要构建丰富多样、各具特色的思政课实践教学资源类型。在教学基地建设方面，高校应充分依托其丰富的教学资源和广泛的社会资源，积极建设高水平、多层次的实习实训基地，让学生在真实的职场环境中感受工作的魅力与挑战。中小学则可以充分挖掘当地的红色教育资源，如革命遗址、纪念馆等，建立校外实践教育基地，让学生在亲身体验中感悟革命先烈的英勇事迹和崇高精神。这些基地不仅为学生提供实践的舞台，还成为他们接受思想政治教育的载体。

第二，要充分利用各类思想政治教育社会实践平台开展实践教学。社会实践平台以其开放性、实践性和创新性为显著特征，通过参与志愿服务、社会调查、实地考察等活动，学生可以深入社会、了解国情，将课堂上学到的知识运用到实际中去，增强社会责任感和实践能力。同时，社会实践平台还能够为学生提供展示自我、锻炼能力的机会，让他们在实践中不断成长、不断进步。

第三，要打造一支高素质的思政课实践教学教师队伍。思政课教师必须广泛涉猎多学科知识，丰富实践经历，深度理解当代中国和世界，通过全面认识领会党和人民伟大实践来汲取养分、丰富思想。高素质的教师队伍能够为学生提供高质量的实践教学指导，帮助他们解决实践中的问题，深化对理论知识的理解。思政课教师要善于引入思政课经典教学案例辅助实践教学。这些案例既可以是历史上的经典故事，也可以是现实生活中的鲜活例子，它们能够帮助学生更好地掌握思政知识、提升思政素养。

第六节　建立健全评价体系

评价是思政课教学的重要环节，是检验学生学业水平、学习质量的重要手段，也是检验教学目标实现与否的重要途径。教学评价是依据教学目标对教学过程及结果进行价值判断并为教学决策服务的活动，是对教学活动现实的或潜在的价值作出判断的过程。[①]教学评价一般包括对教学过程中教师、学生、教学内容、教学方法手段、教学环境、教学管理诸因素的评价，但主

---

①牛其刚，牛书成，李爱国.教学评价应"以效评学、评教"[J].辽宁教育，2017（5）：73-74.

要是对学生学习效果的评价和教师教学工作过程的评价。[①]

2019 年 3 月，习近平总书记在学校思想政治理论课教师座谈会上强调："要把统筹推进大中小学思政课一体化建设作为一项重要工程，抓好教学目标设计、课程设置、教材编写、教学改革、教师培养和考核评价等环节。"在大中小学思政课一体化建设的背景下，构建一套科学合理的考评机制，通过实施一系列考核标准与评价方法，不仅能够精准检测并反馈一体化管理效能，还能为持续优化思政课体系提供有力支撑，有利于大中小学思政课一体化建设沿着正确的轨道稳步前行。

一、评价体系一体化的内涵

2020 年，中共中央、国务院印发的《深化新时代教育评价改革总体方案》明确指出："教育评价事关教育发展方向，有什么样的评价指挥棒，就有什么样的办学导向。"该方案还特别针对思想政治教育方面，明确提出若干要求：一是要把思想政治工作作为学校各项工作的生命线紧紧抓在手上，要贯穿学校教育管理全过程。二是坚持把立德树人成效作为根本标准，做好思想政治工作和意识形态工作。三是树立科学成才观念，坚持以德为先，切实引导学生坚定理想信念、厚植爱国主义情怀、加强品德修养、增长知识见识、培养奋斗精神、增强综合素质。四是完善德育评价，根据学生不同阶段身心特点，科学设计各级各类教育德育目标要求，引导学生养成良好思想道德、心理素质和行为习惯，传承红色基因，增强"四个自信"，立志听党话、跟党走，立志扎根人民、奉献国家。

大中小学思政课评价体系一体化旨在通过在不同教育阶段的思政课程中实施统一的评价标准和方法，确保思想政治教育的连贯性和一致性。评价体系一体化不仅具备高度的一致性，还具有强烈的可比性，能够无缝对接小学、中学、大学等不同教育阶段的思政课教学内容、方法和目标，确保它们得到精准实施和有效落实。

首先，强调对学生思政素养进行全面而深入的评价。这不仅仅是对学生

---

①孙莉.生命教育视角下未成年犯人性化教育改造研究［D］.南京：南京师范大学，2011.

思政理论知识记忆与理解能力的检验，更是侧重学生在思政实践活动中的表现、情感态度和价值观的塑造与培养。通过综合运用课堂互动、小组讨论、撰写实践活动报告等多种评价手段和方法，教师得以细致入微地观察、记录和分析学生在思政课程中的行为表现和思想动态，进而对其思政素养进行多维度、多层次的评价。

其次，注重评价方法的多样性和灵活性。针对各学段学生差异化的年龄特征、认知水平及兴趣爱好，采用差异化的评价策略，以确保评价过程既贴近学生实际，又能有效激发他们的学习热情和积极性。同时，还应积极探索传统评价与现代科技手段的结合，运用大数据、人工智能等技术，对评价数据进行科学化、精细化的分析与处理，为教学决策和教学改革提供有力支撑。

最后，重视和有效利用评价结果。深入剖析与解读评价结果，能够及时发现思政课教学中存在的问题和不足，为教师提供有针对性的改进建议和方向。同时，将评价结果作为学生升学、评优等方面的重要依据，有助于激励学生更加重视思政课的学习，让学生喜闻乐见、受益无穷。

二、评价体系一体化的特点

思想政治教育的目的在于"入脑入心"，需要健全一体化的评价体系。要打破传统思维模式，适应一体化建设要求，深入研究贯穿大中小学各学段的育人评价标准，探索科学、多元的评价办法和指标体系，切实体现"教学优先"的评价导向。坚持定性评价和定量评价相结合，充分发挥过程评价、增值评价、分类评价等作用，真正提高德育、素质教育的地位，引导各级各类学校进一步提升立德树人工作实效。

一是评价内容的连贯性与层次性。大中小学思政课评价体系一体化的关键在于确保评价内容在不同学段既相互衔接又逐层递进。这要求评价内容需紧密贴合各学段学生的认知特点和接受能力。小学阶段侧重于道德情感的初步培育与行为习惯的养成，初中阶段偏重筑牢思想基础，高中阶段则强调政治素养的提升，而大学阶段则聚焦强化使命担当。如此设置，既能规避教学内容的重叠、断层及错位现象，又能确保思政课教学内容的整体规划与层次递进。

二是评价标准的统一性与差异性。评价体系在坚守立德树人根本任务的同时，既要确保评价标准的统一性，又要兼顾不同学段学生的独特性和差异性。统一性体现在各学段均围绕立德树人的根本任务展开评价，确保思想政治教育的方向一致、步调协同。差异性则体现在针对不同学段学生特点和需求，设计差异化的评价指标体系和实施方法，并结合各学段学生的实际情况和教学要求，量身定制适合的评价标准和方式，精准地反映学生的思政素养。

三是评价方法的多样性与灵活性。除了传统的笔试、口试等评价方式外，教师还应积极探索和实践更多元化的评价方法，如社会实践项目、专题调研报告、小组合作学习等。这些多样化的评价方法能够较为全面地展现学生的思政素养和综合能力，也有助于激发学生的学习内驱力，提升他们的参与度和获得感。

四是评价结果的反馈与改进。评价体系的完善不仅在于评价过程的科学性和有效性，还在于将评价结果及时反馈和持续改进教学工作。各学段应建立定期的评价结果反馈机制，思政课教师要及时准确地掌握学生的学习进展、存在的问题及其背后的原因，并针对性地提供个别辅导和集体讲解。同时，思政课教师还需根据评价结果对思政课程的教学内容、教学方法等进行持续改进和优化，提高思想政治教育的针对性和实效性。

三、评价体系一体化的必要性

大中小学思政课评价体系一体化构建，作为思想政治教育领域的关键议题，旨在为我国思想政治教育改革注入新活力，提升其教学质量与成效。

第一，评价体系一体化能够确保思想政治教育的连贯性与系统性。在传统模式下，大中小学的思政课常常各自为战，缺乏统一的评价标准和连贯的评价机制。导致思想政治教育内容在不同学段间的重复、断层乃至倒置，不仅降低学生的学习效率，还阻碍其思政素养的提升。而评价体系一体化的建立，将有力促进大中小学思政课程内容的有机衔接与递进，使思想政治教育成为一个完整、连贯、系统的教育过程。这有助于学生形成系统、连贯的思想政治观念，避免出现教育断层或重复教学现象，有效实现立德树人的根本任务。

第二，评价体系一体化有助于推动思政课教师的交流与合作。在传统的教育体系中，大中小学思政课教师之间往往缺乏有效的沟通与合作机制，导致教学资源无法充分共享，优势互补难以实现。这不仅制约各学段思政课教师专业素养与教学技能的充分发展，还削弱思想政治教育的整体协同效应。评价体系一体化的实施，会激励不同学段的思政课教师加强交流与合作，共同分享教学经验和资源，相互学习、相互借鉴，推动思想政治教育质量的全面提升。

第三，评价体系一体化有助于全面、客观地评价学生的思政课学习效果。传统的评价体系往往过于关注考试成绩，忽视对学生思政素养、道德品质和实践能力的综合评价。这种单一的评价模式难以全面展现学生的思政课学习成效，更难以契合新时代对人才培养多样化、全面化的迫切需求。评价体系一体化则能够综合运用多种评价方式和手段，全面、客观地评估学生的思政课学习效果。

第四，评价体系一体化还有助于教师明确教学目标、优化教学方法、提升思政课的教学质量。一体化评价体系能够引导教师深入探索思想政治教育的核心要义与要求，确立更为科学、贴近实际的教学目标。同时，通过运用多样化的评价方式和手段，教师可以更加准确地了解学生的学习情况和需求，进而针对性地调整教学方法和策略，提高教学效果。

四、评价体系一体化的重要性

大中小学思政课评价体系一体化不仅彰显了一种先进的教育理念，还可以推动思想政治教育高质量发展。评价体系一体化在保障思想政治教育的连贯性、系统性，提升思政课的教学质量，培育学生树立的正确世界观、人生观、价值观等方面，均发挥着无可替代的作用。

首先，大中小学思政课评价体系一体化作为教育理念的创新，对于推动思想政治教育向纵深发展、保障教育连贯性与系统性具有深远意义。评价体系是大中小学思政课一体化建设的"指挥棒"，聚焦一体化建设，完善大中小学思政课评价，构建集目标指引、问题诊断、激励纠偏、成效检验等于一体的评价体系，是推进大中小学思政课一体化建设的重要保证。

其次，在提升思政课教学质量方面，评价体系一体化通过确立统一且科学的评价标准与方法，实现对教学效果的全面、客观评估。这种双向关注（教师教学与学生学习）的评价机制，有效激发教师的教学创新热情，促进教学方法的多元化发展，增强学生的思辨能力和学习动力。

再次，通过持续性的思想政治教育，评价体系一体化有助于学生树立正确的世界观、人生观、价值观。评价体系一体化不仅侧重考核学生的知识技能掌握情况，还深入关注其情感态度与价值观的发展，引导学生树立正确的历史观、民族观、国家观、文化观，增强学生的社会责任感和使命感。

最后，作为教育现代化的重要标志之一，大中小学思政课评价体系一体化顺应信息化、全球化的时代潮流。它不仅是教育改革与创新的具体体现，还是提升教育整体质量和效益的关键一环。

五、评价体系一体化建设的对策

评价是检验、推进思政课一体化建设的重要手段，应充分发挥以评促建、以评促学、以评育人的重要作用，构建大中小学思政课评价一体化体系。针对大中小学思政课评价一体化存在的问题，我们需要进行深入的剖析和反思，并采取切实有效的措施加以解决。这不仅需要从目标层面切入，从内容层面加以改进，还要明确评价的具体标准。

（一）明确大中小学思政课评价体系一体化目标

在评价目标上，应聚焦不同学段学生的核心素养，注重从学生的知、情、意、信、行等多个维度进行目标预设，一体化引导学生践行社会主义核心价值观，争当社会主义建设者和接班人。

第一，确保评价标准的统一性和连贯性。要求从小学到大学，各阶段均需围绕坚持立德树人根本任务设置循序渐进的评价标准，确保评价内容既符合学生的认知发展规律，又能有效引导其思想政治素质的提升。

第二，注重评价方式的多样性和灵活性。尽管传统的笔试方式在评估学生知识掌握方面具有一定的优势，但其难以全面、深入地反映学生的思想政治素质及其实践应用能力。因此，教师需引入多样化的评价方式，如通过课堂互动观察评估学生的参与度与思辨能力，利用小组讨论记录评价其团队协作与沟通能力，以及通过实践活动报告考查学生的实践创新能力和社会责任感，形成更为全面、立体的评价图景。

第三，重视评价结果的反馈与运用。建立及时、准确的反馈机制，不仅能帮助学生明确学习目标和方向，实现个性化学习，还能为教师提供具有针对性的教学反馈，为进一步优化教学策略和方法提供有力依据。

（二）确定大中小学思政课评价体系一体化内容

在评价内容上，应一体化关照学生的价值观念、学习态度、过程表现、学业成绩等，在考查学生对课程内容的理解接纳水平的同时，更加注重评价学生在日常真实情境中进行分析、判断和选择时所表现出的综合水平。

1. 学生考评一体化

2020 年 10 月，中共中央、国务院印发的《深化新时代教育评价改革总体方案》明确指出："改革学校评价，推进落实立德树人根本任务。坚持把立德树人成效作为根本标准。""健全学校内部质量保障制度，坚决克服重智育轻德育、重分数轻素质等片面办学行为，促进学生身心健康、全面发展。"近年来，学术界广泛讨论并建议建立素养型增值性学生评价体系。该体系聚焦学生学习全过程的系统化评价，旨在通过多维度、多层次的评估手段，全面反映学生的素养成长情况，推动各学段学生学习情况纳入评价范围，重视各学段学生课堂学习、实践活动等日常信息和学生成长情况考察，实施贯穿学生发展全过程的动态评价。[①] 还有学者指出，学生评价直观反映各级学校文化环境体系建设的效用和效果，建立学生文化思维成长记录信息库，将学生在小学、中学、大学的文化学习领悟情况记录下来，统计大中小学各学段的文化评价总体数据，剖析大中小学文化环境建设之间存在的差距，促进各

---

①李融飞.思政课一体化建设背景下的高校思政课建设研究［J］.江西电力职业技术学院学报，2021（8）：105–10.

级学校及时调整一体化文化环境体系建设过程中的衔接细节。①

2. 教师考评机制一体化

探索创新大中小学思政课教师整体协调的考评体系，完善教师评价机制，坚决整治唯论文、唯帽子、唯职称、唯学历、唯奖项等不良倾向，调动教师的积极性和主动性。有学者指出，针对不同类型学校、不同学段的思政课教师，坚持以构建合作机制与解决衔接问题为重点的整体性评价原则，将思政课教师对其他学段教学目标和内容的了解程度、与其他学段思政课教师的交流沟通情况纳入业务考核范围，突出一体化教书育人效果在职务评聘中的核心地位，并逐步提高在评优、职称晋升中的权重。② 有学者指出，严把政治观、师德观和业务观，积极探索与思政课教学和科研相匹配的评价体系，确定思政课教学和与之相关的科研成果在评价体系中的权重，落实思政课教师职务（职称）评聘单设类别、单独评审，为他们理直气壮讲好思政课撑腰，解决后顾之忧。探索不同学段思政课评价标准，致力于构建一个能够涵盖大中小各学段思政课质量的综合性评价体系。③ 也有学者指出，一方面要突出课堂教学质量和育人实效的导向，要将师德师风、铸魂育人放在第一位；另一方面要构建评价主体多元化机制，破除考分评价教师的单一考核标准，由学校、学生、家长等多个主体进行评价，通过教师自身的内化、吸收，转化为提升教师专业发展的动力，还要构建发展性的教师评价体系，坚持过程性评价与发展性评价相统一。④ 还有学者认为，大中小学思政课一体化文化环境建设的教师评价应从各级思政课教师对中华优秀传统文化等知识的掌握程度、课堂实施效果、学生评价口碑等角度进行系统、科学、全面的评价，尤其是教师自身要进行自我评价，对一体化文化环境体系建设成果给予反馈和监督。同时，将各学段教师在跨学段文化交流中的表现纳入教师考

---

① 任鹏，武贵秀，赵形. 思想政治教育一体化文化环境体系的完善对策［J］. 党政干部学刊，2021（10）：22-28.

② 尚伟伟. 落实大中小学思政课一体化建设，聚焦机制形成育人"同心圆"［N］. 中国教育报，2021-01-26（1）.

③ 郭小虎，李雪娇. 我国推进大中小学思政课一体化教育现实进路［J］. 渤海大学学报（哲学社会科学版），2021（4）：110-112.

④ 高青兰，何俊，一体化建设背景下乡村思政课教师的专业发展路径［J］. 思想政治课教学，2021（4）：11-14.

评体系，并及时给予肯定和鼓励，切实发挥评价的激励和督促作用，促进思政课教师提升一体化文化环境体系建设衔接的教学意识和水平。[①]学界的观点为思政课教师考评一体化建设提供积极的参考，我们还应该注意以下几个方面。

一是，应清晰界定每个学段思政课的教育目标与要求。在小学阶段，思政课应侧重夯实学生的道德基石，培养他们良好的行为习惯和初步的道德观念。进入初中，教育目标应进一步升华，提升学生的道德认知层次，并丰富他们的情感体验。到了高中，则应引导学生深刻领悟社会主义核心价值观的精髓，同时培养他们的社会责任感和公民意识。而到了大学阶段，思政课则应以提升学生的思想政治理论素养和批判性思维能力为重中之重。

二是，构建相互衔接、层次分明的评价指标体系。这一体系应涵盖知识理解、情感态度、价值观塑造及实践应用等多个维度，全方位展现学生的学习成效。同时，各学段的评价指标应呈现一定的连续性与递进性，确保学生在不断深化的学习过程中，思政素养得以稳步提升。

三是，注重评价方法的多样性和灵活性。办好思政课，必须遵循思想政治工作规律，遵循教书育人规律，遵循学生成长规律。如果因循守旧老一套，缺乏亲和力与针对性，不能满足学生成长发展需求和期待，就很难取得实效。只有沿用好办法，改进老办法，探索新办法，丰富评价方法，着力推动思政课改革创新，不断增强针对性、时代感和吸引力，才能使思政课润物无声地给学生以人生启迪、智慧光芒、精神力量。

四是，评价结果的反馈与应用同样至关重要。建立健全评价结果的发布、监测、汇集、分析、运用机制，以及依据评价结果的反馈、改进、督导机制，科学指导学校和思政课教师正确运用评价结果，坚持守正创新推动大中小学思政课一体化建设实现高质量发展。

（三）建立大中小学思政课评价体系一体化标准

构建大中小学思政课评价体系一体化标准，对于实现各学段思政课教学

---

① 任鹏，武贵秀，赵形.思想政治教育一体化文化环境体系的完善对策［J］.党政干部学刊，2021（10）：22-28.

目标的连贯性、内容的递进性，以及评价方式的科学合理性等关键环节至关重要。

首先，要明确各学段思政课的教学目标。在大中小学的不同学段，思政课通过讲故事、讲历史、讲理论等多种方式发挥了积极的政治引导功能，成为马克思主义理论教育的有效载体。小学阶段应侧重帮助学生树立正确的价值观和道德观念，形成积极向上的人生态度。中学阶段则在此基础上，进一步提升学生的政治素养和法治观念，引导他们树立正确的价值观。大学阶段则应着重培养学生树立的正确世界观、人生观、价值观和批判性思维能力，助力他们成长为具有社会责任感和创新精神的新时代青年。

其次，要构建具有连贯性的思政课教学内容体系。大中小学思政课之间具有连贯性、统一性，是一个有机整体。推动大中小学思政课一体化建设，要坚持全面、联系、发展的观点，运用系统思维对大中小学思政课各方面、各层次进行整体规划、统筹安排、系统推进，从而实现思政课建设有序高效、整体优化。需要指出，这里的连贯性主要是指在不同学段间建立起知识体系和思想观念的连贯性，确保学生能够逐步形成系统的思维方式和价值观念，确保各个学段之间内容的有机衔接和有序协同。

再次，要设计科学合理的思政课评价方式。思政课评价方式应多样化、科学化，能够全面反映学生的学习成果和综合素质。一些学校逐步探索利用人工智能、大数据等技术手段创新思政课评价方式。通过打造灵活弹性、人机协同的评价方式，为思政课教师提供自动化教学反馈和评价建议，让思政课最大限度符合学生预期、更加精准对接学生需求。为确保评价体系的公正性和客观性，应制定统一的思政课评价标准。这些标准应紧密围绕思政课的教学目标和内容体系，明确评价的具体要求和指标。此外，学校还需根据时代变迁与教学改革的实际需求，定期审视并修订评价标准，确保评价体系的持续进步与时代同步。

最后，要加强思政课教师队伍建设。思政课教师是实施评价体系的关键力量，要打通思政课教师选用、管理、考核、成长全链条，抓好人才培养、培育激励、评价管理，建设一支政治强、情怀深、思维新、视野广、自律严、人格正的思政课教师队伍。

第七节　不断改革保障机制

建立健全大中小学思政课一体化建设的保障机制，旨在确保各学段思政课同向同行、协同育人，有效增强思政课的教学效能，提升其一体化建设水平。思想政治教育机制的功能是各种相关因素功能的耦合，依赖于各构成要素之间的相互衔接、协调运转以及各要素功能的健全。积极构建并优化大中小学思政课一体化建设的保障机制和激励机制，不仅能够为大中小学思政课的一体化建设提供坚实的制度保障，还能有效激发各学段思想政治教育的活力，织密"大思政课"育人一张网，构建"大思政课"协同育人机制。

一、保障机制一体化的内涵

大中小学思政课保障机制一体化是指构建一个完整、连贯且高效的机制体系，旨在全面提升思政课的教学质量，实现教学内容的深度整合与有机衔接。建立健全该机制的目的是打造从小学阶段到大学阶段层次递进、相互支撑的知识体系，有利于学生在成长过程中逐步深化对思政知识的理解和应用。

一是保障机制一体化需确保教学内容的连贯性和递进性。从小学阶段的基础知识普及，到初中阶段的认知深化，再到高中和大学阶段的系统学习和实践应用，各学段的思政课应紧密结合学生的年龄特点和认知水平，既保持连续性，又展现创新性，持续激发学生的求知欲。

二是保障机制一体化还需确保教学目标的明确性和一致性。从小学阶段的基础性目标，到初中、高中、大学阶段的进阶性目标，都应围绕培养学生的思想政治素质、道德品质和人文素养展开。这些目标均聚焦培养担当民族复兴大任的时代新人，培养德智体美劳全面发展的社会主义建设者和接班人。

三是保障机制一体化需注重教学资源的优化配置。要完善大中小学思想政治教育优质均衡推进机制，全面提高思政课教育质量，优化教学方式，健全教学管理制度，规范教学行为，优化区域思想政治教育资源配置，缩小城乡思想政治教育差距。

四是加强思政课教师队伍的建设。各学段应打造一支具备高尚师德、较强专业素养和教学能力的思政课教师队伍。通过加强教师培训、开展教学研讨、推广先进教学经验等方式，不断提升教师的教育教学能力，为思政课的优质教学提供有力保障。

二、保障机制一体化的必要性

大中小学思政课保障机制一体化建设的必要性，不仅体现在坚持立德树人根本任务的力度，还表现为教育质量的全面提升，深度推进协同育人机制，不仅契合时代发展的脉搏，还有利于引导学生努力成为社会发展、知识积累、文化传承、制度运行所要求的优秀人才。

首先，保障机制一体化建设有助于更好地坚持立德树人根本任务。传统的思政课教学往往存在一些弊端，如教学方式单一、内容枯燥、缺乏吸引力等，使得学生在学习过程中容易产生抵触情绪，难以真正达到思想政治教育的目的。实施大中小学思政课保障机制的一体化建设要遵循教育规律，把循序渐进、螺旋上升体现在目标设定、教育过程、评价方式、队伍建设和培养方向等方方面面，坚持紧紧围绕立德树人这个根本任务，为党育人、为国育才。

其次，保障机制一体化建设在提升思政课教学质量方面发挥一定作用。高质量的保障体系是落实思政课实践教学的关键所在、重要基石。学校要建立实践教学的管理机制、活动经费管理机制、学生安全保障机制等，在完善的保障体系中实现高质量思政课教学。

再次，保障机制一体化建设有助于形成协同育人的强大合力。大中小学思政课保障机制一体化建设可以打破学科壁垒，构建横向的"大思政"体系，将思想政治教育贯穿教育教学的全过程和各环节。这不仅能够强化思想政治教育的整体性和系统性，还能与其他学科形成优势互补，促进学生的全面发展。

最后，保障机制一体化建设是时代发展的必然要求。新的历史方位、新的时代课题对思政课建设赋予了更大使命、提出了更高要求。教育部门应加强大中小学思政课保障机制一体化建设，以政治认同、家国情怀、道德修养、法治意识、文化素养、创新品格为重点，教育引导学生把爱国情、强国志、报国行自觉融入坚持和发展中国特色社会主义事业、建设社会主义现代化强国、实现中华民族伟大复兴的奋斗之中，以大中小学思政课一体化建设的新成效新经验为有力支撑，加快建设教育强国。

三、保障机制一体化的重要性

大中小学思政课保障机制的一体化构建，在提升思想政治教育质量、强化教育连贯性和系统性方面，扮演着不可或缺的角色。也就是说，从教育效果和效率的角度来看，一体化建设能够展现一定的独特优势。

首先，从教育连贯性和系统性的视角来看，一体化建设功不可没。通过建立一套完善的保障机制一体化，大中小学的思想政治教育不再孤立无援、各自为政，而是可以形成一个紧密相连、互为补充的有机整体。这种设计使得各个学段的教育目标、内容和方法能够相互协调、相互衔接，确保思想政治教育能够沿着一条清晰、连贯的轨迹稳步开展。

其次，一体化建设有助于提升思想政治教育的针对性和实效性。通过采用问卷调查、访谈及大数据分析等方法，深入探究各学段学生的身心发展特点、认知水平和成长需求，确保思想政治教育内容具有高度贴合性。同时，一体化建设不仅促进教育理念的革新，还推动教学方法的多样化实践，如启发式、讨论式、案例式等教学模式的广泛应用，提升思想政治教育的吸引力和有效性。

最后，一体化建设还有助于优化思想政治教育资源配置，提高思政课教学效率。在保障机制一体化下，思想政治教育资源能够得到更加科学合理的分配和利用，避免了资源的浪费和重复投入。同时，一体化建设还能够促进教师资源的共享和优化配置，使得优秀的思政课教师能够在不同学段发挥更大的作用，提升整个教师队伍的专业素养和教学水平。

四、保障机制一体化建设的对策

针对大中小学思政课保障机制一体化建设存在的各种问题，需采取积极有效的措施，不仅需要组建管理机构、建立交流平台，还需要建立研究机构和落实专项经费，以确保大中小学思政课一体化建设的顺利推进。

（一）组建大中小学思政课一体化建设管理机构

2020年，教育部办公厅印发了《关于成立教育部大中小学思政课一体化建设指导委员会的通知》，明确提出成立大中小学思政课一体化建设指导委员会。该委员会是在教育部党组领导下，深化学校思政课改革创新的决策协调议事机构，对大中小学思政课一体化建设进行领导、指导、咨询、示范、培训、研判等。其主要任务是统筹协调教育部相关司局，指导推动各地教育部门、各学校贯彻落实党中央关于大中小学思政课一体化建设的有关决策部署，教育部关于深化学校思政课改革创新的工作要求，总结推广先进经验；审议和研究部署大中小学思政课教材建设、教学方法改革、师资队伍建设等重大事项；组织专家指导组就大中小学思政课一体化建设开展前瞻研究、评价指导、工作研讨、经验总结、问题研判等理论与实践工作。该委员会由工作管理委员和专家委员组成，采用二级组织形式。一体化建设指导委员会办公室设在教育部社会科学司，承担日常统筹、协调等工作职责，下设一体化建设专家指导组。2021年，教育部办公厅印发《教育部大中小学思政课一体化建设指导委员会章程》，对大中小学思政课一体化建设指导委员会的定位、组织、任务、工作方式等进行了明确的规定。

组建大中小学思政课一体化管理机构，是一项全局性、系统性的重大工程，需经过精心策划和细致部署，确保思政课程能够实现有机衔接和整体优化。

首先，明确管理机构的定位与职能。管理机构作为大中小学思政课一体化建设的实施主体，承担制定战略规划工作，扮演协调者、监督者和评估者等多重角色，确保各教育阶段的思政课协同发展。

其次，构建完善的组织架构。管理机构应设计一套清晰、高效的组织架构，其中每个部门都应有明确的职责范围和工作重心。各部门之间既要分工明确，又要形成强大的合力，共同推动一体化建设的深入发展。在选拔专业的管理团队方面，管理机构应重视选拔具有深厚思政课教学背景和管理经验的专业人才。这些人才不仅要具备高度的政治觉悟和理论素养，还应具备卓越的组织协调能力和创新思维，能够为一体化建设不断取得新的突破。

此外，加强制度建设与规范管理同样不可或缺。"无规矩不成方圆，有敬畏才知行止。"制度具有管根本，管长远的功能。管理机构应制定一套科学、合理的管理制度，明确各部门和岗位的职责与权限，确保各项工作的有序进行。同时，建立健全考核机制，定期对管理机构的工作进行评估和反馈，以便及时发现问题并进行改进。在资源整合与共享方面，管理机构应积极发挥桥梁和纽带的作用，加强与教育行政部门、学校、教师等各方面的沟通与协作。

最后，注重创新与实践。管理机构应鼓励和支持教师开展教学研究和实践探索，不断创新思政课的教学模式和方法。同时，密切关注社会热点和学生需求，及时调整教学内容和方式，使思政课更加贴近实际、贴近生活、贴近学生。

（二）建立大中小学思政课一体化交流平台

构建大中小学思政课一体化交流平台，旨在通过强化各学段思政课程的内在联系，构建连贯、系统、高效的教育体系，进而显著提升思想政治教育的整体质量和效果，具有深远的意义。

首先，需要明确平台的定位与宗旨。该平台应定位为集资源共享、经验交流、师资培育与教学研究等功能于一体的综合性平台，旨在实现各学段思政课程在内容、理念、方法上的有机衔接和深度融合。通过平台建设，强化思想政治教育内容的连贯性和系统性，增强思想政治教育的时代感和针对性，有效地培育出具备高尚道德品质、坚定理想信念和创新精神的新时代青年。

其次，充分展现各学段思政课程的优势。学校利用平台的资源整合与优化功能，精选并集中展示各学段优质的思政教学案例、课程资源及最新研究成果，促进资源的有效共享与高效利用，从而避免资源的重复浪费，促进各学段教师之间的相互学习与借鉴，推动思想政治教育整体水平的不断提升。

再次，注重提升教师的专业素养和教学能力。构建常态化、多样化的师资培训体系，包括线上线下结合的培训课程、定期的教学研讨会及经验分享会，助力教师持续更新教育观念，掌握先进教学方法，提高教学效果。同时，平台还应建立健全教师之间的交流互动机制，鼓励跨学段、跨区域的教师合作，共同探索思想政治教育的创新之路。

最后，开展教学研究与改革。可充分利用平台汇聚的丰富教学资源和教师智慧，聚焦思想政治教育的热点、难点及前沿问题，组织跨学科、跨学段的科研团队进行深入研究与探讨。通过不断的实践探索与理论创新，优化思政课程内容、改进教学方法、完善评价机制，使思想政治教育更加符合时代发展的需求和学生成长的规律。在利用现代技术手段提升平台功能方面，应充分运用云计算技术实现教育资源的海量存储与快速访问，提升资源共享的效率与便捷性；利用大数据技术对用户行为和需求进行精准分析，提供个性化的学习资源和服务；借助人工智能技术辅助教师进行课程教学设计、教学评价等工作，提高教学效率与质量。

（三）建设大中小学思政课一体化研究机构

构建大中小学思政课一体化研究机构，需立足教育全局的战略视角，深入审视并优化思想政治教育的连贯性和系统性，构建一个协同、完善的育人体系。

首先，应明确研究机构的定位与目标。它不仅是一个专注于学术研究的平台，更是一个集理论探索、实践创新、师资培养于一体的综合性枢纽。其重要目标在于，通过深入而系统的研究，实现思政课程在大中小学各学段的有机贯通，构建一个相互衔接、循序渐进的一体化教育体系，为学生的全面发展奠定坚实基础。

其次，需构建完善的研究体系。需要组建一个跨学科、跨学段的教师研究团队，充分发挥不同领域、不同学段教师的专业优势，形成强大的研究合力。此外，应设立兼具前瞻性与针对性的专项研究课题，精准聚焦思想政治教育领域的热点与难点，进行深入剖析与探讨，以期为教育实践提供强有力的理论支撑。

再次，理论研究与实践教学的紧密结合。注重将理论研究成果转化为生动的教学实践，通过组织丰富多样的实践活动、开展教学实验等方式，让学生在亲身参与中深化对思政理论的理解和认同。同时，应持续关注实践教学中涌现的新问题和新情况，并迅速将其纳入理论研究的视野，以此不断丰富和拓展思想政治教育的理论体系。

最后，构建科学高效的评估与反馈体系至关重要。要定期对研究机构的工作进行评估和总结，及时发现问题并制定针对性的改进措施。[1]同时，广泛征集师生及社会各界的反馈，准确把握思想政治教育的新需求和新趋势，为持续优化和完善教育内容与方法提供坚实依据。

（四）落实大中小学思政课一体化建设专项经费

落实大中小学思政课一体化建设的专项经费，是思想政治教育质量提升和创新发展的有力保障。专项经费将为各级学校的思想政治教育工作奠定坚实的物质基础，有效激发教育创新的活力，确保大中小学思政课一体化建设得以稳健实施。2022年12月印发的教育部办公厅《关于开展大中小学思政课一体化共同体建设的通知》明确提出，教育部将根据各共同体工作情况，每年给予专项经费支持。各地教育部门和共同体牵头高校可给予配套经费支持，并制定专项经费管理办法。各牵头高校统筹专项经费的具体使用，确保专款专用，符合有关规定。

一是在筹措专项经费方面，应积极探索多元化的资金渠道。中央和地方财政的拨款应作为经费的主要来源，需确保资金稳定且逐年递增。同时，还应充分利用社会各界对思想政治教育的关注和支持，通过积极引导和宣传，鼓励企业、社会团体和个人捐赠资金支持大中小学思政课一体化建设。此外，学校应积极发挥主观能动性，通过自筹资金、开展项目合作等方式，为思政课建设提供更为充裕的资金支持。

二是在经费分配上，应充分考虑各学校的实际需求和条件差异。对于教育资源相对匮乏的地区和学校，应给予更多的政策倾斜和资金支持，帮助他们参与并在大中小学思政课一体化建设中受益。同时，对于在思政课建设方面表现突出的学校，应给予适当的奖励和激励，以进一步激发其创新发展的动力。

三是建立健全专项经费的管理制度和监督机制，确保经费合规使用，防止浪费现象和腐败问题的产生。应制定详尽的经费使用规定和管理办法，明

---

①赵礼菊.国企思想政治工作开展的现状及改进措施［J］.现代企业文化，2024（5）：67-69.

确经费使用的范围、标准和程序，确保每一笔资金都用在刀刃上。同时，加强对经费使用情况的监督和检查，建立健全内部审计和外部审计机制，确保资金使用的合规性和有效性。

四是在筹措专项经费方面，应积极探索多元化的资金渠道，鼓励企业、社会团体和个人捐赠等。此外，学校自身也应积极自筹资金，开展项目合作，为大中小学思政课一体化建设提供更为充裕的资金支持。

五是建立完善的经费使用效果评估和反馈机制。定期对专项经费的使用情况进行评估和总结，分析资金使用的成效和存在的问题，及时调整和优化经费分配和管理方式。同时，建立有效的反馈渠道，积极听取学校和教师的意见和建议，不断完善专项经费的管理和使用制度。

结论与启示

新时代新征程上，思政课建设面临新形势新任务，要求我们始终坚持守正创新，在传守正创新之道、育守正创新之人、循守正创新之则、强守正创新之能上全面发力、一体推进，展现思政课建设的新气象新作为。

深入推进大中小学思政课一体化建设，关系"培养什么人、怎样培养人、为谁培养人"这个教育的根本问题。习近平总书记强调："在大中小学循序渐进、螺旋上升地开设思想政治理论课非常必要，是培养一代又一代社会主义建设者和接班人的重要保障。"大中小学思政课一体化建设是一项系统工程，必须坚持系统观念，对其开展理论研究，并在实践中取得积极的进步。一体化的概念历经在经济学领域、国际关系领域及多个学科领域的历史流变，其内涵逐渐丰富，普遍指涉将原本分散的要素或系统整合为统一、协调的有机整体的过程。大中小学思政课一体化建设就是把原本相对独立的不同学段的思政课或同一学段内部的思政课整合成一个系统的有机整体的过程，其目的在于通过优化资源配置，增强思政课的育人实效性，促进思政课教学质量的全面提升，从而更有效地服务于立德树人的教育根本任务。大中小学思政课一体化建设的内在逻辑根植于大中小学思政课本身作为系统性有机体的特性，这一特性体现在学生思想品德发展的循序渐进性与思想政治教育阶段性和连续性的高度统一之中。

笔者在学理上坚持目标导向和问题导向，系统回答了大中小学思政课一体化建设的四个问题。

一是大中小学思政课一体化建设的必要性问题，即为什么要一体化的问题。笔者认为，在"两个大局"的时代背景和意识形态工作面临严峻挑战的情况下，在立德树人根本任务的确立和思政课发展的现实困境下，大中小学思政课一体化建设对于推动思想政治教育学科的进步、提升思政课内涵式发展的教学实效性具有重要意义。

二是关于大中小学思政课一体化建设的学理依据问题，即建设的可行性问题。笔者从马克思主义哲学的认识论、辩证法出发，结合思想政治教育学、教育学和社会学等相关理论进行分析，以习近平总书记的相关重要论述为根本遵循，结合国家出台的相关文件，较为全面地论证大中小学思政课一体化建设的可行性。

三是关于大小学思政课一体化建设的历史经验和现实问题。笔者梳理大中小学思政课一体化建设的发展历程，总结相应的经验，并结合理论研究和实践要求，提出大中小学思政课一体化建设中存在的问题，即课程设置缺乏一致性、教材内容缺乏整体性、教师队伍缺乏协同性、教学效果缺乏评价性和保障机制缺乏完善性，其原因在于顶层设计缺位、教育理念落后、理论研究不足、学段联系不强和实践支持不足等。

四是关于大中小学思政课一体化建设的原则与实践路径，旨在明确实施策略，即"怎么办"的问题。笔者在展开相关论述时，严格遵循以下四大原则，即循序渐进与螺旋上升相统一、系统性与层次性相协调、理论性与实践性相融合、守正性与创新性相促进，提出整体推进课程设计、高质量组织教材编写、持续加强教师队伍建设、优化教学资源整合、创新教学实践方式、建立健全评价体系和不断改革保障机制等路径，以期大中小学思政课一体化建设出现循序渐进、螺旋上升的积极态势，进一步提升思政课的针对性和实效性，为培养德智体美劳全面发展的社会主义建设者和接班人奠定了坚实基础。

总之，大中小学思政课一体化建设是一项复杂的系统工程，需要凝聚多方面合力，共同推进。这既要从宏观上进行全局性把握，也要在细小处做好衔接；既要从理论上深化对一体化建设的认识，也要在实践中探索有效的实践模式。从另一个角度来说，思想政治教育学科的发展本质上就是循序渐进、螺旋上升的过程。大中小学思政课一体化建设非一日之功，只有在研究中实践，在实践中研究，在改进中加强，才能推进大中小学思政课一体化建设不断实现高质量发展。

在新征程上，我们要以习近平新时代中国特色社会主义思想为指导，全面贯彻落实党的二十大和二十届二中、三中全会精神，不断提高政治站位、增强责任担当、遵循教育规律、创新工作实践，深入推动大中小学思政课一体化建设，以高度的责任感和使命感，奏响思政育人"协奏曲"，不仅为教育强国建设注入强劲新动能，更要在全球视野下塑造我国思想政治教育的新优势，培养更多德智体美劳全面发展的社会主义建设者和接班人。

附件

关于大中小学思政课一体化建设的相关文件

1.关于深化新时代学校思想政治理论课改革创新的若干意见

公布日期：2019-08-14
发布部门：中共中央办公厅、国务院办公厅

为深入贯彻落实习近平新时代中国特色社会主义思想和党的十九大精神，贯彻落实习近平总书记关于教育的重要论述，特别是在学校思想政治理论课教师座谈会上的重要讲话精神，全面贯彻党的教育方针，解决好培养什么人、怎样培养人、为谁培养人这个根本问题，坚持不懈用习近平新时代中国特色社会主义思想铸魂育人，现就深化新时代学校思想政治理论课（以下简称思政课）改革创新提出如下意见。

一、重要意义和总体要求

1. 重要意义。教育是国之大计、党之大计，承担着立德树人的根本任务。思政课是落实立德树人根本任务的关键课程，发挥着不可替代的作用。党的十八大以来，以习近平同志为核心的党中央高度重视思政课建设，作出一系列重大决策部署，各地区各部门和各级各类学校采取有力措施认真贯彻落实，思政课建设取得显著成效。同时也要看到，面对新形势新任务新挑战，有的地方和学校对思政课重要性认识还不够到位，课堂教学效果还需提升，教材内容不够鲜活，教师选配和培养工作存在短板，体制机制有待完善，评价和支持体系有待健全，大中小学思政课一体化建设需要深化，民办学校、中外合作办学思政课建设相对薄弱，各类课程同思政课建设的协同效应有待增强，学校、家庭、社会协同推动思政课建设的合力没有完全形成，全党全社会关心支持思政课建设的氛围不够浓厚。办好思政课，要放在世界百年未有之大变局、党和国家事业发展全局中来看待，要从坚持和发展中国特色社会主义、建设社会主义现代化强国、实现中华民族伟大复兴的高度来对待。思政课建设只能加强、不能削弱，必须切实增强办好思政课的信心，全面提高思政课质量和水平。

2. 指导思想。全面贯彻党的教育方针，坚持马克思主义指导地位，贯彻落实习近平新时代中国特色社会主义思想，坚持社会主义办学方向，落实立德树人根本任务，坚持教育为人民服务、为中国共产党治国理政服务、为巩固和发展中国特色社会主义制度服务、为改革开放和社会主义现代化建设服务，扎根中国大地办教育，同生产劳动和社会实践相结合，加快推进教育现代化、建设教育强国、办好人民满意的教育，努力培养担当民族复兴大任的时代新人，培养德智体美劳全面发展的社会主义建设者和接班人。

3. 基本原则。一是坚持党对思政课建设的全面领导，把加强和改进思政课建设摆在突出位置。二是坚持思政课建设与党的创新理论武装同步推进，全面推动习近平新时代中国特色社会主义思想进教材进课堂进学生头脑，把社会主义核心价值观贯穿国民教育全过程。三是坚持守正和创新相统一，落实新时代思政课改革创新要求，不断增强思政课的思想性、理论性和亲和力、针对性。四是坚持思政课在课程体系中的政治引领和价值引领作用，统筹大中小学思政课一体化建设，推动各类课程与思政课建设形成协同效应。五是坚持培养高素质专业化思政课教师队伍，积极为这支队伍成长发展搭建平台、创造条件。六是坚持问题导向和目标导向相结合，注重推动思政课建设内涵式发展，全面提升学生思想政治理论素养，实现知、情、意、行的统一。

二、完善思政课课程教材体系

4. 整体规划思政课课程目标。在大中小学循序渐进、螺旋上升地开设思政课，引导学生立德成人、立志成才，树立正确世界观、人生观、价值观，坚定对马克思主义的信仰，坚定对社会主义和共产主义的信念，增强中国特色社会主义道路自信、理论自信、制度自信、文化自信，厚植爱国主义情怀，把爱国情、强国志、报国行自觉融入坚持和发展中国特色社会主义事业、建设社会主义现代化强国、实现中华民族伟大复兴的奋斗之中。大学阶段重在增强使命担当，引导学生矢志不渝听党话跟党走，争做社会主义合格建设者和可靠接班人。高中阶段重在提升政治素养，引导学生衷心拥护党的领导和我国社会主义制度，形成做社会主义建设者和接班人的政治认同。初中阶段重在打牢思想基础，引导学生把党、祖国、人民装在心中，强化做社会主义建设者和接班人的思想意识。小学阶段重在启蒙道德情感，引导学生形成爱党、爱国、爱社会主义、爱人民、爱集体的情感，具有做社会主义建设者和接班人的美好愿望。

5. 调整创新思政课课程体系。加强以习近平新时代中国特色社会主义思想为核心内容的思政课课程群建设。在保持思政课必修课程设置相对稳定基础上，结合大中小学各学段特点构建形成必修课加选修课的课程体系。全国重点马克思主义学院率先全面开设"习近平新时代中国特色社会主义思想概论"课。博士阶段开设"中国马克思主义与当代"，硕士阶段开设"中国特色社会主义理论与实践研究"，本科阶段开设"马克思主义基本原理概论"、"毛泽东思想和中国特色社会主义理论体系概论"、"中国近现代史纲要"、"思想道德修养与法律基础"、"形势与政策"，专科阶段开设"毛泽东思想和中国特色社会主义理论体系概论"、"思想道德修养与法律基础"、"形势与政策"等必修课。各高校要重点围绕习近平新时代中国特色社会主义思想，党史、国史、改革开放史、社会主义发展史，宪法法律，中华优秀传统文化等设定课程模块，开设系列选择性必修课程。高中阶段开设"思想政治"必修课程，围绕学习习近平总书记最新重要讲话精神开设"思想政治"选择性必修课程。初中、小学阶段开设"道德与法治"必修课程，可结合校本课程、兴趣班开设思政类选修课程。

6. 统筹推进思政课课程内容建设。坚持用习近平新时代中国特色社会主义思想铸魂育人，以政治认同、家国情怀、道德修养、法治意识、文化素养为重点，以爱党、爱国、爱社会主义、爱人民、爱集体为主线，坚持爱国和爱党爱社会主义相统一，系统开展马克思主义理论教育，系统进行中国特色社会主义和中国梦教育、社会主义核心价值观教育、法治教育、劳动教育、心理健康教育、中华优秀传统文化教育。遵循学生认知规律设计课程内容，体现不同学段特点，研究生阶段重在开展探究性学习，本专科阶段重在开展理论性学习，高中阶段重在开展常识性学习，初中阶段重在开展体验性学习，小学阶段重在开展启蒙性学习。

7. 加强思政课教材体系建设。国家教材委员会统筹大中小学思政课教材建设，科学制定教材建设规划，注重提升思政课教材的政治性、时代性、科学性、可读性。国家统一开设的大中小学思政课教材全部由国家教材委员会组织统编统审统用，在教材中及时融入马克思主义中国化最新成果、坚持和发展中国特色社会主义最新经验、马克思主义理论学科最新研究进展。地方或学校开设的思政课选修课教材，由各地负责组织审定。研究编制习近平新时代中国特色社会主义思想进课程教材指导纲要，研究编制中华优秀传统文化、革命文化、社会主义先进文化、科技创新文化及总体国家安全观等进课程教材指南，编制中华民族古代历史和革命建设改革时期英雄人物、先进模范进课程教材图谱，分课程组织编写高校思政课专题教学指南，组织专家编写深度解读教材体系的示范教案，实施思政课优秀讲义出版工程，开列马克思主义经典著作、当代中国马克思主义理论著作、中华优秀传统文化典籍书单，建设思政课网络教学资源库。

三、建设一支政治强、情怀深、思维新、视野广、自律严、人格正的思政课教师队伍

8. 加快壮大学校思政课教师队伍。各地在核定编制时要充分考虑思政课教师配备要求。高校要严格按照师生比不低于 1∶350 的比例核定专职思政课教师岗位，在编制内配足，且不得挪作他用，并尽快配备到位。制定关于加强新时代中小学思政课教师队伍建设的意见，加强中小学专职思政课教师配备。各地要统筹解决好思政课教师缺口问题。各高校可在与思政课教学内容相关的学科选择优秀教师进行培训后充实思政课教师队伍，可探索胜任思政课教学的党政管理干部转岗为专职思政课教师机制和办法，积极推动符合条件的辅导员参与思政课教学。高校要积极动员政治素质过硬的相关学科专家转任思政课教师。采取兼职的办法遴选相关单位的骨干支援高校思政课建设。各地应对民办学校指派思政课教师或组建专门讲师团。制定新时代高校思政课教师队伍建设规定。

9. 切实提高思政课教师综合素质。以培育一大批优秀马克思主义理论教育家为目标，制定思政课教师队伍培养培训规划，在中央党校（国家行政学院）及地方党校（行政学院）面向思政课教师举办学习习近平新时代中国特色社会主义思想专题研修班，办好"周末理论大讲堂"、骨干教师研修班，实施好思政课教师在职攻读马克思主义理论博士学位专项计划。建强高校思政课教师研修基地，依托首批全国重点马克思主义学院所在高校重点开展理论研修，依托高水平师范类院校重点开展教学研修，全面提升每一位思政课教师的理论功底、知识素养。建立一批"新时代高校思想政治理论课教师研学基地"，组织思政课教师在国内考察调研，在深入了解党和人民伟大实践中汲取养分、丰富思想。组织思政课骨干教师赴国外调研，拓宽国际视野，在比较分析中坚定"四个自信"。完善国家、省（自治区、直辖市）、学校三级培训体系。本科院校按在校生总数每生每年不低于40元，专科院校按每生每年不低于30元的标准提取专项经费，用于思政课教师的学术交流、实践研修等，并逐步加大支持力度。中央和地方主流媒体的政论、时政节目要积极推出优秀思政课教师传播理论成果，展示综合素质，增强社会影响力。

10. 切实改革思政课教师评价机制。严把政治关、师德关、业务关，明确与思政课教师教学科研特点相匹配的评价标准，进一步提高评价中教学和教学研究占比。各高校在专业技术职务（职称）评聘工作中，要单独设立马克思主义理论类别，校级专业技术职务（职称）评聘委员会要有同比例的马克思主义理论学科专家。按教师比例核定思政课教师专业技术职务（职称）各类岗位占比，高级专业技术职务（职称）岗位比例不低于学校平均水平，指标不得挪作他用。要将思政课教师在中央和地方主要媒体上发表的理论文章纳入学术成果范畴。实行不合格思政课教师退出机制。

11. 加大思政课教师激励力度。增强教师的职业认同感、荣誉感、责任感，把思政课教师和辅导员中的优秀分子纳入各类高层次人才项目，在"万人计划"、"长江学者奖励计划"、"四个一批"等人才项目中加大倾斜支持力度。各地要因地制宜设立思政课教师和辅导员岗位津贴，纳入绩效工资管理，相应核增学校绩效工资总量。要把思政课教师作为学校干部队伍重要来源，学校党政管理干部原则上应有思政课教师、辅导员或班主任工作经历。党和国家设立的荣誉称号要注重表彰优秀思政课教师，教育部门要大力推选思政课教师年度影响力人物等先进典型。对立场坚定、学养深厚、联系实际、成果突出的思政课教师优秀代表加大宣传力度，发挥示范引领作用。

12. 大力加强思政课教师队伍后备人才培养工作。注重选拔培养高素质人才从事马克思主义理论学习研究和教育教学，统筹推进马克思主义理论学科本硕博一体化人才培养，构建完善马克思主义理论学科本硕博学科体系和课程体系。全国重点马克思主义学院通过提前批次录取或综合考核招生等方式招收马克思主义理论专业本科生，给予推免政策倾斜鼓励优秀马克思主义理论专业本科生攻读硕士学位，采取硕博连读或直接攻读博士学位的方式加强培养。深入实施"高校思想政治理论课教师队伍后备人才培养专项支持计划"，专门招收马克思主义理论学科研究生，并逐步按需增加招生培养指标。加强思政课教师队伍后备人才思想政治工作，加大发展党员力度，提高党员发展质量。

四、不断增强思政课的思想性、理论性和亲和力、针对性

13. 加大思想性、理论性资源供给。进一步建强马克思主义理论学科，进入世界一流大学建设的高校应将马克思主义理论学科设为重点建设学科，为思政课建设提供坚实学科支撑。深入研究坚持和发展中国特色社会主义的重大理论和实践问题，为增强思政课的思想性、理论性提供多角度学术支持。充分发挥马克思主义理论学科的领航作用，大力推进中国特色社会主义学科体系建设。根据需求逐步增加马克思主义理论学科博士学位授权点，支持有关高校联合申报马克思主义理论学科博士学位授权点。组织思政课教师及时学习习近平总书记最新重要讲话精神，及时学习相关文件精神，全面理解和准确把握党中央重大决策部署。

14. 加大思政课教研工作力度。建立健全大中小学思政课教师一体化备课机制，普遍实行思政课教师集体备课制度，全面提升教研水平。遴选学科带头人担任各门课集体备课牵头人，学校领导干部要积极支持和主动参与。建立思政课教师"手拉手"备课机制，发挥思政课建设强校和高水平思政课专家示范带动作用。加强"全国高校思想政治理论课教师网络集体备课平台"建设，完善思政课教师网络备课服务支撑系统。建立纵向跨学段、横向跨学科的交流研修机制，深入开展相邻学段思政课教师教学交流研讨。推动建立思政课教师与其他学科专业教师交流机制。大力推进思政课教学方法改革，提升思政课教师信息化能力素养，推动人工智能等现代信息技术在思政课教学中应用，建设一批国家级虚拟仿真思政课体验教学中心。

15. 切实加强思政课课题研究和成果交流。国家社科基金规划项目、教育部人文社科研究项目等设立思政课教师研究专项，开展思政课教学重点难点问题和教学方法改革创新等研究，逐步加大对相关课题研究的支持力度。各地要参照设立相关项目并给予经费投入。加强马克思主义理论教学科研成果学术阵地建设，首批重点建设 10 家学术期刊和若干学术网站，支持新创办一定数量的思政课研究学术期刊。制定思政课教师发表文章的重点报刊目录，将《人民日报》《求是》《解放军报》《光明日报》《经济日报》等中央媒体及地方党报党刊列入其中。委托高校马克思主义学院分片建立高校思政课教学创新中心，设立一批思政课教学质量监测基地。在国家级教学成果奖中单列思政课专项，每 2 年开展 1 次全国思政课教学展示活动，定期开展优秀思政课示范课巡讲活动。打造一批思政课国家精品在线开放课程，探索建设融媒体思政公开课，推动优质教学资源共享。

16. 全面提升高校马克思主义学院建设水平。强化"马院姓马、在马言马"的鲜明导向，把思政课教学作为高校马克思主义学院基本职责，将马克思主义学院作为重点学院、马克思主义理论学科作为重点学科、思政课作为重点课程加强建设，在发展规划、人才引进、公共资源使用等方面给予马克思主义学院优先保障。建好建强一批全国重点马克思主义学院和示范性马克思主义学院，依托有条件的高校马克思主义学院建设一批习近平新时代中国特色社会主义思想研究院。建立和完善马克思主义理论学科体系，实施马克思主义理论学科领航工程，在马克思主义理论学习研究宣传上发挥引领带动作用。全面推动各地宣传、教育等部门共建所在地区高校马克思主义学院。实施马克思主义学院院长培养工程，加强马克思主义学院领导班子建设。

17. 整体推进高校课程思政和中小学学科德育。深度挖掘高校各学科门类专业课程和中小学语文、历史、地理、体育、艺术等所有课程蕴含的思想政治教育资源，解决好各类课程与思政课相互配合的问题，发挥所有课程育人功能，构建全面覆盖、类型丰富、层次递进、相互支撑的课程体系，使各类课程与思政课同向同行，形成协同效应。建成一批课程思政示范高校，推出一批课程思政示范课程，选树一批课程思政教学名师和团队，建设一批高校课程思政教学研究示范中心。

五、加强党对思政课建设的领导

18. 严格落实地方党委思政课建设主体责任。地方各级党委要把思政课建设作为党的建设和意识形态工作的标志性工程摆上重要议程，党委常委会每年至少召开 1 次专题会议研究思政课建设，抓住制约思政课建设的突出问题，在工作格局、队伍建设、支持保障等方面采取有效措施。建立和完善省（自治区、直辖市）党委领导班子成员联系高校和讲思政课特别是"形势与政策"课制度，各省（自治区、直辖市）党委和政府主要负责同志每学期结合学习和工作至少讲 1 次课。各地要把民办学校、中外合作办学院校纳入思政课建设整体布局。思政课建设情况纳入各级党委领导班子考核和政治巡视。

19. 推动建立高校党委书记、校长带头抓思政课机制。加强和改进高校领导干部深入基层联系学生工作，推动高校领导干部兼任班主任等工作，建立健全高校党委书记、校长及职能部门力量深入一线了解学生思想动态、服务学生发展的制度性安排。高校党委书记、校长作为思政课建设第一责任人，要结合自身学科背景和工作经历，带头走进课堂听课讲课，带头推动思政课建设，带头联系思政课教师。高校党委常委会每学期至少召开 1 次会议专题研究思政课建设，高校党委书记、校长每学期至少给学生讲授 4 个课时思政课，高校领导班子其他成员每学期至少给学生讲授 2 个课时思政课，可重点讲授"形势与政策"课。开学典礼、毕业典礼讲话等要鲜明体现党的教育方针、积极传播马克思主义科学理论、弘扬社会主义核心价值观。要把思政课建设情况纳入学校党的建设工作考核、办学质量和学科建设评估标准体系。

20. 积极拓展思政课建设格局。中央教育工作领导小组要把思政课建设纳入重要议事日程，教育部、中央宣传部等部门要牵头抓好思政课建设，中央军委政治工作部要指导抓好军队院校思政课建设。教育部成立大中小学思政课一体化建设指导委员会，加强对不同类型思政课建设分类指导。有关部门和各地要保证思政课管理人员配备，确保事有人干、责有人负。强化中考、高考、研究生招生考试对学生学习思政课的指挥棒作用，将思政课学习实践情况等作为重要内容纳入综合素质评价体系，探索记入本人档案，作为学生评奖评优重要标准，作为加入中国少年先锋队、中国共产主义青年团、中国共产党的重要参考。坚持开门办思政课，推动思政课实践教学与学生社会实践活动、志愿服务活动结合，思政小课堂和社会大课堂结合，鼓励党政机关、企事业单位等就近与高校对接，挂牌建立思政课实践教学基地，完善思政课实践教学机制。制定关于加快构建高校思想政治工作体系的意见，汇聚办好思政课合力。加大正面宣传和舆论引导力度，推动形成全党全社会努力办好思政课、教师认真讲好思政课、学生积极学好思政课的良好氛围。

2.教育部办公厅关于成立教育部大中小学思政课一体化建设指导委员会的通知

教社科厅〔2020〕17号

各省、自治区、直辖市教育厅（教委），新疆生产建设兵团教育局，部属各高等学校、部省合建各高等学校：

为深入贯彻落实习近平总书记关于教育的重要论述特别是在学校思想政治理论课教师座谈会上的重要讲话精神，贯彻落实中央办公厅、国务院办公厅印发的《关于深化新时代学校思想政治理论课改革创新的若干意见》精神，加强对不同学段不同类型思政课建设分类指导，推动新阶段学校思政课高质量发展，全面提高思政课质量和水平，教育部决定成立大中小学思政课一体化建设指导委员会。

教育部大中小学思政课一体化建设指导委员会（以下简称一体化建设指导委员会）是在教育部党组领导下，深化学校思政课改革创新的决策协调议事机构，对大中小学思政课一体化建设进行领导、指导、咨询、示范、培训、研判等。主要任务是统筹协调教育部相关司局，指导推动各地教育部门、各学校贯彻落实党中央关于大中小学思政课一体化建设的有关决策部署，教育部关于深化学校思政课改革创新的工作要求，总结推广先进经验；审议和研究部署大中小学思政课教材建设、教学方法改革、师资队伍建设等重大事项；组织专家指导组就大中小学思政课一体化建设开展前瞻研究、评价指导、工作研讨、经验总结、问题研判等理论与实践工作。

一体化建设指导委员会由工作管理委员和专家委员组成，采用二级组织形式。一体化建设指导委员会办公室设在教育部社会科学司，承担日常统筹、协调等工作职责。一体化建设指导委员会下设一体化建设专家指导组。

一体化建设指导委员会设主任委员1人、副主任委员2人，一体化建设专家指导组设组长1名、副组长4名。实行部内相关司局主要负责同志责任制和专家任期制，每届任期5年，自2020年12月起至2025年12月止。

地方教育部门和学校特别是一体化建设专家指导组成员所在单位，要积极支持一体化建设专家指导组成员的工作，为其开展工作创造条件、提供便利，促其切实履行职责、发挥作用。

附件：教育部大中小学思政课一体化建设指导委员会成员名单

教育部办公厅

2020 年 12 月 2 日

附件

教育部大中小学思政课一体化建设
指导委员会成员名单

主任委员

陈宝生　教育部党组书记、部长

副主任委员

翁铁慧　教育部党组成员、副部长

郑富芝　教育部党组成员、副部长

委　员

中央教育工作领导小组秘书组秘书局，教育部办公厅、政策法规司、发展规划司、人事司、财务司、教材局、基础教育司、职业教育与成人教育司、高等教育司、教育督导局、教师工作司、思想政治工作司、社会科学司、高校学生司、学位管理与研究生教育司、巡视工作办公室主要负责同志以及一体化建设专家指导组担任组长、副组长的专家。

一体化建设专家指导组组长

秦　宣　中国人民大学

一体化建设专家指导组副组长

李　冉　复旦大学

韩　震　北京师范大学

周增为　上海市师资培训中心

窦桂梅　　清华大学附属小学

一体化建设专家指导组成员

王　欢　　北京市东城区史家胡同小学

王　苹　　北京市陈经纶中学

张斌平　　北京市第五中学

宇文利　　北京大学

王雯姝　　清华大学

彭庆红　　北京科技大学

刘凤义　　南开大学

张艳鹏　　辽宁省葫芦岛市教师进修学院附属中学

邵志豪　东北师范大学附属中学

陈明青　　华东师范大学第一附属中学

高国希　　复旦大学

王治东　　东华大学

宋　进　　华东师范大学

张　彦　　浙江大学

高保卫　　山东省青岛第二中学

刘吕红　　郑州大学

吴又存　　湖北省武汉市解放中学

王秋梅　　武汉职业技术学院

李　浩　　湖南省长沙县职业中专学校

钟守权　　广东省教育研究院

汪永智　　广东技术师范大学

储水江　　广东轻工职业技术学院

李晓翎　　广西壮族自治区南宁市第三中学

王小鸥　　重庆市南开中学

白显良　　西南大学

杨成兰　　四川省成都市龙江路小学

冀　萍　　陕西省商洛市商州区第二小学

王学利　　新疆农业职业技术学院

3. 中共中央宣传部　教育部关于印发
《新时代学校思想政治理论课改革创新实施方案》的通知

教材〔2020〕6号

各省、自治区、直辖市党委宣传部、党委教育工作部门、教育厅（教委），新疆生产建设兵团党委宣传部、教育局，有关部门（单位）教育司（局），部属各高等学校、部省合建各高等学校：

为深入贯彻中共中央办公厅、国务院办公厅《关于深化新时代学校思想政治理论课改革创新的若干意见》精神，中央宣传部、教育部制定了《新时代学校思想政治理论课改革创新实施方案》，现印发给你们，请认真贯彻执行，贯彻落实情况请及时报教育部。

中共中央宣传部

教育部

2020 年 12 月 18 日

新时代学校思想政治理论课改革创新实施方案

为全面贯彻党的教育方针，深入落实中共中央办公厅、国务院办公厅《关于深化新时代学校思想政治理论课改革创新的若干意见》精神，充分发挥思想政治理论课（以下简称思政课）在立德树人中的关键课程作用，循序渐进、螺旋上升地开设好大中小学思政课，现就新时代学校思政课课程教材改革创新提出如下实施方案。

一、基本要求

一是把握新时代。坚持用习近平新时代中国特色社会主义思想铸魂育人，加强"四个自信"教育，将学习贯彻习近平新时代中国特色社会主义思想体现在大中小学各学段的课程目标、课程设置和课程教材内容中，实现全覆盖、贯穿全过程。二是推进一体化。建立纵向各学段层层递进、横向各课程密切配合、必修课选修课相互协调的课程教材体系，实现课程目标、课程设置、课程教材内容的有效贯通。三是突出创新性。完善课程教材建设机制，优化教材内容，创新教学方法，推动思政课在改进中加强、在创新中提高。四是增强针对性。遵循思想政治工作规律、教书育人规律、学生成长规律，编写适用不同类型高校的教材，进一步增强思政课的思想性、理论性和亲和力、针对性。五是注重统筹性。总体推进，分类指导，分步实施，积极稳妥地做好各项工作。

二、课程目标体系

按照循序渐进、螺旋上升的原则，立足于思政课的政治性属性，对大中小学思政课课程目标进行一体化设计，以了解学习、理解把握习近平新时代中国特色社会主义思想为课程主线，在政治认同、家国情怀、道德修养、法治意识、文化修养等方面提出明确要求，引导学生坚定"四个自信"，做德智体美劳全面发展的社会主义建设者和接班人。

（一）小学阶段重在培养学生的道德情感。重点引导学生知晓基本国情，尊敬国旗国徽，会唱国歌；了解革命领袖和民族英雄的生平故事，培养学生对习近平新时代中国特色社会主义思想的情感认同；知道社会主义核心价值观，初步形成规则意识，知道宪法有关常识，初步具有依据法律维护自身权益的意识；讲礼貌、守纪律、知对错；形成爱党、爱国、爱社会主义、爱人民、爱集体的情感，具有做社会主义建设者和接班人的美好愿望。

（二）初中阶段重在打牢学生的思想基础。重点引导学生初步了解习近平新时代中国特色社会主义思想，感知马克思主义的思想力量和中国特色社会主义的实践成就；增强国家意识和国情观念，树立民族自尊心、自信心、自豪感；加深理解社会主义核心价值观，了解与学生日常生活密切相关的法律常识，具有初步的宪法意识、法治观念等；明是非、讲规则、辨善恶；把党、祖国、人民装在心中，强化做社会主义建设者和接班人的思想意识。

（三）高中阶段重在提升学生的政治素养。重点引导学生初步掌握马克思主义基本原理，了解马克思主义中国化历史进程及其理论成果，理解习近平新时代中国特色社会主义思想；树立正确的历史观、民族观、国家观、文化观，认同伟大祖国、中华民族、中华文化、中国共产党、中国特色社会主义，积极践行社会主义核心价值观，树立宪法法律至上、法律面前人人平等观念，进一步增强法治意识；有序参与公共事务，勇于承担社会责任，积极行使人民当家作主的政治权利，明方向、遵法纪、知荣辱；衷心拥护党的领导和我国社会主义制度，形成做社会主义建设者和接班人的政治认同。中等职业学校（含技工学校）课程要体现职业教育特色。

（四）大学阶段重在增强学生的使命担当。重点引导学生系统掌握马克思主义基本原理和马克思主义中国化理论成果，了解党史、新中国史、改革开放史、社会主义发展史，认识世情、国情、党情，深刻领会习近平新时代中国特色社会主义思想，培养运用马克思主义立场观点方法分析和解决问题的能力；自觉践行社会主义核心价值观，尊重和维护宪法法律权威，识大局、尊法治、修美德；矢志不渝听党话跟党走，争做社会主义合格建设者和可靠接班人。本科及高等职业学校专科课程重在加强理论教育和学习，高等职业学校课程还要体现职业教育特色。研究生课程重在探究式教育和学习。

三、课程体系

根据学生成长规律，结合不同年龄段学生的认知特点，构建大中小学一体化思政课课程体系。在小学及初中阶段"道德与法治"、高中阶段"思想政治"、大学阶段"思想政治理论课"中落实课程目标要求，重点推进习近平新时代中国特色社会主义思想融入课程，实现整体设计、循序渐进、逐步深化，切实提高课程设置的针对性实效性。

（一）小学、初中阶段

小学、初中阶段开设"道德与法治"必修课程，课程教学内容主要包括中国特色社会主义、品德、法律常识、中华文化、心理健康等，课时占小学、初中阶段九年总课时的 6% ~ 8%。

（二）高中阶段

1.普通高中课程设置

立足学习习近平总书记最新重要讲话精神，普通高中开设"思想政治"必修课程和选择性必修课程。

必修课程教学内容包括中国特色社会主义、经济与社会、政治与法治、哲学与文化，共6学分。

选择性必修课程围绕当代国际政治与经济、法律与生活、逻辑与思维等开展教学，共6学分。

2. 中等职业学校课程设置

中等职业学校（含技工学校）开设"思想政治"必修课程和选修课程。

必修课程教学内容包括中国特色社会主义、心理健康与职业生涯、哲学与人生、职业道德与法治，共 144 学时。

围绕时事政策教育，中华优秀传统文化、革命文化、社会主义先进文化教育，法律与职业教育，国家安全教育，民族团结进步教育，就业创业创新教育，公共卫生安全教育等教学内容，开设选修课程，不少于 36 学时。

（三）大学阶段

大学阶段开设"思想政治理论课"必修课程和选择性必修课程。

1. 大学阶段必修课程

本科课程设置：

（1）马克思主义基本原理　　3 学分

（2）毛泽东思想和中国特色社会主义理论体系概论　　5 学分

（3）中国近现代史纲要　　3 学分

（4）思想道德与法治　　3 学分

（5）形势与政策　　2 学分

在全国重点马克思主义学院率先全面开设"习近平新时代中国特色社会主义思想概论"课，学分按有关要求执行。

高等职业学校专科课程设置：

（1）毛泽东思想和中国特色社会主义理论体系概论　　4 学分

（2）思想道德与法治　　3 学分

（3）形势与政策　　1 学分

硕士研究生课程设置：

新时代中国特色社会主义理论与实践　　2 学分

博士研究生课程设置：

中国马克思主义与当代　　2 学分

2. 大学阶段选择性必修课程

各高校结合本校实际，统筹校内通识类课程，围绕马克思主义经典著作，党史、新中国史、改革开放史、社会主义发展史，中华优秀传统文化、革命文化、社会主义先进文化，宪法法律等，开设本科及高等职业学校专科选择性必修课程，确保学生至少从"四史"中选修1门课程；围绕习近平新时代中国特色社会主义思想专题研究、马克思恩格斯列宁经典著作选读、马克思主义与社会科学方法论、自然辩证法概论等，开设硕士、博士研究生选择性必修课程，硕士研究生至少选择1学分课程。各高校要安排选择性必修课程必要学时，充分发挥马克思主义学院统筹审核把关作用。

各高校要规范实践教学，把思想政治教育有机融入社会实践、志愿服务、实习实训等活动中，切实提高实践教学实效。

四、课程内容

在各学段现有课程内容基础上，重点强化习近平新时代中国特色社会主义思想进课程进教材，培育和践行社会主义核心价值观，推进法治教育、劳动教育、总体国家安全观教育、公共卫生安全教育等方面内容的全面融入，实现学段纵向衔接、逐层递进，学科、课程协同联动。

（一）小学课程。以学生的生活为基础，主要讲授学生与自我、家庭、班级、社会、国家、世界、自然等的关系，结合"看到什么""听到什么"，了解中国特色社会主义的由来与发展，懂得当代中国怎样从站起来、富起来到强起来的奋斗历程，初步了解新时代"两步走"战略安排，帮助小学生从情感上认同伟大祖国、中华民族、中华文化、中国共产党、中国特色社会主义。

（二）初中课程。以学生的体验为基础，主要讲授个人和集体、自我和时代、社会规则和社会秩序、社会责任和社会担当、宪法和法律、国家利益和国家目标、中国和世界等内容，通过呈现党和国家事业在各方面取得的历史性成就，引导学生明确"是什么"，树立"四个自信"。

（三）高中课程。以学生的认知为基础，讲授中国特色社会主义的开创与发展，习近平新时代中国特色社会主义思想的丰富内涵、思想精髓和理论意义，帮助学生理解社会主义基本经济制度、中国特色社会主义政治发展道路、中华优秀传统文化、革命文化和社会主义先进文化等内容，引导学生理解"为什么"，坚定"四个自信"。中等职业学校（含技工学校）课程还要体现职业教育特色，加强对学生的心理健康与职业道德教育。

（四）本科及高等职业学校专科课程

本科及高等职业学校专科要围绕以下课程内容，根据不同类型学校和不同层次人才培养要求，进一步增强教学的针对性和实效性。

"马克思主义基本原理"，主要讲授反映马克思主义世界观和方法论的最基本的原理，帮助学生深刻领会、准确把握马克思主义的根本性质和整体特征，学习掌握贯穿其中的马克思主义立场观点方法，提升运用马克思主义基本原理分析世界的能力，增强对人类社会发展规律、特别是中国特色社会主义发展规律的认识和把握，树立共产主义远大理想和中国特色社会主义共同理想。

"毛泽东思想和中国特色社会主义理论体系概论"，主要讲授中国共产党把马克思主义基本原理同中国具体实际相结合产生的马克思主义中国化的两大理论成果，帮助学生理解毛泽东思想、邓小平理论、"三个代表"重要思想、科学发展观、习近平新时代中国特色社会主义思想是一脉相承又与时俱进的科学体系，引导学生深刻理解中国共产党为什么能、马克思主义为什么行、中国特色社会主义为什么好，坚定"四个自信"。

"中国近现代史纲要"，主要讲授中国近代以来争取民族独立、人民解放和实现国家富强、人民幸福的历史，帮助学生了解党史、国史、国情，深刻领会历史和人民选择马克思主义、选择中国共产党、选择社会主义道路、选择改革开放的必然性。

"思想道德与法治"，主要讲授马克思主义的人生观、价值观、道德观、法治观，社会主义核心价值观与社会主义法治建设的关系，帮助学生筑牢理想信念之基，培育和践行社会主义核心价值观，传承中华传统美德，弘扬中国精神，尊重和维护宪法法律权威，提升思想道德素质和法治素养。高等职业学校结合自身特点，注重加强对学生的职业道德教育。

"形势与政策"，主要讲授党的理论创新最新成果，新时代坚持和发展中国特色社会主义的生动实践，马克思主义形势观政策观、党的路线方针政策、基本国情、国内外形势及其热点难点问题，帮助学生准确理解当代中国马克思主义，深刻领会党和国家事业取得的历史性成就、面临的历史性机遇和挑战，引导大学生正确认识世界和中国发展大势，正确认识中国特色和国际比较，正确认识时代责任和历史使命，正确认识远大抱负和脚踏实地。

（五）研究生课程

"新时代中国特色社会主义理论与实践"，专题讲授新时代中国特色社会主义理论和实践的重大问题，帮助学生进一步掌握中国特色社会主义理论体系，深化对习近平新时代中国特色社会主义思想的认识，坚定对马克思主义的信仰、对中国特色社会主义的信念、对实现中华民族伟大复兴中国梦的信心。

"中国马克思主义与当代"，运用当代中国马克思主义的基本观点，深入分析当代世界重大社会问题和国际经济、政治、文化、生态环境等热点问题、全球治理问题、当代科学技术前沿问题、当代重大社会思潮和理论热点等，提高学生正确分析、研判当代世界问题的能力和水平。

五、教材体系建设

（一）完善教材编审制度。在党中央集中统一领导下，国家教材委员会指导和统筹大中小学思政课课程标准、教学大纲和教材的统编统审统用。依据小学、初中、高中阶段思政课课程标准，教材实行"一标一本"，由教育部负责组织编写。大学阶段必修课教材实行"一纲一本"。由中央宣传部会同教育部组织编写本科、高等职业学校专科、研究生必修课教材，按程序审核后报中央审定，适时推出。适时组织编写"习近平新时代中国特色社会主义思想概论"课教材，规范"形势与政策"课教学资料编写使用。由教育部根据教学实际情况组织编写选择性必修课教学大纲或教材。地方或高校开设的思政课选修课教材，由地方或高校负责组织审核选用。

（二）健全一体化教材建设机制。建立大中小学思政课教材主编和主要编写人员联席沟通制度，定期研究各学段教材编写内容。健全一体化教材建设的编审专家库，加强编写人员与审核专家的沟通交流，发挥审核专家的指导作用。建立一体化教材建设监测反馈机制，跟踪研判评估教材使用情况，为加强教材研究和修订完善提供支撑。

（三）加强教材研究。重视和加强思政课课程教材建设的基础理论、基本概念、基本规律、重大问题研究。持续开展课程教材一体化研究，每门思政课教材内容、不同学段及同一学段各门思政课教材内容的相互关系研究，教材文献资料、学术话语、表述方式、呈现形式研究，以及思政课课程与教材、教学评价之间的互动研究等，促进思政课教材的科学性、权威性与针对性、生动性有机结合。

（四）构建立体化教材体系。加强大中小学思政课教材配套用书的建设和管理，依规进行编审工作。国家统编的中小学思政课教材的配套用书，按现行要求组织编写。高校思政课必修课教材的配套用书，根据需要由国家统一组织编写审核、推荐使用。支持、鼓励研制优秀教案、课件和案例等，推进数字资源和网络信息资源库建设，构建大中小学思政课立体化教材体系。

六、组织领导

（一）加强领导。各地各级教育部门和学校要从坚持马克思主义在意识形态领域指导地位的根本制度的高度，切实加强领导，认真组织实施，作出具体的实施工作安排，确保取得实效。省级教育部门要统筹推进大中小学思政课课程教材一体化建设，做好组织领导和督促检查，落实大中小学思政课建设专项经费。省级宣传部门要从落实意识形态工作责任制的高度推进实施。各学校要加强党组织对学校思政课的统一领导，落实党组织书记、校长带头抓思政课机制。

（二）组织好教学。开齐开足课程，大中小学都要高度重视思政课教学，确保学时学分和教学质量。健全教学机构，小学应配备一定数量的专职思政课教师，中学应配齐专职思政课教师，高校要根据课程设立教研室（部）。鼓励有条件的高校和中小学组建思政课一体化教学改革创新联合体。充分挖掘各学科专业课程蕴含的思想政治教育资源，推进各类课程与思政课同向同行。在教学中注重多样化评价方式，综合考核学生的思想政治素质。

（三）培训好教师。针对教材重点内容和难点问题，组织开展大中小学思政课教师全员培训、专题研修，确保实现全覆盖。围绕教材使用，分课程、跨课程、跨学段组织大中小学思政课教师集体备课，每年至少一次。结合教学实践，组织大中小学思政课教师开展交流研讨，共同探讨思政课一体化教学规律。

（四）使用好教材。统一使用国家统编教材，把教材使用情况作为教学监测、评估、检查的重要内容和主要指标。组织教师加强教材重点难点的研究，准确把握教材的基本精神和主要内容。做好教材内容向教学内容的转化，组织教师编写教案、制作课件、整理案例，切实把教材体系转化为教学体系。

本方案从2021年秋季入学的新生开始，在全国大中小学普遍实施。

4. 国家教材委员会关于印发
《"党的领导"相关内容进大中小学课程教材指南》的通知

国教材〔2021〕5 号

各省、自治区、直辖市教育厅（教委），新疆生产建设兵团教育局，部属各高等学校、部省合建各高等学校：

为深入贯彻习近平新时代中国特色社会主义思想，进一步推动"党的领导"相关重大理论成果和实践成果进课程教材，我委制定了《"党的领导"相关内容进大中小学课程教材指南》，现印发给你们，请在大中小学课程、教材建设和教育教学中认真贯彻落实。

国家教材委员会

2021 年 9 月 26 日

"党的领导"相关内容进大中小学课程教材指南

为全面贯彻习近平新时代中国特色社会主义思想，推进"党的领导"相关重大理论创新成果和实践经验进课程教材，加强对大中小学生进行坚持和加强党的全面领导的教育，落实立德树人根本任务，培养德智体美劳全面发展的社会主义建设者和接班人，制定本指南。

一、重要意义

办好中国的事情，关键在党。中国共产党是中国特色社会主义事业的领导核心。党的领导是做好党和国家各项工作的根本保证。坚持党对一切工作的领导，是党和国家的根本所在、命脉所在，是全国各族人民的利益所在、幸福所在。

将"党的领导"相关内容全面融入大中小学课程教材，对"党的领导"教育教学基本原则、总体目标、主题内容、载体形式、学段要求、课程教材安排等进行顶层设计，是培养学生对坚持和加强党的全面领导的政治认同、思想认同、情感认同，强化使命担当的重要举措。

二、基本原则

（一）坚持价值导向，突出政治性。坚持以马克思主义为指导，充分反映党领导人民进行革命、建设、改革的光辉历程和伟大实践，充分反映党的十八大以来党的重大理论创新、实践创新、制度创新成果，充分反映马克思主义政党学说及其中国化最新理论成果。

（二）遵循认知规律，突出针对性。充分考虑不同学段学生随着年龄增长由浅入深、由感性到理性的认知发展特点，确定各学段的融入要求以及学习内容安排、载体形式，贴近学生生活、学习、思想实际。

（三）加强整体设计，突出统筹性。落实中央有关重要精神和重大决策部署，结合国家教材委、教育部有关要求，科学确定目标，在大中小学循序渐进地编排教学内容，注重不同学段课程教材体系的统筹布局和衔接协调，做到层次分明、重点突出、统筹兼顾，纵向有机衔接、横向协同配合。

（四）强化育人目标，突出实效性。依据各学科内容体系和育人功能的不同要求和特点，综合运用多种载体形式，教育引导学生通过学习、实践、体验、感悟等形式，进一步提升对党的领导的认知认同，提升为党育人、为国育才的效果。

三、总体目标

"党的领导"相关内容进课程教材的整体布局与分科安排科学有序，学段学科全面覆盖，理论内涵充分阐释，学习要求循序渐进，全面提升课程教材铸魂育人功能。教育引导学生不断增进对中国共产党和中国特色社会主义的政治认同、思想认同、理论认同、情感认同，增强做中国人的志气、骨气、底气，让爱党、爱国、爱社会主义的深厚情感，融于新时代中国特色社会主义伟大实践，统一于全面推进社会主义现代化强国建设，统一于中华民族伟大复兴的历史进程。

四、主题内容

（一）中国共产党的特质和使命。中国共产党是中国工人阶级的先锋队，同时是中国人民和中华民族的先锋队，是中国特色社会主义事业的领导核心，代表中国先进生产力的发展要求，代表中国先进文化的前进方向，代表中国最广大人民的根本利益。党的最高理想和最终目标是实现共产主义。为中国人民谋幸福，为中华民族谋复兴，是中国共产党的初心和使命。一百年来，中国共产党形成和弘扬了坚持真理、坚守理想，践行初心、担当使命，不怕牺牲、英勇斗争，对党忠诚、不负人民的伟大建党精神。民主集中制是党的根本组织原则。

结合党史、新中国史、改革开放史、社会主义发展史教育内容，引导学生理解党的性质宗旨、初心使命、伟大建党精神、组织原则、组织体系及其与"党的领导"之间的内在关系，夯实听党话、感党恩、跟党走的思想根基。

（二）中国共产党的领导地位。党政军民学，东西南北中，党是领导一切的，是最高的政治领导力量。中国共产党领导是历史的选择、人民的选择。中国共产党领导是中国特色社会主义最本质的特征，是中国特色社会主义制度的最大优势。在新时代，建设中国特色社会主义现代化强国、实现中华民族伟大复兴，必须坚持和加强党的全面领导。党的全面领导体现为党对经济建设、政治建设、文化建设、社会建设、生态文明建设等各个领域和各项事业的领导。要把党的领导贯彻到改革发展稳定、内政外交国防、治党治国治军等全部活动和全部过程。

引导学生充分认识党的领导与中国特色社会主义的内在统一性，充分认识党的领导是中国特色社会主义最本质的特征、党的领导是中国特色社会主义制度的最大优势、坚持和加强党的全面领导的重要性和必要性，不断增强学生对中国特色社会主义的道路自信、理论自信、制度自信、文化自信，切实做到"两个维护"。

（三）党的领导体制机制。党的领导体制机制是实现党的领导的制度途径，包含党对自身的领导体制机制和对国家、社会的领导体制机制。中国共产党按照总揽全局、协调各方的原则，在同级各种组织中发挥领导核心作用，实现党对各方面的领导。

教育学生了解党领导各方面工作的体制机制，准确认识党对人大、政府、政协、军队以及外事工作的领导方式，深刻理解党的领导制度体系在整个国家制度和治理体系中的根本和关键地位，引导学生自觉接受党的领导，增强在党的领导下奋发有为的责任感使命感。

（四）中国共产党的自身建设。坚定不移全面从严治党，不断提高党的执政能力和领导水平。以党的政治建设为统领，全面推进党的政治建设、思想建设、组织建设、作风建设、纪律建设，把制度建设贯穿其中，不断增强自我净化、自我完善、自我革新、自我提高能力，提高党把方向、谋大局、定政策、促改革的能力，以党的自我革命推进社会革命，以高质量党建推动高质量发展。

帮助学生深刻认识党的自我革命品格，引导学生坚信中国共产党通过自身建设，在长期执政条件下能够始终保持不变质、不变色、不变味，永远保持先进性和纯洁性，在新时代坚持和发展中国特色社会主义的历史进程中始终成为坚强领导核心。

五、载体形式

通过多种载体形式，深化对党的领导的认识，强化对党的领导的认同。

（一）经典著作和重要文献。主要指马克思主义经典作家、特别是党的领袖关于党的领导的经典著作和重要论述，党章、宪法、党的重要文献等。

（二）史实案例。主要指典型人物、英雄事迹、重大历史事件、科技成果、发展成就等。

（三）仪式、重要纪念日和纪念场馆。主要指国家颁奖、授勋、宪法宣誓等仪式，党的生日、国庆节等重要纪念日，中国共产党第一次全国代表大会会址、西柏坡中共中央旧址、中国共产党历史展览馆等纪念场馆，党旗、党徽等象征标志。

六、学段要求

（一）小学阶段。重点呈现党的领袖故事、革命英雄事迹、重要历史事件、重大发展成就等内容。通过故事讲述、活动游戏、参观革命旧址和纪念馆、认识党旗党徽等象征标志、庆祝党的生日等重要纪念日等方式，围绕思想启蒙与价值引导，让学生知党情、懂党恩，了解中国共产党始终代表最广大人民根本利益，扣好人生第一粒扣子，初步形成热爱党、拥护党的领导的朴素情感。

（二）初中阶段。重点围绕党领导人民进行革命、建设、改革的基本线索，介绍不同历史时期的重大事件和重要人物，以及党的理论探索成果和自身建设成就等内容。通过阅读梳理、分析思考、参观考察红色教育基地等方式，围绕觉悟提高和品德塑造，让学生听党话、跟党走，懂得没有中国共产党就没有新中国，就没有中华民族伟大复兴的道理，理解中国共产党领导是历史的选择、人民的选择，坚持爱党、爱国、爱社会主义，夯实拥护党的领导的信念根基。

（三）高中阶段。重点解析中国共产党的先进性、革命性、人民性，以及党的基本理论、基本路线、基本方略，深化对党的领导历程的认识。结合党史资料和文献节选，通过自主探究、表达分享、社会实践等方式，围绕思想认同和精神升华，让学生深刻理解伟大建党精神是中国共产党的精神之源，明确中国共产党领导是中国特色社会主义最本质的特征，是中国特色社会主义制度的最大优势，是党和国家的根本所在、命脉所在，是全国各族人民的利益所系、命运所系，形成拥护党的领导的政治认同。

（四）大学阶段。系统介绍党的领导的基本知识、基本理论、体制机制，重点阐释党的领导的历史逻辑、理论逻辑、实践逻辑。本专科课程重在加强理论教育和学习，高等职业教育课程要体现职业教育特点，研究生阶段要强化研究式教育。通过经典研读、理论宣讲等方式，围绕理论自信和行动自觉，让学生增强对党的领导的政治自觉，坚决维护习近平总书记党中央的核心、全党的核心地位，坚决维护党中央权威和集中统一领导，积极投身于党领导人民进行的伟大斗争、伟大工程、伟大事业、伟大梦想，践行拥护党的领导的使命担当。

七、课程教材安排

按照大中小学不同学段要求，根据不同类型课程教材功能，融合渗透"党的领导"相关内容。

（一）中小学课程教材安排

以道德与法治（思想政治）、语文、历史三科课程教材为主，艺术课程教材有重点地纳入，其他学科课程教材有机渗透。

1. 道德与法治（思想政治）课程教材。重在讲述党的先锋队性质、全心全意为人民服务的宗旨、以人民为中心的根本立场等基本知识，对党的政治领导、思想领导、组织领导及科学执政、民主执政、依法执政等进行阐释，结合党的理论创新成果、党领导人民治理国家的基本方略以及中国特色社会主义建设取得的伟大成就等，引导学生感受坚持真理、坚守理想，践行初心、担当使命的伟大建党精神，理解党是领导我们事业的核心力量，筑牢听党话、感党恩、跟党走的思想根基，了解增强"四个意识"、坚定"四个自信"、做到"两个维护"、牢记"国之大者"的基本要求。

2. 语文课程教材。注重以文化人，主要选取《吃水不忘挖井人》《谁是最可爱的人》《县委书记的榜样——焦裕禄》《喜看稻菽千重浪》等反映党领导人民进行革命、建设、改革的伟大历程，以及《为人民服务》《丰碑》等阐述党的理论和革命精神的优秀作品等，引导学生感受不怕牺牲、英勇斗争的伟大建党精神，热爱党的领袖，拥护党的领导，传承革命精神，树立崇高理想。

3. 历史课程教材。重在全面介绍党自成立以来，领导新民主主义革命、社会主义革命和建设、改革开放和社会主义现代化建设、新时代中国特色社会主义各个历史时期的奋斗历程和建设成就，讲述不同时期党的重要人物、重大事件、历史经验，反映党的领导的伟大功绩等，引导学生感受对党忠诚、不负人民的伟大建党精神，知史爱党、知史爱国，以史为鉴、开创未来，增强为实现中华民族伟大复兴而奋斗的使命感、责任感。

4. 艺术课程教材。注重传承红色文化，主要通过油画《开国大典》、歌曲《英雄赞歌》、舞蹈《白毛女》、电影《英雄儿女》、歌剧《洪湖赤卫队》等美术、音乐、舞蹈、影视、戏剧形式的作品，反映党的领导的动人场景，体现人民群众对党的领导的真情拥护，增强教育的感染力、吸引力，培养学生深厚的爱党爱国情感，弘扬光荣传统，赓续红色血脉。

5. 其他课程教材。结合各门课程特点，选择典型人物、科学史实等鲜活案例素材，以及在党的领导下取得的脱贫攻坚、遏制疫情等重大发展成就和载人航天、载人深潜、北斗导航、量子通信等重大科技成果，体现党的领导的重大意义，引导学生矢志跟党走，树立投身于中华民族伟大复兴实践的坚定志向。

（二）大学课程教材安排

以思想政治理论课和政治学类课程教材为主，法学类、历史学类课程教材有重点地体现，哲学社会科学其他课程教材和理工农医类、军事类课程教材全覆盖。

1. 思想政治理论课教材。集中阐释坚持和加强中国共产党领导的基本理论、特别是习近平总书记关于坚持党的全面领导的重要论述，深入阐述中国共产党领导人民进行革命、建设、改革所取得的历史性成就，重点阐释中国共产党弘扬伟大建党精神，在长期奋斗中形成的精神谱系和政治品格，帮助学生深刻理解中国共产党领导的必然性和重要性，深刻认识中国共产党永远是中国人民和中华民族的主心骨，坚定在中国共产党领导下走中国特色社会主义道路的信心和决心。

2. 政治学类课程教材。政党是现代政治的重要现象，中国共产党领导是政治学教学研究的核心内容。政治学类课程教材要重点阐明党的领导在国家权力结构中的地位、党的组织结构、党的领导原则和领导体制，准确阐述党对人大、政府、政协、军队的领导方式，帮助学生全面掌握"党的领导"的主要内容，深刻理解其核心要义，增强对中国共产党领导的理性认识和思想认同。

3. 法学类课程教材。贯彻习近平法治思想，重点阐述党的领导与依法治国的关系，深刻阐明中国共产党的领导是社会主义法治之魂，是推进全面依法治国的根本保证，系统阐述党推进全面依法治国的战略举措，帮助学生深刻理解把党的领导贯彻到依法治国全过程各方面的根本要求，引导学生忠实信仰、坚定捍卫、积极践行中国特色社会主义法治道路。

4. 历史学类课程教材。运用唯物史观，从大历史的角度，深刻阐明中国共产党成立 100 年来，领导中国人民从站起来、富起来到强起来的伟大历程、巨大贡献和宝贵经验，帮助学生深刻领会中国共产党领导的历史必然性，不断深化对共产党执政规律、社会主义建设规律、人类社会发展规律的认识，引导学生学史明理、学史增信、学史崇德、学史力行。

5. 其他课程教材。哲学、经济学、社会学、教育学、文学、新闻学、管理学、艺术学等哲学社会科学其他课程教材和理工农医类、军事类等课程教材，要从自身实际出发，运用典型人物、英雄事迹、鲜活案例、科技成果、发展成就等载体，将"党的领导"相关内容有机融入课程教材之中，帮助学生认识和理解中国共产党领导是中国最大的国情，坚定地永远跟党走，积极投身中华民族伟大复兴的实践中。

八、组织实施

（一）加强专业指导。在国家教材委相关专家委员会下组建由资深学者教授、课程教材专家等组成的专业指导组，加强统筹、指导，推进教材及时修订，确保"党的领导"相关内容融入不同学段课程教材的准确性、系统性。

（二）做好实施细化。各类课程教材编修团队要结合自身特点，根据《"党的领导"相关内容要点》（见附件），分学段分学科细化任务，明确各类课程教材融入"党的领导"的具体内容，实现中小学国家、地方、校本课程教材和职业院校、普通高等学校各学科专业课程教材及时进、有效进。

（三）强化培训培养。组织开展课程教材编修团队专题培训，确保"党的领导"相关内容进课程教材的系统性、准确性、针对性和适宜性。把"党的领导"相关内容充分体现在骨干教师队伍建设、高校哲学社会科学教学科研骨干研修、高校思想政治理论课骨干教师研修、高校辅导员骨干培训中。

（四）加强教学研究。充分利用各地教科研部门和高校的相关优势学科、重点研究基地和相关科研力量，深入开展对"党的领导"相关内容教育教学研究，为"党的领导"教育教学和教材编写提供理论基础和学理支撑。

5. 教育部办公厅关于印发《教育部大中小学思政课一体化建设指导委员会章程》的通知

教社科厅函〔2021〕21 号

各省、自治区、直辖市教育厅（教委），新疆生产建设兵团教育局，部属各高等学校、部省合建各高等学校：

《教育部大中小学思政课一体化建设指导委员会章程》已经教育部大中小学思政课一体化建设指导委员会讨论通过，并报部领导批准。现印发给你们，请认真贯彻落实。

教育部办公厅

2021 年 11 月 23 日

教育部大中小学思政课一体化建设指导委员会章程

第一章 总 则

第一条 为贯彻落实习近平总书记关于教育的重要论述特别是在学校思想政治理论课教师座谈会上的重要讲话精神，贯彻落实中共中央办公厅、国务院办公厅印发的《关于深化新时代学校思想政治理论课改革创新的若干意见》，加强对不同学段思政课建设统筹指导，深入推进习近平新时代中国特色社会主义思想"三进"，推动新发展阶段学校思政课高质量发展，充分发挥思政课立德树人关键课程作用，成立教育部大中小学思政课一体化建设指导委员会。

第二条 教育部大中小学思政课一体化建设指导委员会，是在教育部党组领导下，加强和改进学校思政课建设工作的决策协调议事机构，主要职能是对大中小学思政课一体化建设进行政治领导和工作指导。

第二章 组 织

第三条 教育部大中小学思政课一体化建设指导委员会由主任委员、副主任委员、管理部门委员和专家委员若干人组成。根据工作需要下设一体化建设专家指导组，设组长、副组长若干名。

第四条　教育部大中小学思政课一体化建设指导委员会主任委员由教育部主要负责同志担任，副主任委员由教育部分管负责同志担任，委员由教育部相关司局主要负责同志和一体化建设专家指导组组长、副组长担任。

第五条　按照思想政治素质好、学术水平高、教学或管理经验丰富、身体健康等条件，在从事高校思政课必修课和中小学（含中职）道德与法治（思想政治）、语文、历史等课程教学和研究的专家中，择优选聘一体化建设专家指导组成员。

第六条　教育部大中小学思政课一体化建设指导委员会委员及一体化建设专家指导组成员实行任期制，每届任期 5 年，任期内可根据工作需要适当调整。

第七条　教育部大中小学思政课一体化建设指导委员会办公室设在教育部社会科学司。办公室负责日常工作、综合协调等。

第三章　任　务

第八条　统筹指导教育部部内有关司局，指导推动各地教育部门、各学校贯彻落实党中央关于大中小学思政课一体化建设的有关决策部署，贯彻落实教育部党组关于深化学校思政课改革创新的工作要求。

第九条　审议和研究部署大中小学思政课课程、教材、教学、师资等一体化建设和管理方面的重大事项。

第十条　一体化建设专家指导组的主要任务：

1. 咨询。就大中小学思政课一体化建设的重大理论和实践问题，经常性地开展调查研究，提出工作建议和咨询意见，提供决策参考。

2. 研判。跟踪研究大中小学思政课一体化建设面临的新形势新要求，分析预测思政课一体化建设的发展趋势，研判提出一段时期思政课建设的总体态势、存在问题和应对举措。

3. 评估。及时跟踪了解各地推进大中小学思政课一体化建设的做法成效，总结经验、发现问题、剖析原因，提出加强和改进的意见建议，推出高质量评估报告。

4. 培训。组织师资培训、教学研讨、集体备课等，建立跨学段交流研讨机制，提高大中小学思政课教师的教学科研水平。

5.指导。及时解答各地各校提出的思政课一体化方面的疑难问题和困惑，对各地各校的相关活动提供政策和业务指导，推动一体化建设坚持正确方向。

6.受教育部委托，开展大中小学思政课一体化建设的其他工作。

第四章 工作方式

第十一条 教育部大中小学思政课一体化建设指导委员会原则上每年召开一次会议，听取和审议办公室提交的工作报告及有关重大事项，讨论大中小学思政课一体化建设发展中的重大问题，必要时可召开临时会议，也可不定期举行一体化建设专家指导组专题会议。

第十二条 教育部大中小学思政课一体化建设指导委员会，根据党中央有关决策部署、教育部年度工作要点，制订委员会年度工作计划。

第十三条 教育部根据工作需要，为指导委员会和一体化建设专家指导组提供必要的条件保障和经费支持。

第十四条 一体化建设专家指导组成员所在单位要对专家参加有关会议、完成工作任务提供必要条件和给予积极支持。

第十五条 本章程自发布之日起实施。

6. 教育部等十部门关于印发
《全面推进"大思政课"建设的工作方案》的通知

教社科〔2022〕3 号

现将《全面推进"大思政课"建设的工作方案》印发给你们，请认真贯彻执行。

教育部　中共中央宣传部　中共中央网络安全和信息化委员会办公室

科学技术部工业和信息化部　生态环境部

国家卫生健康委　国家文物局

国家乡村振兴局　中国关心下一代工作委员会

2022 年 7 月 25 日

全面推进"大思政课"建设的工作方案

为深入贯彻落实习近平总书记关于"大思政课"的重要指示批示和在中国人民大学考察时的重要讲话精神，贯彻落实中共中央、国务院《关于新时代加强和改进思想政治工作的意见》，中共中央办公厅、国务院办公厅印发的《关于深化新时代学校思想政治理论课改革创新的若干意见》和中共中央办公厅《关于加强新时代马克思主义学院建设的意见》精神，坚持不懈用习近平新时代中国特色社会主义思想铸魂育人，制定本工作方案。

一、总体要求

党的十八大以来，特别是习近平总书记亲自主持召开学校思想政治理论课教师座谈会以来，思政课在党中央治国理政战略全局中的地位日益凸显，发展环境和整体生态发生根本性转变，习近平新时代中国特色社会主义思想铸魂育人成效明显，思政课建设、日常思想政治工作、课程思政全面推进。同时，一些地方和学校对"大思政课"建设的重视程度不够，开门办思政课、调动各种社会资源的意识和能力还不够强，课程教材体系还需要进一步完善，有的学校教师数量不足、质量不高，对实践教学重视不够，有的课堂教学与现实结合不紧密，大中小学思政课一体化建设亟需深化，有的学校第二课堂重活动轻引领，课程思政存在"硬融入""表面化"等现象。

全面推进"大思政课"建设，要坚持以习近平新时代中国特色社会主义思想为指导，聚焦立德树人根本任务，推动用党的创新理论铸魂育人，不断增强针对性、提高有效性，实现入脑入心。坚持开门办思政课，强化问题意识、突出实践导向，充分调动全社会力量和资源，建设"大课堂"、搭建"大平台"、建好"大师资"，建设全国高校思政课教研系统，设立一批实践教学基地，推出一批优质教学资源，做优一批品牌示范活动，支持建设综合改革试验区，推动思政小课堂与社会大课堂相结合，推动各类课程与思政课同向同行，教育引导学生坚定"四个自信"，成为堪当民族复兴重任的时代新人。

二、改革创新主渠道教学

1.建构党的创新理论研究阐释和教育教学的自主知识体系。各高校全面开设"习近平新时代中国特色社会主义思想概论"课。中央宣传部、教育部编写习近平新时代中国特色社会主义思想概论课教材。教育部实施习近平新时代中国特色社会主义思想研究重大专项，加强习近平新时代中国特色社会主义思想系统化学理化和分领域分专题研究，将习近平新时代中国特色社会主义思想有机融入全面贯穿哲学社会科学各学科知识体系。

2.建强思政课课程群。各地各校加强以习近平新时代中国特色社会主义思想为核心内容的课程群建设，形成必修课加选修课的课程体系。高校要统筹全校力量，结合自身实际，重点围绕习近平经济思想、习近平法治思想、习近平生态文明思想、习近平强军思想、习近平外交思想以及"四史"、宪法法律、中华优秀传统文化等设定课程模块，开设选择性必修课程。

3.优化思政课教材体系。落实系列重大主题教育指南和纲要，深入推进习近平总书记在地方工作期间的重大实践、视察地方和学校重要论述进课程教材。及时修订思政课统编教材，将党的创新理论最新成果有机融入各门思政课。编写马克思、恩格斯、列宁关于哲学社会科学及各学科重要论述摘编。持续推进新时代马克思主义理论研究和建设工程重点教材建设。

4.拓展课堂教学内容。教育部组织制作"思政课导学"课件、讲义、专题片等，帮助教师讲深讲透讲活学好思政课的重要意义。各地各校围绕新时代的伟大实践，充分挖掘地方红色文化、校史资源，将伟大建党精神和抗疫精神、科学家精神、载人航天精神等伟大精神，生动鲜活的实践成就，以及英雄模范的先进事迹等引入课堂，推动党的创新理论和历史融入各学段各门思政课。

5. 创新课堂教学方法。各校加强对学生思想、心理及关心的热点难点问题研究，制定针对性的教学方案。善于采用多样化的教学方法，注重发挥学生主体性作用，积极运用小组研学、情景展示、课题研讨、课堂辩论等方式组织课堂实践。有条件的高校要为思政课配备助教，协助开展教学组织、课后答疑等工作。

6. 优化教学评价体系。高校要建立校领导、教学督导、马克思主义学院班子成员、思政课教师和学生参加的多维度综合教学评价工作体系，重视教学过程评价，增加教学研究和教学成果在评价体系中的权重。用好思政课教学评价结果，作为马克思主义学院和班子成员考核的重要指标，作为思政课教师绩效考核、职称晋升、评奖评优等的基本依据。充分发挥教学指导委员会等专家组织作用，开展教学调研指导。鼓励有条件的高校聘请思政课退休教师担任教学督导员、青年教师的成长导师。

三、善用社会大课堂

7. 构建实践教学工作体系。高校要普遍建立党委统一领导，马克思主义学院积极协调，教务处、宣传部、学工部、团委等职能部门密切配合的思政课实践教学工作体系，在马克思主义学院指定专人负责，建立健全安全保障机制，积极整合思政课教师和辅导员队伍，共同参与组织指导思政课实践教学。将思政课教师、辅导员指导学生开展实践活动、指导学生理论社团等纳入教学工作量。参照学生专业实训（实习）标准设立思政课实践教学专项经费。

8. 落实思政课实践教学学时学分。高校要严格落实本科 2 个学分、专科 1 个学分用于思政课实践教学的要求，中小学校要安排一定比例的课时用于学生社会实践体验活动。精心设计实践教学大纲，坚决避免实践教学娱乐化、形式化、表面化。鼓励有条件的高校开设专门的实践教学课。

9. 组织开展多样化的实践教学。教育部持续组织开展中国国际"互联网+"大学生创新创业大赛青年红色筑梦之旅、习近平新时代中国特色社会主义思想大学习领航计划、"小我融入大我，青春献给祖国"主题社会实践、"技能成才，强国有我"主题教育等活动。高校要紧扣思政课实践教学目标和要求，利用志愿服务、理论宣讲、社会调研等实践活动，开展实践教学。注重总结实践教学成果，把优秀成果作为课堂教学的有效补充，支持出版高校思政课实践教学成果，推动实践教学规范化。

10. 建好用好实践教学基地。教育部会同有关部门，利用现有基地（场馆），分专题设立一批"大思政课"实践教学基地。发挥好教育部高校思政课教师研学基地的实践教学功能。各地教育部门要结合实际，积极建设"大思政课"实践教学基地。大中小学要主动对接各级各类实践教学基地，开发现场教学专题，开展实践教学。有条件的学校可与有关基地建立长效合作机制，加强研究和资源开发。各基地要积极创造条件，与各地教育部门、学校建立有效工作机制，协同完成好实践教学任务。

专栏　建好用好"大思政课"实践教学基地

1. 教育部、科技部联合设立科学精神专题实践教学基地。

2. 教育部、工业和信息化部联合设立工业文化专题实践教学基地。

3. 教育部、生态环境部联合设立美丽中国专题实践教学基地。

4. 教育部、国家卫生健康委联合设立抗击疫情专题实践教学基地。

5. 教育部、国家文物局联合设立中华优秀传统文化、革命文化、社会主义先进文化专题实践教学基地。

6. 教育部、国家乡村振兴局联合设立脱贫攻坚、乡村振兴专题实践教学基地。

7. 教育部、中国关心下一代工作委员会联合设立党史新中国史教育专题实践教学基地。

四、搭建大资源平台

11. 建设全国高校思政课教研系统。教育部建设"全国高校思政课教师网络集体备课平台"网络支持系统、"青梨派"大学生自主学习系统、高校思政课教学创新中心资源开发系统、高校思政课教学指导委员会指导审核评估系统、高校思政课教师基础数据系统、高校思政课教师研修培训系统等为一体，共建共享、系统集成、全面覆盖的全国高校思政课教研系统。

12. 推进国家智慧教育平台建设使用。教育部把"大思政课"摆在教育信息化的突出位置，加强国家智慧教育平台思想政治教育资源建设。通过项目支持的方式，推动教学资源建设常态化机制化。组织开发和推荐一批科学权威实用的课件、讲义，推动一线教师统一使用。加强思政课教学资源库建设，实施中小学思政课精品课程建设计划，推出一批思政"金课"。加大优质资源推广使用力度，指导各地各校用好国家智慧教育平台。

专栏　思政课教学资源库

1. 建设教学案例库。组织征集和开发高质量、多形式的教学案例，特别是聚焦习近平新时代中国特色社会主义思想在中华大地的生动实践，开发一批党的创新理论主题案例。

2. 打造教学重难点问题库。建立思政课教学重难点问题征集机制，动态收集学生关注的问题和思想理论困惑，统一组织研究回答，形成教学问题库。

3. 建设教学素材库。建立完善采集、审核、共享机制，充分调动一线思政课教师积极性创造性，持续推出一大批优秀思政课课件、讲义、重难点解析、重要参考文献、教学配图、微视频、融媒体公开课等优质教学素材。

4. 开发在线示范课程库。以国家统编教材为基本遵循，整合全国优秀思政课教师和哲学社会科学专家力量，组织开发高水平在线示范课程。

---

13. 打造网络教育宣传云平台。教育部会同中央网信办等，组织开展"大思政课"网络主题宣传活动，鼓励师生围绕思政课教学内容创作微电影、动漫、音乐、短视频等，建设资源共享、在线互动、网络宣传等为一体的"云上大思政课"平台。加强高校思想政治工作网、大学生在线、易班等网络平台建设。积极研发成本适宜的虚拟仿真教学资源。组织开展"同上一堂思政大课"活动。各地各校用好"学习强国"等平台，鼓励思政课教师积极参加中央和地方主流媒体的政论、时政节目，广泛传播党的创新理论。

五、构建大师资体系

14. 建设专兼结合的师资队伍。各地各校严格按照要求配备建强高校专职思政课教师、辅导员队伍，提高中小学专职思政课教师比例，实行思政课特聘教授、兼职教师制度，积极聘请党政领导、科学家、老同志、先进模范等担任思政课兼职教师。深入实施马克思主义学院院长（书记）培养工程，通过集中培养培训、委托重大项目、加强实践锻炼、开展国际国内访学等方式，培养一批青年马克思主义理论家。

专栏　建立思政课特聘教授、兼职教师制度

高校要通过建立健全思政课特聘教授制度，选聘优秀地方党政领导干部、企事业单位管理专家、社科理论界专家、各行业先进模范以及高校党委书记校长、院（系）党政负责人、名师大家和专业课骨干教师、日常思想政治教育骨干等加入思政课教师队伍，讲授思政课；通过建立健全兼职教师制度，形成英雄人物、劳动模范、大国工匠等先进代表，以及革命博物馆、纪念馆、党史馆、烈士陵园等红色基地讲解员、志愿者经常性进高校参与思政课教学的长效机制。

---

15. 搭建队伍研究平台。充分发挥国家社科基金规划项目、教育部人文社科研究项目思政课教师研究专项作用，设立马克思主义理论研究和建设工程后期资助项目，组织教师加强马克思主义理论和思政课教学研究。重点支持开展"大思政课"建设规律、思政课教学难点及对策、大中小学思政课一体化、课程思政等研究。举办习近平新时代中国特色社会主义思想进教材进课堂进头脑系列研讨会。建设辅导员工作室、资助开展课题研究、推广优秀工作案例。

16. 提升队伍综合能力。完善国家、地方、学校三级培训体系，实现思政课教师培训全覆盖。教育部完善"手拉手"集体备课机制，定期组织开展教学研讨活动。开展中小学思政课教师示范培训、教学基本功展示交流活动。建设辅导员网上资源库、开发虚拟仿真实训平台，组织支持开展国情考察。各地教育部门要建立中小学思政课教师轮训制度，依托各级党校和高校马克思主义学院每 3 年对中小学思政课教师至少进行一次不少于 5 日的集中脱产培训。中小学校新进专职思政课教师须取得思政课教师资格。小学兼职思政课教师在上岗前应完成一定学时的专业培训，并考核合格。各地各高校建立专门制度，常态化支持思政课骨干教师到各级宣传、教育等党政机关或基层挂职锻炼、蹲点调研，相关经历纳入评奖评优、干部选聘体系，相关成果作为职称评聘参考。严格落实生均经费用于思政课教师的学术交流、实践研修等，并逐步加大支持力度。

专栏　加强思政课教师培养培训

1. 加强"高校思政课教师信息库"建设。

2. 打造"全国高校思政课教师网络集体备课平台"升级版。

3. 实施"高校思政课教师队伍后备人才培养专项支持计划"。

4. 实施"高校思政课教师在职攻读马克思主义理论博士学位专项支持计划"。

5. 举办"高校思政课骨干教师研修班"和"高校哲学社会科学骨干研修班"。

6. 举办"周末理论大讲堂"。

7. 依托全国高校思政课教师研修(学)基地，组织思政课教师开展分课程、分专题研修活动。

8. "高校思想政治理论课'手拉手'集体备课中心"和"高校思想政治理论课名师工作室"，举办跨地区、跨学段、跨学校等多形式的集体备课、教学研讨活动。

9. 举办"全国高校思政课教学展示活动"。

10. 开展"高校优秀思政课教师和马克思主义理论学科学生奖励基金"遴选。

11. 开展中小学思政课教师示范培训。

12. 开展中小学思政课教师基本功展示交流活动。

六、拓展工作格局

17. 分层分类开展"大思政课"综合改革试点。教育部围绕实践教学、教师队伍建设、大中小学思政课一体化、问题式专题化团队教学和均衡发展等思政课改革创新重大问题，在北京、天津、上海、江西、陕西等地设立综合改革试验区。地方党政负责同志坚持联系高校并讲思政课。坚持教材编写、师资培养、理论阐释、教学研究相结合，统筹推进习近平新时代中国特色社会主义思想研究中心（院）、国家教材建设重点研究基地、人文社科重点研究基地、师资培训中心、马克思主义学院等建设，开展"联学联讲联研"综合改革试点。深入推进"三全育人"综合改革，持续扩大高校"一站式"学生社区综合管理模式建设试点。

18.深入推进大中小学思政课一体化建设。教育部加强大中小学思政课一体化建设指导委员会建设，支持各地建设一批一体化基地，鼓励高校积极开展与中小学思政课共建。各地教育部门加强引导和协调，建立大中小学师资培育、听课评课、教研交流、集体备课等常态化工作机制。

19.全面推进课程思政高质量建设。教育部组建高等学校课程思政教学指导委员会，研制普通本科专业类课程思政教学指南，组织开展高校教师课程思政教学能力培训，建设一批课程思政系列共享资源库。建成一批课程思政示范高校，推出一批课程思政示范课程，选树一批课程思政教学名师和团队，建设一批高校课程思政教学研究示范中心。加强中小学学科德育建设。

20.扎实开展日常思想政治教育活动。学校党委书记、校长要在开学、毕业典礼等重要场合，讲授"思政大课"。学校要以重大纪念日、重大历史事件为契机，通过"学习新思想，做好接班人"主题教育、职教学生读党报、新时代先进人物进校园、论坛讲坛、讲座报告会等，组织专题"思政大课"。教育部打造并集中展示一批校园文化原创精品，建设一批文化传承基地。办好"全国大学生网络文化节"和"全国高校网络教育优秀作品推选展示活动"。

七、加强组织领导

21.强化统筹协调。教育部、中央宣传部做好"大思政课"建设的总体谋划。中央网信办指导做好"大思政课"全媒体宣传。科技部、工业和信息化部、生态环境部、国家卫生健康委、国家文物局、国家乡村振兴局、中国关心下一代工作委员会等部门，加强对基地的指导和建设，切实发挥好基地的育人功能。

22.积极推进落实。各地要把"大思政课"建设作为"十四五"时期推动思政课高质量发展的重要抓手，在基地资源、经费投入、队伍建设、条件保障等方面采取有效措施。将中外合作办学院校纳入"大思政课"建设整体布局。各地各校要及时总结宣传"大思政课"建设的好经验好做法，营造良好舆论氛围。

7. 教育部办公厅关于开展
大中小学思政课一体化共同体建设的通知

教社科厅函〔2022〕49号

各省、自治区、直辖市教育厅（教委），新疆生产建设兵团教育局，部属各高等学校、部省合建各高等学校：

为统筹推进大中小学思政课一体化建设，切实发挥思政课立德树人关键课程作用，全面增强思政育人效果，现就开展大中小学思政课一体化共同体建设通知如下。

一、指导思想

以习近平新时代中国特色社会主义思想为指导，深入学习宣传贯彻党的二十大精神，贯彻习近平总书记关于思政课建设的重要论述，全面贯彻党的教育方针，落实立德树人根本任务，坚持问题导向、目标导向和效果导向相结合，以点带面、分层分类，完善工作机制，加强协同合作，注重资源整合，深入推进大中小学思政课一体化建设，切实增强思政课的针对性、有效性，更好地用党的创新理论铸魂育人。

二、工作目标

充分调动各地积极性，因地制宜，因势利导，在省级层面打造一批理论与实践相结合的创新性研究型工作平台，努力形成一套工作机制、孵化一批品牌活动、打造一批示范"金课"、产出一批优质课程资源、形成一批高水平教学研究成果、提供一批高质量智库咨政报告、培养一支优秀师资队伍，为深入推动全国大中小学开展思政课一体化理论研究和实践探索，提供工作平台、实践经验、理论支撑和决策咨询。

三、工作要求

（一）共同体自2022年起每两年为一个周期。各地教育部门要围绕工作目标，按照所报工作方案，认真履行指导责任，强化项目化、制度化精细管理，用好教育部等八部门设立的"大思政课"实践教学基地，确保常态化推进、做深做实、落地见效。

（二）教育部将根据各共同体工作情况，每年给予专项经费支持。各地教育部门和共同体牵头高校可给予配套经费支持，并制定专项经费管理办法。各牵头高校统筹专项经费的具体使用，确保专款专用，符合有关规定。

（三）各地教育部门要每半年开展一次工作成效评估，总结工作进展，完善工作路径，切实将指导责任落实落细。教育部将以解决突出问题、产生实际效果、经得起实践检验作为根本标准，通过多种渠道和方式，对共同体工作进行不定期考核，并根据考核结果动态调整、拨付经费。

（四）各地教育部门要注重总结提升，及时收集大中小学思政课一体化共同体建设的好经验好做法，将有效的工作举措、宝贵的工作经验转化为可借鉴、可推广的工作模式和制度机制，并形成总结材料报教育部（社会科学司）。总结材料包括但不限于优质教学案例、教案、课件、讲义，示范"金课"、短视频，高质量学术文章、教研成果、实践教学成果、咨政报告等。

附件：大中小学思政课一体化共同体组建情况

教育部办公厅

2022 年 12 月 27 日

参考文献

著作类

［1］马克思恩格斯文集：第 1 卷［M］.北京：人民出版社，2009.

［2］马克思恩格斯选集：第 1 卷［M］.北京：人民出版社，2012.

［3］马克思恩格斯选集：第 4 卷［［M］.北京：人民出版社，2012.

［4］列宁全集：第 26 卷［M］.北京：人民出版社，2017.

［5］列宁全集：第 55 卷［M］.北京：人民出版社，2017.

［6］毛泽东文集：第 8 卷［M］.北京：人民出版社，1999.

［7］毛泽东选集：第 1 卷［M］.北京：人民出版社，1991.

［8］邓小平文选：第 3 卷［M］.北京：人民出版社，1993.

［9］胡锦涛文选：第 2 卷［M］.北京：人民出版社，2016.

［10］习近平谈治国理政：第 1 卷［M］.北京：外文出版社，2018.

［11］习近平谈治国理政：第 3 卷［M］.北京：外文出版社，2020.

［12］习近平谈治国理政：第 1 卷［［M］.北京：外文出版社，2020.

［13］习近平谈治国理政，第 3 卷［M］.北京：外文出版社，2020.

［14］习近平.高举中国特色社会主义伟大旗帜为全面建设社会主义现代化国家而团结奋斗——在中国共产党第二十次全国代表大会上的报告［M］.北京：人民出版社，2022.

［15］习近平.思政课是落实立德树人根本任务的关键课程［M］.北京：人民出版社，2020.

［16］习近平.在北京大学师生座谈会上的讲话［M］.北京：外文出版

社，2018.

［17］教育部社会科学司．普通高校思想政治理论课文献选编（1949—2006）［M］．北京：中国人民大学出版社，2003.

［18］中国社会科学院语言研究所词典编辑室．现代汉语词典（2002 年增补本）［M］．北京：商务印书馆，2002.

［19］中国社会科学院语言研究所词典编辑室．现代汉语词典［M］.7版．北京：商务印书馆，2016.

［20］马克思主义哲学编写组．马克思主义哲学［M］．北京：高等教育出版社，2009.

［21］蔡永生．马克思主义哲学原理［M］．北京：高等教育出版社，2003.

［22］曾广荣，易可君．系统论、控制论、信息论概要［M］．长沙：中南工业大学出版社，1986.

［23］查有梁．系统科学与教育［M］．北京：人民教育出版社，1993.

［24］陈秉公．思想政治教育学［M］．长春：吉林大学出版社，1992.

［25］陈浩男，邵芳菲，王丽华．新时代高职院校思想政治理论课实践教学研究［M］．天津：天津社会科学院出版社，2022.

［26］陈万柏，张耀灿．思想政治教育学原理［M］.3 版．北京：高等教育出版社，2015.

［27］戴钢书．高校思想政治理论课实践教学论［M］．北京：中国人民大学出版社，2015.

［28］顾海良，佘双好．高校思想政治理论课程教学改革研究［M］．武汉：武汉大学出版社，2006.

［29］顾明远．教育大辞典：第 1 卷［M］．上海：上海教育出版社，1990.

［30］关于深化新时代学校思想政治理论课改革创新的若干意见［M］．北京：人民出版社，2019.

［31］加里宁．论共产主义教育与教学［M］．陈昌浩，沈颖，译．北京：人民教育出版社，1959.

［32］教育部思想政治工作司．加强和改进大学生思想政治教育重要文献选编（1978—2014）［M］．北京：知识产权出版社，2015.

［33］姜玲玲．思想政治教育系统论［M］．合肥：合肥工业大学出版社，

2012.

［34］靳玉乐.课程论［M］.北京：人民教育出版社，2015.

［35］孔颖达.礼记正义［M］.上海：上海古籍出版社，2008.

［36］郑永廷.思想政治教育学原理［M］.2 版.北京：高等教育出版社，2019.

［37］李行健.现代汉语规范词典［M］.北京：外语教学研究出版社，2004.

［38］刘礼泉.大学思想政治理论课实践教学研究［M］.长沙：湖南大学出版社，2006.

［39］明刚.教师如何立德树人［M］.北京：中国轻工业出版社，2015：3.

［40］邱伟光，张耀灿.思想政治教育学原理［M］.北京：高等教育出版社，1999.

［41］邱伟光.思想政治教育学概论［M］.天津：天津人民出版社，1988.

［42］全国十二所重点师范大学联合编写.教育学基础［M］.3 版.北京：教育科学出版社，2013.

［43］石云霞.高校思想政治理论课程建设史研究［M］.武汉：武汉大学出版社，2006.

［44］苏霍姆林斯基.给教师的一百条建议［M］.杜殿坤，译.北京：教育科学出版社，1984.

［45］孙旭.马克思主义的知行观:《实践论》解读［M］.北京：现代出版社，2016.

［46］陶行知.陶行知谈教育［M］.沈阳：辽宁人民出版社，2015.

［47］王本陆.课程与教学论［M］.北京：高等教育出版社，2017.

［48］许瑞芳，翟贤亮，尚伟伟，等.大中小学思政课一体化建设发展报告（2022）［M］.上海：华东师范大学出版社，2022.

［49］许瑞芳等.新时代大中小学思政课一体化建设［M］.上海：华东师范大学出版社，2021.

［50］颜泽贤，范冬萍，张华夏.系统科学导论——复杂性探索［M］.北

京：人民出版社，2006.

［51］俞筱尧，刘彦捷.陆费逵与中华书局［M］.上海：中华书局，2002.

［52］张孝宜，李辉，李萍.德育一体化［M］.广州：广东高等教育出版社，1997.

［53］赵字，陈先奎.政治理论马克思主义基本原理（哲学、政经）重难点分析［M］.北京：新华出版社，2008.

期刊类

［1］艾四林.《思政课是落实立德树人根本任务的关键课程》导读［J］.思想教育研究，2020（9）：3-5.

［2］包炜杰.新时代思想政治理论课改革创新推进一体化论析——以爱国主义教育为例［J］.思想教育研究，2021（9）：141-144.

［3］中国高等教育编辑部.培养德智体美劳全面发展的社会主义建设者和接班人［J］.中国高等教育，2018（18）：1.

［4］步德胜.学校、家庭、社会协同推动思政课建设研究［J］.高教学刊，2022（6）：188-192.

［5］曹顺，丁志卫.高职院校思想政治理论课实践教学探析［J］.教育与职业，2019（11）：104-108.

［6］曾雯.马克思主义视域下的大数据新闻——从"报道事实"到"探寻规律"［J］.中文科技期刊数据库（全文版）社会科学，2022（8）：4.

［7］陈丹丹.一体化背景下思政课教学资源共建共享策略［J］.中学政治教学参考，2020（33）：80-81.

［8］陈亮，柏鑫，李红梅.大中小学思政课教材一体化建设回顾与展望［J］.中学政治教学参考，2022（15）：74-78.

［9］陈万柏.关于思想政治教育过程规律的再思考［J］.华中师范大学学报（人文社会科学版），2001（2）：37-39.

［10］陈锡喜.深化高校思想政治理论课改革和建设的新空间［J］.湖北社会科学，2015（12）：181-187.

［11］唐晓勇，李颖.现代信息技术赋能高校思想政治理论课教师教学的成效、困境及路径优化［J］.思想教育研究，2022（11）：125-130.

［12］李闻娇，唐晓勇.新时代大中小学劳动教育一体化构建的意义、现状及实施路径［J］.中国劳动关系学院学报，2023（5）：80-91.

［13］左玉萍.基于二课堂的高职院校思政课实践教学模式探索［J］.兰州职业技术学院学报，2022（5）：14-16.

［14］储水江，高顺起，尹家德.论高职院校思想政治理论课实践教学的"转型升级"［J］.中国职业技术教育，2020（1）：51-55.

［15］崔建平.搭建高职院校思政课实践教学"双融合"平台刍议［J］.学校党建与思想教育，2015（4）：46-47.

［16］董静.大中小学思政课教师队伍一体化建设的对策研究［J］.中国高等教育，2021（22）：36-38.

［17］冯刚，陈梦霖.高校思政课实践教学的内涵、价值及其实现［J］.学校党建与思想教育，2021（18）：4-9.

［18］冯刚，高静毅.中华人民共和国成立以来中国共产党对高校思想政治理论课的认识和探索［J］.思想教育研究，2019（9）：3-10.

［19］冯刚，徐文倩.把握新时代大中小学思想政治教育一体化建设内在规律［J］.中国高等教育，2020（2）：17-19.

［20］冯秀军.守正创新：让思政课"时时在线、永不掉线"［J］.社会主义核心价值观研究，2019（2）：23.

［21］高秉孝.活动型德育课程在高中思政课中的实践研究［J］.学周刊，2023（28）：82-84.

［22］高青兰，何俊.一体化建设背景下乡村思政课教师的专业发展路径［J］.思想政治课教学，2021（4）：11-14.

［23］郭戈.教材是关乎全局的大事［J］.中小学教材教学，2020（9）：1.

［24］郭萍.对我校思想政治理论课建设的思考——基于《普通高校思想政治理论课建设体系创新计划》实施的视角［J］.教育教学论坛，2016（27）：71-72.

［25］郭诗云.基于情感渗透的小学德育思考［J］.当代家庭教育，2023（23）：145-148.

［26］郭小虎，李雪娇．我国推进大中小学思政课一体化教育现实进路［J］．渤海大学学报（哲学社会科学版），2021（4）：110-112．

［27］黄冰凤，徐秦法．大中小学思政课课程体系一体化需处理好的几对关系［J］．广西社会科学，2023（6）：138-145．

［28］黄朝武．系统性原理在企业管理工作中的应用［J］．安徽冶金科技职业学院学报，2004（2）：3．

［29］黄勤雁．教师即课程——基础教育课程概念的再认识［J］．中学地理教学参考，2011（4）：3．

［30］黄蓉．巧用夸美纽斯教学原则提高游泳教学水平［J］．体育视野，2021（5）：52-53．

［31］金紫薇，司明宇，吴安春．新时代党的教育方针的理论创新［J］．中国高等教育，2022（8）：46-48．

［32］乐晓波，王中华，张春丽．基于 Petri 网的哲学分析［J］．计算机技术与发展，2008（3）：109-113，117．

［33］李秉繁，高建芳，郑黎明，等．油气储运工程课程思政建设路径探索［J］．化工管理，2023（21）：22-25．

［34］李俊峰．以系统观念推进大中小学思政课一体化建设［J］．河北教育（德育版），2023.61（9）：2．

［35］李晓东，许志磊．信息技术赋能思政课一体化教学的要求与策略［J］．中小学数字化教学，2024（6）：8-11．

［36］李心悦．以马克思主义整体性观点贯通思想政治教育研究［J］．时代报告，2024（1）：76-78．

［37］连晓芹．思政课实践教学的价值澄清及实践探索［J］．现代教育，2021（9）：25-28．

［38］梁发右，曾令辉．论大中小学思政课教师队伍一体化建设的问题与策略［J］．深圳信息职业技术学院学报，2022，20（2）：34-38．

［39］吴林龙，马浩冉．"党的领导"教育融入大中小学思政课的进路探究［J］．山西高等学校社会科学学报，2022（10）：26-31．

［40］刘峰，姜建成．大中小思政课一体化建设的主体构成及职能［J］．思想政治课教学，2021（4）：15-18．

［41］刘力波，黄格.大中小学思政课教材一体化建设面临的问题及破解路径［J］.马克思主义与现实，2020（2）：187-192.

［42］刘力波，宋倩.准确把握大中小学思政课一体化的科学内涵［J］.中学政治教学参考，2020（18）：64-65，81.

［43］刘宁宁.马克思主义实践观及其时代诉求［J］.辽宁大学学报（哲学社会科学版），2012（4）：49-57.

［44］刘文倩.职业学校思想政治课教师教学创新团队建设策略探究［J］.成才，2023（23）：37-39.

［45］刘霞.大中小学思政课教材一体化建设探析［J］.科教文汇，2023（21）：44-47.

［46］刘晔.社会主义核心价值观融入高校思想政治教育的困境与对策［J］.新乡学院学报，2020（8）：55-57.

［47］卢黎歌，耶旭妍，王世娟.统筹推进大中小学思政课一体化建设研究——学习习近平总书记在学校思想政治理论课教师座谈会上的重要讲话精神笔谈［J］.北京工业大学学报（社会科学版），2020（1）：9-25.

［48］栾淳钰，白洁."培养什么人，怎样培养人，为谁培养人"的原创性贡献［J］.天津大学学报（社会科学版），2022（3）：7.

［49］罗龙熙，罗海云.《资本论》中马克思的系统思维探析［J］.湘南学院学报，2023（1）：29-32.

［50］罗哲，冯野林.基于网络平台的大中小学思政课一体化备课机制与策略［J］.教育科学论坛，2022（30）：23-27.

［51］吕一军.马克思主义关于人的全面发展理论与高校思想政治教育［J］.中国高教研究，2005（7）：62-63.

［52］马福运，张迪.大中小学思政课一体化建设的几个关键问题［J］.课程·教材·教法，2022（12）：14-20.

［53］牛其刚，牛书成，李爱国.教学评价应"以效评学、评教"［J］.辽宁教育，2017（3）：2.

［54］庞立生，郗厚军.大中小学思政课教师一体化建设的核心要义、现实挑战及推进策略［J］.国家教育行政学院学报，2024（3）：49-57.

［55］钱庆斌.多元文化视域下高校英语教学发展模式研究——评《多元

文化视域下的大学英语教学研究》[J].中国高校科技，2021（3）：106.

［56］青灵.混合式教学模式的分析与应用研究[J].创新创业理论研究与实践，2024（10）：129-131.

［57］邱红飞，李忻，黄闰国.新时代高校美育的现实问题与建设策略探究[J].时代报告（奔流），2024（2）：67-69.

［58］任红霞."互联网＋"背景下大中小学思政课一体化建设研究[J].公关世界，2022（4）：122-123.

［59］任鹏，武贵秀，赵形.思想政治教育一体化文化环境体系的完善对策[J].党政干部学刊，2021（10）：22-28.

［60］沈洋，谷松岭，鲍中义，等.挖掘校史档案思政元素　发挥档案育人重要功能[J].中国档案，2022（2）：58-59.

［61］石书臣，韩笑."大思政课"协同机制建设：问题与策略[J].思想理论教育，2022（6）：71-76.

［62］石书臣.关于大中小学思想政治理论课教师队伍一体化建设的思考[J].思想理论教育，2019（11）：17-22.

［63］孙宝华."百年未有之大变局"的背景、内涵与因应[J].党政论坛，2021（2）：44-48.

［64］孙常印.意识形态工作关系到社会主义事业的成败——兼谈反和平演变[J].济南大学学报（综合版），1991（4）：1-6.

［65］孙佳佳，杜冰.一般系统论视域下通信原理课程思政体系的建构研究[J].北京科技大学学报（社会科学版），2020（14）:112-118.

［66］孙洁.试论习近平的青年观[J].闽西职业技术学院学报，2017（3）：37-40，84.

［67］孙旭，陈毅.推进新时代思想政治理论课一体化建设[J].山东干部函授大学学报（理论学习），2019（10）：33-35.

［68］王存喜，田仁来.大中小学思政课一体化探讨[J].学校党建与思想教育，2021（6）：40-42.

［69］王立仁，白和明.关于大中小学思想政治理论课课程内容一体化建设的构想[J].思想理论教育，2019（11）：11-16.

［70］王鲁宁.关于大中小学德育衔接问题本质及规律的哲学探讨[J].

中共济南市委党校学报，2007（4）：50.

［71］王士军.基于信息化环境下职业院校课堂教学方式的探索［J］.河南建材，2018（4）：401-403.

［72］王世娟.教师：大中小学思政课一体化建设的关键力量［J］.北京工业大学学报（社会科学版），2020（1）：9-25.

［73］王易，宋健林.试论思想政治教育的基本规律［J］.教学与研究，2019（12）：59-67.

［74］王易.新时代建好建强马克思主义学院关键在于坚持党的领导［J］.思想理论教育导刊，2021（12）：101-106.

［75］魏彤儒，张彤.高校思想政治理论课话语权的功能、外显与影响要素探析［J］.华北电力大学学报（社会科学版），2019（3）：111-117.

［76］文天天，陈大文.论大中小学思政课一体化的由来、科学内涵与基本要求［J］.学校党建与思想教育，2021（7）：68-71.

［77］吴林龙.学校思想政治理论课教师沟通交流机制建构［J］.高校辅导员，2019（4）：24-28.

［78］肖贵清.新时代学校思想政治理论课建设的基本思路［J］.吉首大学学报（社会科学版），2020（2）：34-41.

［79］谢宏，黄汉斌.瓦斯抽采安全评价模型研究［J］.华北科技学院学报，2023（5）：36-42+70.

［80］谢小丹.创新创业背景下环境设计专业教学模式探索［J］.大观，2024（1）：132-134.

［81］徐俊峰.大中小学思政课教学衔接问题及对策研究［J］.学校党建与思想教育，2009（36）：41-42.

［82］徐蓉.关于大中小学思想政治理论课教师队伍一体化建设的若干思考［J］.思想理论教育，2019（12）：80-85.

［83］严绍样.浅析拓展活动在初中体育教学中的作用［J］.考试周刊，2018（82）：144.

［84］杨珊，李琼."1+1+N"模式助推思政课一体化内涵式发展研究［J］.贺州学院学报，2023（S01）：81-85.

［85］杨晓慧.高等教育"三全育人"：理论意蕴、现实难题与实践路

径［J］.中国高等教育，2018（18）：4-8.

［86］杨晓慧.以"大思政"理念创新思政育人格局［J］.思想教育研究，2020（9）：6-8.

［87］杨增鑫，赵月.善用"大思政课"：深刻内涵、时代价值与建设理路［J］.学校党建与思想教育，2022（5）：19-23.

［88］叶益.大中小学德育目标一体化的逻辑进路［J］.思想理论教育，2017（2）：58-62，100.

［89］尹祥.建党百年来中国共产党红色文化建设的基本经验及其当代价值［J］.理论导刊，2021（5）：22-27.

［90］余丰玉.办好思政课最根本的是要全面贯彻党的教育方针［J］.中国高等教育，2019（8）：1.

［91］余华，涂雪莲.关于大中小学思想政治理论课教学有效衔接的思考［J］.思想理论教育，2019（9）：62-67.

［92］宇文利.思想政治教育课程论：现状、问题与发展［J］.思想理论教育，2014（4）：28.

［93］张帆，邵献平.大中小学思政课一体化建设略探［J］.学校党建与思想教育，2023（2）：56-58.

［94］张健，潘国梁.学校、家庭、社会德育一体化课题研究报告［J］.上海教育科研，1991（2）：46-48.

［95］张欣.教育部部署大中小学思政课一体化共同体建设［J］.青海教育，2023（Z1）：5.

［96］张彦.新时代高校思想政治理论课实践教学的三大追问［J］.思想政治教育研究，2019（3）：55-59.

［97］张艳宏.思政课"社会实践和课堂实践"相结合的实践教学模式优化研究［J］.河南机电高等专科学校学报，2011（1）：94-96.

［98］赵国营，张荣华.系统思维视阈下的中国特色社会主义总布局：概念、内涵及特征［J］.社会主义研究，2017（3）：7.

［99］赵礼菊.国企思想政治工作开展的现状及改进措施［J］.现代企业文化，2024（5）：67-69.

［100］赵欣，崔红艳，安文娟.思政课一体化建设的内涵、困境与提升

路径研究［J］.中国教育学刊，2021（S2）：200-204.

［101］朱光辉.新时代大中小德育一体化的内涵、挑战与对策［J］.思想政治教育研究，2020（4）：89-93.

［102］朱艳菊.大中小学思政课教学资源一体化建设的现实困境与实践路径［J］.潍坊工程职业学院学报，2023（1）：5-10.

［103］庄宗兰.新时代高校思政课的守正与创新［J］.黎明职业大学学报，2023（2）：71-77.

［104］邹维.中小学德育一体化建设探究［J］.教师教育论坛，2018（2）：16-18.

硕博论文类

［1］陈超.高中思想政治课与大学思想政治理论课教学内容衔接研究［D］.乌鲁木齐：新疆大学，2010.

［2］陈妍.新时代大中小学思想政治教育衔接研究［D］.武汉：华中师范大学，2021.

［3］邓宏涛.习近平推进马克思主义学习型政党建设研究［D］.南京：中共江苏省委党校，2017.

［4］冯克克.大中小学思政课教材内容一体化问题及建设路径研究［D］.长春：东北师范大学，2022.

［5］梁发右.大中小学思政课教师队伍一体化建设研究［D］.南宁：南宁师范大学，2022.

［6］廖飞凤.大中学思想政治理论课衔接链建构研究［D］.武汉：武汉大学，2021.

［7］林文君.高校思政课加强文化自信教育研究［D］.长沙：湖南大学，2021.

［8］刘丹.大中小学思政课一体化的现状与路径研究［D］.重庆：重庆师范大学，2021.

［9］刘梦园.大中小学思政课一体化建设存在的问题及对策研究［D］.石家庄：河北师范大学，2021.

［10］罗海军.中小学生对浮沉现象及其原因理解的案例研究［D］.南宁：广西师范大学，2004.

［11］聂子雅.大中小学思政课一体化建设背景下红色资源运用研究［D］.南宁：广西民族大学，2023.

［12］牛祥荣.新时代大中小学思政课一体化建设研究［D］.安阳：贵州财经大学，2021.

［13］邱晓锦.大中小学思政课一体化背景下党的革命精神传承研究［D］.桂林：桂林理工大学，2023.

［14］孙莉.生命教育视角下未成年犯人性化教育改造研究［D］.南京：南京师范大学，2011.

［15］王爱莲.高校思想政治理论课内涵式发展研究［D］.长春：东北师范大学，2020.

［16］王大伟.新媒体视域下高校意识形态工作研究［D］.长春：东北师范大学，2022.

［17］王丽春.研学旅行在初中"道德与法治"课教学中的运用研究［D］.南宁：广西民族大学，2022.

［18］王雪.大中小学思政课一体化建设研究［D］.合肥：安徽医科大学，2021.

［19］魏晋.成都平原人地系统协同性研究［D］.雅安：四川农业大学，2012.

［20］伍建旭.大中小学思想政治理论课教材一体化建设研究［D］.北京：华北电力大学（北京），2021.

［21］伍倩倩.大中小学思政课一体化建设的宜昌实践研究［D］.宜昌：三峡大学，2023.

［22］张攀峰.公共卫生危机社区治理体系优化研究—基于耗散结构理论视阈［D］.南昌：江西师范大学，2021.

［23］张艳.新课标背景下高中思想政治课活动型课堂的构建研究［D］.佛山：佛山科学技术学院，2022.

［24］张勇.朱熹理学思想的形成与演变［D］.西安：西北大学，2008.

［25］张玉霞.高校思想政治理论课教书育人规律研究［D］.长春：吉林

大学，2020.

［26］周飞妍.新时代大中小学思政课一体化建设研究［D］.重庆：西南大学，2023.

报纸类

［1］习近平.高举中国特色社会主义伟大旗帜　为全面建设社会主义现代化国家而团结奋斗［N］.人民日报，2022-10-26（1）.

［2］习近平在全国高校思想政治工作会议上强调：把思想政治工作贯穿教育教学全过程　开创我国高等教育事业发展新局面［N］.人民日报，2016-12-09（1）.

［3］习近平主持召开学校思想政治理论课教师座谈会［N］.人民日报，2019-03-19（1）.

［4］习近平主持召开学校思想政治理论课教师座谈会强调　用新时代中国特色社会主义思想铸魂育人　贯彻党的教育方针　落实立德树人根本任务［N］.人民日报，2019-03-19（1）.

［5］杜尚泽："大思政课"我们要善用之［N］.人民日报，2021-03-07（1）.

［6］唐晓勇.画好各类课程与思政课的"同心圆"［N］.四川日报，2020-09-23（4）.

［7］高德胜.德育如何实现"大中小一体化"［N］.中国教育报，2019-04-10（6）.

［8］刘建军.着力提升思想政治理论课实效［N］.北京日报，2019-04-01（8）.

［9］尚伟伟.落实大中小学思政课一体化建设，聚焦机制形成育人"同心圆"［N］.中国教育报，2021-01-26（1）.

［10］用新时代中国特色社会主义思想铸魂育人　贯彻党的教育方针落实立德树人根本任务［N］.人民日报，2019-03-19（1）.

［11］张红，白瑞.全面提升思政课教师六种素养［N］.辽宁日报，2024-03-19（2）.

［12］中共中央 国务院关于全面深化新时代教师队伍建设改革的意见
［N］.人民日报，2018-02-01（1）.

外文类

［1］ByronG.Massialas.The "NewSocialStudies"：RetrospectandProspect.
TheSocialStudes，Vol.100，No.6，Jul.，1992，pp.246-250.

［2］康内尔.二十世纪世界教育史［M］.张法琨，方能达，李乐天，等，
译.北京：人民教育出版社，1990.

［3］贝塔朗菲.一般系统论：基础、发展和应用［M］.杜康义，魏宏森，
等，译.北京：清华大学出版社，1987.

后　记

　　"国无德不兴，人无德不立"古训的深刻揭示了道德建设对于国家兴盛与个人成长的重要性，为思政课作为落实立德树人根本任务的关键课程的地位奠定了坚实的理论基础。

　　习近平总书记指出"新时代新征程上，思政课建设面临新形势新任务，必须有新气象新作为""强调要把统筹推进大中小学思政课一体化建设作为一项重要工程，推动思政课内涵式发展"。近年来，全国范围内大中小学思政课改革持续深入推进，各地各校坚持目标导向与问题导向相结合，坚持守正与创新相统一，在此基础上，全力推动思政课建设的内涵式发展。大中小学思政课建设虽已取得显著成效，但仍存在一些问题。事实上，学校思政课改革已到了必须开展"一体化建设"才能取得质的突破的关键时刻，如固守传统、墨守成规，思政课建设将面临严峻挑战。因此，推进大中小学思政课一体化建设，不仅是应对当前挑战的关键举措，更是实现思政课质量飞跃的必由之路。为此，必须适应当前国际国内的快速变化，以及数字化时代学生身心发展的新特征和新需求，在思政课建设上守正创新。

　　为使广大思政课教师了解掌握大中小学思政课一体化建设的相关理论和政策，在实践中指导大中小学思政课一体化建设并发挥积极的作用，推动思政课立德树人根本任务的实现。在研究中，本书采用目标导向与问题导向相结合的研究方法，不仅深入剖析了大中小学思政课一体化的内涵意蕴与学理逻辑，还系统梳理其发展历程，针对现存问题提出建设性意见。

　　为保证本书质量，笔者查阅了大量的国内外相关文献资料，引用了有关研究成果。在本书即将付梓之际，特向所有被引作者表示衷心的感谢！大中小学思政课一体化建设是一项宏大的系统工程，涉及党、政府、社会、学校、家庭各个方面。由于我们水平和视野所限，本书中的疏漏在所难免，恳请各位专家、同仁批评指正，以期不断改进！

唐晓勇

2024 年 11 月